Weinwege genießen in der Südpfalz

Band 2

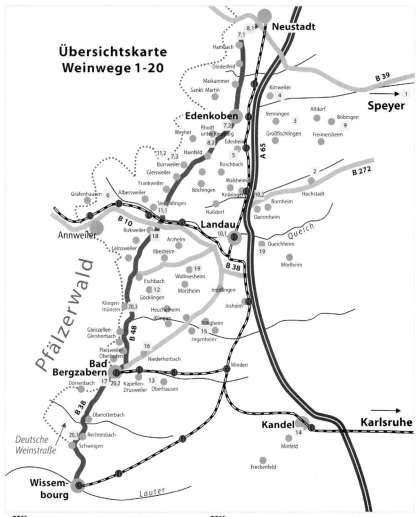

WEINWEGE 1-11 in *Südpfalz. Band 1* **WEINWEGE 12-20** in *Südpfalz. Band 2*

Mechthild Goetze

Weinwege genießen in der Südpfalz

Band 2: Von Landau bis Wissembourg und Kandel

Fotos von Manfred Urban

Hartmut Hillebrand Verlag

Die in diesem Buch beschriebenen Wege wurden von der Autorin alle erprobt.
Die Informationen wurden mit großer Sorgfalt recherchiert und geprüft. Dennoch
können sich Irrtümer eingeschlichen haben oder es ergeben sich Änderungen nach
Drucklegung. Diese werden bei Folgeauflagen selbstverständlich berücksichtigt,
der Verlag nimmt entsprechende Hinweise dankend entgegen.
Verlagsprogramm und weitere Informationen: www.weinwege-geniessen.de

Die Deutsche Nationalbibliothek verzeichnet diese Publikation in der Deutschen
Nationalbiografie; detaillierte bibliografische Daten sind im Internet über
http://d-nb.info/1038707064 abrufbar.

Copyright © Hartmut Hillebrand Verlag, Heidelberg 2014
ISBN 978-3-942512-02-2
Lektorat: Hartmut Hillebrand
Karten und Umschlaggestaltung: Manfred Urban, Otterstadt bei Speyer
Layout: Mechthild Goetze, Manfred Urban
Fotos auch von Mechthild Goetze, Hartmut Hillebrand
Gesamtherstellung: ColorDruck Solutions GmbH

Verzaubert von Wein-Landschaften

Die Leichtigkeit des Lebens lässt sich im tiefen Süden der Pfalz besonders genussvoll erleben. Der Landstrich grenzt an Frankreich, die südlichsten Weinberge liegen gar im Elsass. Da ist es kein Wunder, dass auch die Weine Leichtigkeit und Finesse besitzen.

Dieses Buch erzählt wie Band 1 (erschienen im September 2012) von genussvollen Erlebnissen in Sachen Weinkultur, Natur und Geschichte. Mit einem Füllhorn an Geschichten will es Sie verführen, einen Landstrich zu entdecken, in welchem Anfang März schon die warme Sonne für zartes Grün und rosafarbene Mandelblütentupfer sorgt. Von da ab und bis weit in den Herbst verbreiten Weinfeste in den Dörfern und in den Weinbergen Feststimmung. Die Weinfest-Saison endet erst im November, es endet auch dann erst der rot-gelb-braune Farbenrausch des Herbstes. Und Behaglichkeit macht sich breit in vielfältigen Vinotheken und Weinstuben. In den kalt-dunklen Winterwochen, die dann beginnen, lässt sich das vorliegende Buch fein als Lese-Bilder-Buch nutzen für ein genussvolles Schmökern bei Wein und Kerzenschein.

Wandern zwischen Reben bei Billigheim-Ingenheim

Das Weinbaugebiet Pfalz wird eingeteilt in zwei Weinbau-Bereiche: Mittelhaardt/Deutsche Weinstraße & Südliche Weinstraße. Unsere beiden Bände *Weinwege genießen in der Südpfalz* widmen wir der Südlichen Weinstraße mit ihren 9 Wein-Großlagen.

Inhalt

Rundwege   Seite

WEINWEG 12: Göcklingen und Heuchelheim   10

Länge: rd. 8 km / rd. 2,5 Std.
Kombinierbar mit Weinweg 16: *Göcklingen – Niederhorbach*

WEINWEG 13: Kapellen-Drusweiler und Oberhausen   20

Länge: rd. 6,5 km / rd. 2 Std.

WEINWEG 14: Kandel, Minfeld, Freckenfeld   28

Länge: rd. 19 km / rd. 5 Std.
Abkürzung *Kandel – Minfeld – Kandel*: rd. 10 km / rd. 2,5 Std.

WEINWEG 15: Rund um Billigheim-Ingenheim   38

Länge: rd. 7,5 km / rd. 2,5 Std.

WEINWEG 16: Niederhorbach und Klingen   50

Länge: rd. 11 km / rd. 3 Std.
Kombinierbar mit Weinweg 12: *Niederhorbach – Göcklingen*
& Weinweg 18: *Niederhorbach – Oberhofen – Bad Bergzabern*

Busfahrt

WEINWEG 17: Reise mit dem Rheinpfalz-Bus 543   58
(Bad Bergzabern – Dörrenbach – Oberotterbach – Rechtenbach
– Schweigen – Wissembourg)

Rundwege in jedem Ort

Länge der Fahrt: 27 Min.

„Krönchentreff" 2013

Radtouren Seite

WEINWEG 18: Radweg Deutsche Weinstraße 72
(Birkweiler – Ranschbach – Leinsweiler – Eschbach – Klingenmünster
– Gleiszellen – Pleisweiler/Oberhofen – Bad Bergzabern – Oberotterbach
– Rechtenbach – Schweigen – Wissembourg)
Länge: rd. 35 km / rd. 3-4 Std.

WEINWEG 19: Winzer-Rundtour Landau, südlich der Queich 92
(Queichheim – Mörlheim – Insheim – Impflingen – Mörzheim
– Wollmesheim – Ilbesheim – Arzheim – Siebeldingen – Godramstein)
Länge: rd. 28 km / rd. 3 Std.

Mit An- und Abreise Landau & Wollmesheim

Wanderweg Deutsche Weinstraße

WEINWEG 20: Von Schweigen-Rechtenbach nach Birkweiler 114
(Rechtenbach – Oberotterbach – Dörrenbach – Bad Bergzabern
– Pleisweiler – Gleishorbach – Gleiszellen – Klingenmünster
– Eschbach – Leinsweiler – Birkweiler)
Gesamt-Länge: rd. 32 km / rd. 8-10 Std.

Etappe 1: **Rechtenbach – Bad Bergzabern** (rd. 10 km / rd. 3 Std.) 116

Etappe 2: **Bad Bergzabern – Klingenmünster** (rd. 8 km / rd. 2,5 Std.) 124

Etappe 3: **Klingenmünster – Birkweiler** (rd. 14 km / rd. 4 Std.) 132

WEINGÜTER, EINKEHREN, SEHENSWERT – NACH ORTEN A-Z 144

LITERATURVERZEICHNIS 177

SACH-INDEX 178

WEINWEGE 1-11 finden sich in *Mechthild Goetze – Weinwege genießen in der Südpfalz. Band 1*

Le Vin

de Dominique Poirot, dit Doumé

Oh, le doux bruit
du bouchon liberé
quand le nectar promis
vient s'osygener
au ras du fier goulot
C'est une musique gaie
comme un vrai chant d'oiseau.
Puis, versé dans un verre
avec précaution
les parfums se'liberent
avec délectation.
Tu le prends dans la main
et en pleine lumière
ses reflêts de satin
gardent tout le mystère.
C'est un nector des dieux;
s'il est vraiment très bon,
qui fait briller les yeux
à la dégustation –
le vin, cette merveille
ce doux jus de la treille.
Aprés avoir goûté l'arôme du cépage
il reste au fond du verre:
les traçes du voyage.

» Stehen die Reben, wie hier in Zeilen
..... da fügt sich jede Reihe
wie ein Vers zu einem Gedicht

Der Wein

Oh, das leise Geräusch
des befreiten Korkens
wenn der versprochene Nektar
am Rande des Flaschenhalses
zu oxidieren beginnt.
Das ist eine heitere Musik
wie Vogelgesang.
Dann, mit Vorsicht –
eingeschenkt ins Glas –
befreien sich die Aromen
mit Wohlbehagen.
Du nimmst das Glas in die Hand
und bei vollem Licht
wahren seine Satin-Reflexe
das ganze Geheimnis.
Es ist ein Nektar der Götter;
wenn er wirklich gut ist,
lässt er die Augen
beim Kosten leuchten –
der Wein, der Wunderbare,
dieser süße Saft der Traube.
Nach dem Kosten
des Aromas dieser Rebe,
bleibt ein Rest im Glas:
Spuren einer Reise.

(Übersetzung: Dietlinde Dembinski)

Göcklingen

HAEC
AEDES SACRA
DEO DEDICATA TRIVNO
A C)HR)INITATE REFORMATA
GOECKLINGEN EST AEDIFICAT[A]
AND C)HR)IST (?) D(?)

*Oliven-
baum,
vor der
Kirche*

Göcklingen und Heuchelheim

Kurzinformation zu den Orten

Göcklingen
(Verbandsgemeinde Landau-Land)

ca. 900 EW; liegt am Kaiserbach im Hügelgelände vor dem Pfälzerwald, zählt zu den größten Weinbaugemeinden der Pfalz.

Wein & Sehenswert

Haus Eiswirth (Pfaffengasse 8): mit Winzerzeichen

Göcklinger Halseisen (Hauptstr.)

Göcklinger Weinfest (Juni)

Weingüter am Weg

Weingut Hohlreiter: Hauptstr. 31-33

Weinhaus Fabio: Hauptstr. 86

Weingut Fischer-Brauner: Im Kreuz 11

Privatweingut Hoffmann: Steinstr. 25

... Weiteres siehe S. 155 f.

Weinlage

Großlage Herrlich (Bereich Südliche Weinstraße)

Göcklinger Kaiserberg (407 ha); Boden: lehmiger Sand / Höhe bis 237 m

Heuchelheim (zu Heuchelheim-Klingen
(Verbandsgemeinde Landau-Land)

ca. 900 EW zusammen mit Klingen; liegt von Reben umgeben zwischen Kaiser- und Klingbach.

Wein & Sehenswert

Renaissance-Rathaus (Hauptstr. 44)

Weinrundwanderweg (ca. 5 km lang)

Weinfeste: *Weinpanorama am Herrenpfad* (Juni); *Weinfest* (Juli); *Herbschdwächelfeschd*; *Weinpräsentation* (Okt.)

Weingüter + Einkehren am Weg

Weingut Meyer: Bahnhofstr. 10

Weingut Junghof: Hauptstr. 21

Weingut Grafenhof: Hauptstr. 24

Weingut Matthias Vogler: Hauptstr. 75

... Weiteres siehe S. 156 ff.

Weinlage

Großlage Kloster Liebfrauenberg

(Bereich Südliche Weinstraße)

Heuchelheim-Klingener Herrenpfad (448 ha); Boden: sandiger Lehm / Höhe bis 219 m (größte Einzellage in Südliche Weinstraße)

Heuchelheim: Fassadenbild
mit einem Vers aus „Trunken müssen wir alle sein"

> *Trunken müssen wir alle sein!*
> *Jugend ist Trunkenheit ohne Wein;*
> *Trinkt sich das Alter wieder zu Jugend,*
> *So ist es wundervolle Tugend.*
> *Für Sorgen sorgt das liebe Leben,*
> *Und Sorgenbrecher sind die Reben.*
>
> *(Johann Wolfgang von Goethe)*

Weinweg 12

Göcklingen – Heuchelheim – Göcklingen

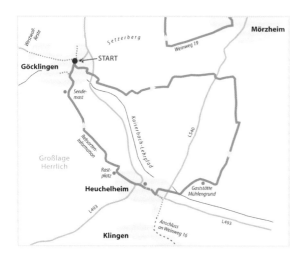

Start/Ziel: Göcklingen, Hauptstraße / Ecke Steinstraße

Anfahrt: bis *Göcklingen, Rathaus* mit Bus 540 (Landau – Heuchelheim – Göcklingen – Bad Bergzabern)

ÖPNV unterwegs: *Heuchelheim, Ortsmitte* mit Bus 540 s.o.

Weglänge: rd. 8 km / rd. 2,5 Std. (+ Abstecher)

Markierung: Weinrundwanderweg Heuchelheim; Kaiserbach-Lehrpfad, Fassboden 3 (Wegverlauf siehe S. 178)

Karte: Südpfalz. Wandern u. Radfahren ...; 1:40.000. – Pietruska-Verl., 2012

Anforderung: Dieser Weg verbindet die Wein-Großlagen Herrlich und Kloster Liebfrauenberg. Abwechslungsreich geht es bergauf und bergab durch die Rebenlandschaft und wir erleben 2 Weinorte mit ihrer großen Vielfalt an Weingütern. Von Göcklingen nach Heuchelheim ist der Weg als Radtour nicht zu empfehlen, ab Heuchelheim ist Radfahren kein Problem. Wer einen Kinderwagen schiebt, sollte trainiert sein!

Tipp: Lässt sich mit Weinweg 16 kombinieren zur Streckenwanderung Göcklingen – Heuchelheim – Klingen – Niederhorbach (rd. 10,5 km)

Wegverlauf

km

Wir starten in **Göcklingen**, wo die Hauptstraße auf die Steinstraße trifft *(Bushaltestelle Rathaus)*. Hier steht das alte Nachtwächterhäusel vor dem Freihof *(Keimzelle des Dorfes)* und im Ort erzählen kleine Schilder von vergangenen Zeiten (*1).

Wir folgen der **Schulstraße** hinab in den Ort, gehen vorbei am ehemaligen Eußerthaler Hof (*2) (links/Nr. 5). Bei dem Platz gegenüber der evangelischen Kirche (mit Linde – Baum des Jahres 1991) biegen wir nach links in die **Hundsgasse** (>*Kaiserbach-Lehrpfad* – bis an den Ortsrand). Am Ende der Straße, vor dem Winzerhaus Eiswirth (*3), wenden wir

0,3

uns nach links in die **Pfaffengasse** (0,1 km). Oben endet die Gasse hinter der katholischen Kirche an der **Brühlstraße** (0,3 km). Der folgen wir nach rechts, gehen bei nächster Gelegenheit nach links. Wir folgen sogleich einer Anliegerstraße nach links zur Straße K 17 (0,4 km); diese überqueren.
(Hinweis: Hier führt der Kaiserbach-Lehrpfad nach rechts bis nach Heuchelheim.)
Wir folgen der Anliegerstraße in die Weinberge *(Göcklinger Kaiserberg)* (*4).

km

Schon bei 1. Gelegenheit (0,5 km) wenden wir uns nach rechts in ein Landschaftsschutzgebiet. Der Weg, unbefestigt, biegt schnell nach links, im Tal fließt der Kaiserbach.

1,0

Bei 2. Gelegenheit (1 km), vor einem Nussbaum und ehe es hinabgeht, wenden wir uns nach links, folgen einem Wiesenweg. Dieser biegt schnell nach rechts und endet vor einer Wiese (1,2 km). Es geht weiter nach links, linker Hand stehen Reben.

Bei einer Kreuzung (1,3 km) gehen wir geradeaus weiter (unbefestigt). Hinter einem Graben bekommt der Weg eine Teerdecke, wir gehen hier geradeaus weiter. Doch bei nächster Gelegenheit, ehe wir ganz oben sind (1,7 km), nehmen wir nach links den Teerweg (>*Weinrundwanderweg Heuchelheim* (*5) mit *Chardonnay* u.a.) – und gehen dann bei einer Kreuzung nach rechts hinauf. Der Weg endet hinter einem Rastplatz an der Straße (2,4 km).

Wir gehen über diese L 510 und geradeaus weiter auf einer Anliegerstraße in die Reben (*Heuchelheim-Klingener Herrenpfad; Großlage Kloster Liebfrauenberg*). Unsere Straße biegt nach links.

Wir nutzen nun den 2. Weg nach rechts (2,8 km). Der Teerweg führt leicht hinauf auf den Lochberg, dann hinab zwischen Reben, immer geradeaus, bald auf unbefestigtem Weg und wieder hinauf. Er endet oben auf dem Kalkhübel (3,4 km). Nach links weitergehen,

3,4

doch sogleich auf einem Teerweg nach rechts hinabgehen (>*Weinrundwanderweg*). Bald lädt eine Bank zur Rast und wir blicken ins Tal mit Untermühle. Still ist es hier, nur Vögel zwitschern.

Im Tal endet der Weg (4,3 km), wir wenden uns nach rechts (>*Weinrundwanderweg*). So

km

kommen wir zur **Gaststätte Mühlengrund** mit herrlichem Biergarten (Untermühle 1; 4,5 km), sie zählt zu **Heuchelheim**. Hinter ihr biegt der Weg bald nach links über den Kaiserbach zu einer Kreuzung mit Bank (4,9 km). Wir wenden uns nach rechts.

4,9

Wir queren die Straße L 510 und gehen geradeaus weiter bis zum Ende an der Raiffeisenstraße. Es beginnt das Dorf der *Heuchelheimer Füchse* (*6). Hier biegen wir in die **Raiffeisenstraße** nach links zur Hauptstraße (5,3 km).

→ Abstecher **Weingut Meyer** (200 m)
Der **Hauptstraße** nach links folgen, bei einer Kreuzung führt nach rechts die **Bahnhofstraße** zum Weingut (rechts/Nr. 10). – *Tipp: Weiter geradeaus wird nach 360 m* **Klingen** *mit Weinweg 16 erreicht (siehe S. 53).*

Auf der **Hauptstraße** nach rechts gehen. Hier gibt es alte Bauernhäuser (*7) und viele Weingüter: **Junghof** (links/Nr. 21), **Arnold** (links/Nr. 25), **Grafenhof** (rechts/Nr. 24), *Bushaltestelle Heuchelheim, Ortsmitte*, Platz mit Brunnen & Plan Weinrundwanderweg, die Kirche, dann das Rathaus (*8) mit Konditorei Bollinger (rechts/Nr. 44) (5,6 km).

5,6

Wir folgen weiter der Hauptstraße. Es stehen hier nun die alte Dorfschänke (links) und gegenüber das *Weiheisel*. Am Ortsrand lädt **Weingut Matthias Vogler** mit Weinstube (links/Nr. 75; 5,8 km) zur Rast.

Wir verlassen hier Heuchelheim (>*Weinrundwanderweg*), erreichen einen Park-/Rastplatz mit Gedenkstein *Flurbereinigung* (6 km). Dahinter führt ein Weg nach rechts und sogleich erneut nach rechts. Der Weg biegt nach links zu einem Wasserhochbe-

km

hälter. Dahinter bietet eine Bank einen tollen Panoramablick (*9)!

6,2 Alsbald endet dieser Weg (6,2 km), wir biegen nach rechts hinab, gehen nun auf Weinberge zu (*Heuchelheim-Klingener Herrenpfad*). Hinter einer Kreuzung gehen wir geradeaus neben Reben hinauf (>*Fassboden 3*), bald gibt es kleine Infotafeln zu Rebsorten (Müller-Thurgau, Acolon u.a.). Hinauf und hinab, im Prinzip immer geradeaus nähern wir uns Göcklingen. Kurz vor einem Sendemast (Fernseh-Füllsender; 7,4 km) gehen wir nach rechts

auf **Göcklingen** zu. Am Wegende führt nach links die **Napoleonsgasse** schnell zum **Münsterweg**. Wir wenden uns nach rechts. Hinter Göcklinger Hausbräu führt nach links Im Kreuz (7,7 km).

7,7

→ Abstecher **Weingut Fischer-Brauner** (240 m)

Im Kreuz nach links folgen zu dem Weingut (links/Nr. 11).

km

Der Münsterweg heißt nun geradeaus **Schulstraße**. Diese führt vorbei an der evangelischen Kirche und endet an **Steinstraße / Hauptstraße**; der Rundweg ist geschafft (7,9 km).

7,9

→ **Zwei Abstecher**

A. (180 m) Geradeaus an der **Steinstraße** zum **Privatweingut Hoffmann** (links/Nr. 25) gehen.

B. Nach links der **Hauptstraße** folgen zu den **Weingütern Schäfer** (rechts/Nr. 24), **Hohlreiter** (links/Nr. 31-33), **Weinstube La Cava** (links/Nr. 55), *Bushaltestelle Göcklingen, Oberdorfplatz* (510 m), **Weinhaus Fabio** (rechts/Nr. 86; 530 m). Dahinter führt die Hauptstraße aus dem Ort hinaus, im Blick die Madenburg droben auf ihrem Berg. Hier steht das *Göcklinger Halseisen* (links) und es gibt Westwallrelikte (*10) beim Krottenbach (rechts).

... mittendrin der Kaiserbach!

Rebenparadies bei Göcklingen & Heuchelheim ...

*1. Göcklingen geschichtlich

Der Franke Gakilo, der sich in der Gegend hier niederlässt, ist „*schuld*" an dem besonderen Namen Göcklingen. Seinen Hof schenkt König Dagobert I. († 639) später dem Kloster Klingenmünster. Jahre ziehen ins Land, das Dorf zählt nun zur Herrschaft Landeck, doch wird 1358 die Kurpfalz Mitbesitzer. Nach wechselhaften Zeiten mit 30-jährigem (1618-48) und Holländischem Krieg (1672-79), Pfälzischem (1688-97) und Spanischem Erbfolgekrieg (1701-14) sind das Dorf und die Weinberge zerstört, den Menschen geht es schlecht. Viele wandern aus nach Amerika. Herrschen tut nun die Kurpfalz allein (1709).

1793 aber wird Göcklingen mit der Französischen Revolution französisch, wird aber schon nach dem 1. Pariser Frieden wieder deutsch. Da Nachbarort Heuchelheim jedoch französisch bleibt, beginnt zwischen beiden Orten ein reger Schmuggel. Bald aber regieren in der ganzen Pfalz die bayrischen Herren.

> **Göcklingen**
> ehemals zur Herrschaft Landeck
> **1709-93**: zur Kurpfalz
> **1814/16-1946**: zu Bayern
> **2004**: 750-Jahrfeier

*2. „Türkenwein" & Traubendiebe

Im 11. und 12. Jahrhundert ziehen Zisterziensermönche in die heutige Südpfalz. Ihr Kloster steht in Eußerthal, in Göcklingen erbauen sie sich einen Klosterhof. Wo sie Besitz haben, legen sie auch Weinberge an. In diesen alten Zeiten gibt es in Göcklingen den Brauch, die Wingerte zu taufen!

Fantasie zeigen die Göcklinger bei der Benennung ihrer Weine. 1529 heißt bei ihnen ein „*sehr saurer und fast ungenießbarer Wein*" „*Wiedertäufer*", doch auch „*Türkenwein*" – weil im gleichen Jahr die Türken Wien belagern. (Die Türken ziehen dort sieglos ab. Hat ihnen das Wetter wohl ebenso zu schaffen gemacht wie den Reben?) 10 Jahre später dann gibt es überall Wein im Überfluss. Die Fässer werden knapp und alle unken: „*Tausend fünfhundertdreißig und neun – gelten die Fässer mehr als der Wein*". Bauern bieten kurz vor der Lese ihren alten Wein kostenlos an, nur um ihre Fässer leer zu bekommen. Doch wer will schon den alten Wein, wenn der neue verheißungsvoll lockt?

Traubendiebstahl wird damals streng geahndet – bei schwangeren Frauen allerdings drückt man ein Auge zu. In Göcklingen gilt als Traubendieb, wer mehr als vier *Traubenhängel* abbricht. Den Dieb, ist er erwischt, zwängt man in die *Strafgeige* und führt ihn rücklings auf einem Pferd sitzend durch das Dorf. Im Takt des Pferdeschritts läutet die federnd angebrachte Klingel und alle Göcklinger kommen an die Dorfstraße, um den Dieb zu beschimpfen und zu bespucken.

Insgesamt jedoch ist in Göcklingen damals der Weinbau im Vergleich zum Ackerbau unbedeutend. 1871 bearbeiten rund 100 Winzer nur etwa 50 Hektar Wingerte und diese sind oftmals in der Ebene gelegen. Heute aber zählt Göcklingen zu den 10 größten Weinbaugemeinden der Pfalz.

Beim alten Freihof in Göcklingen

*3. Weinjahre ...

1392: Ende September sind die Trauben so hart gefroren, dass man sie mit einem Stößel auseinander klauben muss.

1425 bleiben die Trauben wegen der Pest hängen, es finden sich kaum Leser.

1484: köstlicher Wein! Für das Fass zahlt man das Dreifache seines Inhaltes an Wein, den alten Wein verschenkt man. – In einer Bulle des Papstes werden *Hexen* als *Weinbergsschädlinge* benannt; sie sollen *„durch ihre Zauberei ... die Traubenernte erheblich negativ beeinflussen"* können.

1529: guter Wein und viel!

1624: Lesebeginn am 19. Juli! Man muss den Leserinnen Wasser bringen, damit sie weiter machen.

Umfunktioniert – ein Pfosten aus der alten Dorfumzäunung von Göcklingen

*4. Weinbau seit den Römern

Die Wildrebe ist schon in uralter Zeit in der Pfalz heimisch. Doch ihre Beeren bestehen fast nur aus Kernen. Als daher die Römer in der Gegend der heutigen Südpfalz siedeln (ab etwa 50 v. Chr.), lassen sie ihren Wein aus ihrer Heimat kommen. Doch der Transport über die Alpen ist schwierig, bald pflanzen sie Reben am Rhein, an der Mosel und auch in der Pfalz. Damit beginnt hierzulande der Weinbau. Die Römer entwickeln auch neue Anbau-Techniken, so den Kammertbau – damit müssen die Reben nicht mehr einzeln an Pfählen ranken. Sie pflanzen aber nicht nur Reben, sondern auch Esskastanien. Deren Holz brauchen sie für die Stützpfähle in den Weinbergen und der *cupa* (Küfer) fertigt daraus Kübel, Bütten, auch Fässer. Selbst Eichenfässer sind ihnen schon bekannt, sie füllen ihren Wein sogar schon in Flaschen. Eine römische Weinflasche ist im Historischen Museum der Pfalz Speyer ausgestellt. Reiche Römer trinken ihren Wein gar schon aus Gläsern!

Als die Römer 455 n. Chr. die Gegend verlassen, geht viel von ihrem Wissen verloren. Dennoch gibt es bis heute Winzer-Ausdrücke römischen Ursprungs: Wein – *vinum*, Most – *mustum*, Kelter – *calcatorium*, Küfer – *cuparius*, Keller – *cellarium*.

Auf die Römer folgen die Alemannen. Sie brauen Met, einen Honigwein. Einzelne Römer werden geblieben sein, ebenso ihre Rebstöcke. Doch geht es in der Südpfalz in den nächsten zwei Jahrhunderten sehr unruhig zu. Da hat keiner Zeit, diese Reben zu pflegen.

Mit Merowinger-König Dagobert I. († 639), in alten Sagen der *gute König Dagobert*, setzt sich das Christentum durch. Er gründet die Klöster Weißenburg (623) und Klingenmünster (626). Beigesetzt wird er in St. Denis bei Paris. Doch es heißt, sein Herz sei in einer goldenen Kapsel im Göcklinger Freihof begraben.

Später, unter Kaiser Karl dem Großen († 814), ziehen Mönche aus Burgund in die heutige Pfalz. Denen liegt Wein sehr am Herzen, für die Heilige Messe und auch als Getränk. Die drei Enkel des Kaisers teilen dessen Riesenreich unter sich auf (843). Dabei kommt die Pfalz *„des Weines wegen"* zum Ostfrankenreich. Am Kammertbau der Römer halten die Pfälzer sehr lange fest. Der verschwindet erst bei den Flurbereinigungen ab 1950.

*Dorfschänke,
darin saßen
die Heuchel-
heimer Füchse,
tranken und
erzählten ...*

*5. Zeitalter des Absolutismus

1720 verlassen die Kurfürsten, Herrscher über die Kurpfalz, Heidelberg. In Mannheim entsteht neu ihre prunkvolle Residenz. Dort regiert ab 1742 Kurfürst Carl Theodor (1724-99). In seinem Reich wird überall gebaut. Göcklingen ist zur Kurpfalz gehörig, dort werden in diesen Jahren beide Kirchen und 44 Häuser errichtet. Auch lässt der Kurfürst in seinem Reich 1749 alle Wingerte erfassen. Für Göcklingen kann er nur gut 4 Hektar notieren, die sich 46 Besitzer teilen. Die haben jährlich 1.500 Liter *claren Weins* an den Vogt in Klingenmünster zu liefern. Der entnimmt seinen Anteil und gibt Weiteres an das Oberamt in Germersheim. Die Bediensteten dort bekommen einen Teil des Weines als Gehalt. Aller Wein, der danach noch bleibt, geht in das alte Schloss nach Heidelberg. Dort steht ein riesengroßes Fass bereit – 236.000 Liter passen hinein! Carl Theodor hat es 1750 von Küfermeister Michael Werner aus Landau bauen lassen. Im ganzen Deutschen Reich ist einzig das Fass von Kurfürst August dem Starken (1670-1733) auf der Festung Königstein bei Dresden größer (in dessen Fass passen 254.000 Liter).

Jedoch – das Riesenfass in Heidelberg ist nur dreimal voll gefüllt, zuletzt 1769. Der Wein daraus wird auch wohl nicht unbedingt ein Riesengenuss gewesen sein!

*6. Uznamen für die Dörfer

Wer uzt, will jemanden foppen. Uznamen für Menschen aus Nachbardörfern sind in alter Zeit recht beliebt. Die Namen sind heute aus der Mode gekommen, doch sie erzählen uns immer noch von alten Besonderheiten der Dörfer – man höre selbst: *Appenhofer Kuckuck, Arzheimer Stallhasen, Birkweiler Rückkorbträger* – letztere müssen in den steilen Weinbergen alles mit dem Rückkorb transportieren, woran

in Birkweiler heute die Skulptur *Der Rückkorbträger* erinnert (siehe S. 78). Auch das *Birkweiler Lied* spielt darauf an:

> *„Wann die Birkweiler Mischt nausführen,*
>
> *brauchen sie kän Karch zu schmieren,*
>
> *hängen sich de Rückkorb uff,*
>
> *un maschieren s Daschbergel nuff. ...“*

Weitere Uznamen lauten *Freckenfelder Krautstürz, Gleishorbacher Moosrupfer, Göcklinger Gegummere* (meint Gurken), *Ilbesheimer Affen* (es äfft einer den anderen nach), *Ingenheimer Mücken, Isemer Stecher* (siehe S. 107), *Klingenmünsterer Holzflegel* oder *Heidelbeerenschnitzer, Landauer Kuhdieb* (die französische Festungs-Besatzung klaute aus den Dörfern oft das Vieh), *Leinsweiler Schweizer, Mörzheimer Erbsensäck* (den Jagdhund von König Dagobert sollen sie in einem Erbsenfeld erschlagen haben). *Pleisweiler Hochdeutsche* (die reden gern so *„fein“*), *Ranschbacher Häcker* (hacken gar so fleißig ihre Böden) und die *Wollmesheimer Dampfknöpp* essen Dampfnudeln so besonders gern.

Die Dörfer Heuchelheim und Klingen tragen ihre alten Uznamen heute mit Stolz. Die Heuchelheimer sind die *Füchse*. Bei ihnen säumen Fachwerkhäuser die Hauptstraße, darin finden sich viele Weingüter und das Rathaus von 1592 steht mittendrin. Die in Klingen sind die *Atzeln*, denn bei ihnen sind die Pappeln, Weiden und Erlen am Klingbach ein Tummelplatz für Elstern, die hier *Atzeln* heißen. Beide Dörfer sind zu einer Gemeinde vereint. Doch niemand käme auf die Idee, die Heuchelheimer als *Atzeln* und die Klingener als *Füchse* zu rufen!

*7. Die Weinrose im Keller

Sonntagskinder – so wird es erzählt – stehen unter einem besonderen Glücksstern. So kann es geschehen, dass sich ihnen einmal die Weinrose zeigt! Die Weinrose, die nur in einer einzigen Nacht, der Weihnachtsnacht, erblüht. Wie einer dies vor langer Zeit erlebt, davon erzählt uns diese Sage:

Christnacht ist's. In einem Bauernhaus in Heuchelheim sitzen Bauer und Bäuerin, die Senioren und viel Jungvolk in der guten Stube festlich beisammen. Die Alten genießen den Wein, sie lachen und erzählen. Der Krug leert sich, den letzten Tropfen schenkt der Bauer der Bäuerin ins Glas. „Gleich hol ich Nachschub", spricht er dazu. Und geschwind steigt er hinab in den dusteren Keller. Zufrieden steht er vor seinem Fass und schaut zu, wie der rote Wein in seinen Krug läuft.

Sein Krug ist fast gefüllt, da hört er aus einer Ecke des Kellerraumes ein sanftes, kaum vernehmbares federleichtes Zischen. Neugierig schaut der Bauer sich um, ein feiner Blütenduft zieht ihm in die Nase. Der Bauer rätselt: Dieser Geruch, wie mag der in meinen finster-feuchten Keller gelangt sein? Schnell schließt er den Hahn an seinem Fass und schnuppert sich bedächtig dem Duft entgegen. In der Ecke, in welcher die Fässer mit dem jungen Wein lagern, erblickt er eine Rose. Eine echte Rose blüht da auf dem Spund an einem seiner Fässer! Andächtig bestaunt er das wunderbare Gebilde und beginnt dabei zu träumen.

„Bauer! Wo bleibt der Wein?" Der Bauer zuckt zusammen, da er die Stimme der Bäuerin hört. Zugleich schlägt die Uhr die 1. Stunde – die Rose verschwindet. Ihr Duft aber bleibt in dem alten Gemäuer zurück.

Der Bauer hastet mit seinem Krug Wein eilig die Stiege empor. Und in der Stube erfährt er verblüfft, dass er eine gute Stunde träumend in seinem Keller gestanden haben muss.

Heuchelheim: links steht malerisch das alte Rathaus

*8. Heuchelheim geschichtlich

Huchilingen liegt ehemals im Speyergau, kommt aber im 12. Jahrhundert zur Herrschaft Landeck. So ist das Schicksal Heuchelheims eng verwoben mit dem Geschick von Appenhofen, Gleishorbach, Gleiszellen, Göcklingen, Insheim, Klingenmünster, Mörzheim, Wollmesheim und anderen Dörfern, die alle um das Jahr 1200 zur Herrschaft Landeck zählen.

Heuchelheim
ehemals im Speyergau
ab 12. Jh.: zur Herrschaft Landeck
1969: Heuchelheim-Klingen entsteht

*9. Eine Katastrophe für den Wein

Man schreibt etwa das Jahr 1850, da vernehmen die Winzer in Göcklingen Alarmierendes. In Frankreich welkt das Laub der Reben schon im Sommer, die Trauben bleiben klein und hart und zeigen einen grauen Belag. Bald bekommt das Phänomen einen Namen: Peronospora. Grund für das Dilemma ist ein Pilz, eingeschleppt aus Amerika.

Ratlos erproben die Winzer verschiedene Gegenmittel. Kupfervitriol und Schwefel helfen, findet einer heraus, und bald schleudern alle eine Brühe aus Beidem mit dem *Kehrwisch* auf Reblaub und Trauben.

Weinbau in Göcklingen

1749: gut 4 ha Rebfläche
1799: 43 ha Rebfläche
1956: Gründung der Winzergenossenschaft Kleine Kalmit (heute: Deutsches Weintor)
1958-84: Flurbereinigungen
heute: rd. 500 ha Rebfläche

Göcklingen von oben

*10. Bunker in den Weinbergen

In Deutschland herrschen ab 1933 die Nationalsozialisten. Als 1938 der 2. Weltkrieg naht, ziehen durch die Südpfälzer Weinberge Offiziere und Bauingenieure. Sie planen ein *Schutzschild* gegen die feindlichen Franzosen. Ihr Westwall soll aus drei Verteidigungslinien bestehen. Eine verläuft grenznah zwischen Oberotterbach und Steinfeld, die nächste zieht sich von Göcklingen über Mörzheim, Impflingen und Insheim Richtung Herxheim. Bald kommen hunderte Arbeiter, sie hacken auch unzählige Rebstöcke ab.

Der Krieg beginnt 1939. Viele Winzer ziehen in den Kampf. Ihre Frauen und Kinder pflegen die Weinberge, bald unterstützt von französischen, später von russischen Kriegsgefangenen. Mit störrischen Ochsen müssen sie die Pflüge durch die Wingerte ziehen, denn ihre Pferde sind eingezogen worden. Jedes Jahr retten sie mit List Wein für sich selbst. Doch sehen die Weinberge von Jahr zu Jahr trostloser aus. Obendrein verschandeln immer neue Schützengräben, Maschinengewehrstände und Stacheldraht die Landschaft. Und bald ist die Arbeit im Wingert nur noch im Dunkeln möglich, am Tage schießen Jagdbomber im Tiefflug auf alles, was sich bewegt.

So beginnt das Jahr 1945. Das Frühjahr ist unglaublich warm. Alles blüht, als die Amerikaner am 23. März in Göcklingen einziehen. Damit ist hier der Krieg vorüber. Doch Zeit, die Reben zu pflegen, findet niemand. Die Ernte im Herbst fällt mager aus – aber köstlich mundet der Wein. Das merken schnell auch die französischen Besatzer – und beschlagnahmen ihn (fast) komplett.

Kapellen-Drusweiler

Einladend
– diese
Strauß-
wirtschaft

Kurzinformation zu den Orten

Kapellen-Drusweiler
(Verbandsgemeinde Bad Bergzabern)
    ca. 930 EW; der Erlenbach schlängelt sich durch diesen Weinort.

Wein & Sehenswert
    Rosengarten-Wanderweg (5,2 km lang)

    Weinfeste: *Rosengarten-Wandertag* (Juni), *Weinfest in den Winzerhöfen + Federweißenfest* (Sept.)

Weingüter + Einkehren am Weg
    Vinothek Julius Kimmle: Agnes-Kimmle Str. 1

    Weingut Manderschied: Dorfstr. 4

    Weingut Hans Rapp: Obere Hauptstr. 4

    Kleine Weinkellerei Wendel: Obere Hauptstr. 8

    ... Weiteres siehe S. 162

Weinlage
Großlage Kloster Liebfrauenberg
(Bereich Südliche Weinstraße)
    Kapeller Rosengarten (92 ha);
    Boden: sandiger Lehm / Höhe bis 200 m

Oberhausen
(Verbandsgemeinde Bad Bergzabern)
    ca. 390 EW; Weinort im Tal des Erlenbachs.

Wein & Sehenswert
    Rathaus (Obere Hauptstr. 2; erbaut 1875): mit „Türmel"

    Weinfeste: *Weinfest* (Juli); *Federweißenfest* (Sept.)

Weingut am Weg
    Weingut Geiger: Oberdorfstr. 20

    ... Weiteres siehe S. 168

Weinlage
Großlage Kloster Liebfrauenberg
(Bereich Südliche Weinstraße)
    Oberhausener Frohnwingert (126 ha); Boden: Kalk + Lehm / Höhe bis 180 m

Kapellen-Drusweiler:
Weihnachtsstimmung kommt auf
bei diesem Haus

Start/Ziel: Kapellen-Drusweiler, Bahnhof

Anfahrt: mit der Bahn (Winden – Kapellen-Drusweiler – Bad Bergzabern)

... oder bis *Kapellen-Drusweiler, Rathaus* mit Bus 547 (Bad Bergzabern – Dierheim – Kandel)

Weglänge: rd. 6,5 km / rd. 2 Std. (+ Abstecher)

Markierung: Bahnwanderweg, Bad-Bergzaberner-Land-Weg; Radwege Fassboden 1+2, Radweg Vom Riesling zum Zander. – Wegverlauf siehe S. 178 f.

Karte: Südpfalz. Wandern u. Radfahren zwischen Rhein & Reben; 1:40.000. – Pietruska-Verl., 2012

Anforderung: Dieser Rundweg steuert zwei Weindörfer im Erlenbachtal an, beide zählen zur Großlage Kloster Liebfrauenberg. Zunächst geht es hinauf in die Weinberge, wo Rosen herrlich den Namen der Weinlage Kapeller Rosengarten zeigen. Zu genießen ist auch eine grandiose Aussicht. Von Oberhausen dann führt ein schöner Weg durchs Erlenbachtal zurück nach Kapellen-Drusweiler. Als Radtour ist dieser Weinweg nur bedingt geeignet, da sowohl in den Weinbergen als auch im Erlenbachtal wiese Wegabschnitte liegen. Da tun feste Schuhe gut! Geländegängige Kinderwagen sind an trockenen Tagen kein Problem.

Wegverlauf

Den kleinen Bahnhof von **Kapellen-Drusweiler** im Rücken folgen wir zunächst der **Dorfstraße** (verläuft parallel zu den Schienen) nach rechts und überqueren die Raiffeisenstraße. Der Weg ist dann unbefestigt. Er biegt bald nach links. Über den Erlenbach hinweg kommen wir in den Ort zur Oberen Hauptstraße (0,5 km).

→ Abstecher **Weingüter**

An der **Oberen Hauptstraße** nach links zur Kleinen Weinkellerei Wendel mit Hopfestubb (links/Nr. 8; 230 m), Weingut Hans Rapp mit Straußwirtschaft (links/Nr. 4; 240 m). Gegenüber liegen *Bushaltestelle Rathaus* und das Gemeindehaus (*1), dann folgt das Weingut Familie Rapp (rechts/Untere Hauptstr. 2; 310 m). Hier liegt links die Kirche, bei ihr ist der Ursprung der Siedlung Drusweiler zu denken (*2).

Wir wenden uns an der **Oberen Hauptstraße** nach rechts und folgen der nächsten Gelegenheit (= **Weinbergstraße**) nach links (0,7 km).
Eine Brücke führt über die Bundesstraße B 427, auf der anderen

km

Seite liegen ein Rastplatz und der Rosengarten-Wanderweg. Wir gehen geradeaus hinauf, bald beginnt die Rebenpracht (*Kapeller Rosengarten*). Wir kommen zu einer Kreuzung mit Rastplatz. Hier beginnt nun auch linker Hand der Rebenreigen und im Tal liegt der Deutschhof (1,7 km; Schild: geradeaus *Deutschhof*).

Wir wenden uns hier nach links (>*Fassboden 1+2*), bald genießen wir eine herrliche Aussicht! Wir queren dann die Straße K 16 (2,2 km) und gehen geradeaus weiter (ohne Markierung), linker Hand stehen Reben (*3). Hinter einer Kreuzung mit einem alten Grenzstein wird der Weg unbefestigt und wiesig. Die Reben enden und auch bald unser Wiesenweg (3,6 km). Wir wenden uns nach links, es geht hinab auf einem Teerweg.

Hinter Weingut Lindenhof überqueren wir die Bundesstraße B 427 (3,9 km). Wir folgen geradeaus der Straße **An den Hofäckern** nach **Oberhausen**, kommen zur **Oberdorfstraße** mit Ruhebank (4,2 km).

4,2

→ Abstecher **„Türmel"** (350 m)

An der **Oberdorfstraße** nach rechts wenden, sie heißt bald **Raiffeisenstraße**, führt vorbei am Zeiselsbrunnen (*4) zur Hauptstraße. An der Ecke steht das Rathaus mit *„Türmel"* (*5), zu sehen ist auch schönes Fachwerk.

An der **Oberdorfstraße** gehen wir nach links (>*Radweg Vom Riesling ...*). Gleich sehen wir das Weingut Geiger (rechts/Nr. 20). Wenig später, am Ortsrand (4,4 km), spendet ein mächtiger Kirschbaum Schatten.

km

(*Hier führt der Radweg nach links: Kapellen-Drusweiler 0,9 km*).

Wir gehen geradeaus weiter durch das Erlenbachtal (*6). Hinter einem Anwesen wird der Weg wiesig, das Gras ist an manchen Tagen hoch gewachsen. Bald hinter einer Wegkreuzung ist der Weg wieder asphaltiert, er endet noch vor dem eigentlichen Ort **Kapellen-Drusweiler** (5,3 km).

5,3

→ Abstecher **Weingut Kimmle** (110 m)
Nach links führt die **Agnes-Kimmle-Straße** zum Weingut mit moderner Vinothek (links/Nr. 1).

Wir gehen nach rechts und sogleich nach links weiter bis zur **Friedhofstraße**. Auf ihr nach rechts gelangen wir zur Dorfstraße (5,9 km).

→ Abstecher **Weingut Manderschied**
Die **Dorfstraße** führt nach rechts zum Weingut am Ortsrand (links/Nr. 4; 90 m).

Auf der **Dorfstraße** gehen wir nach links zurück zum **Bahnhof Kapellen-Drusweiler**.

6,3

So schön wird hier gewandert

23

Kapellen-Drusweiler vor den Bergen des Pfälzerwalds

*1. Schule in alter Zeit

In alter Zeit leitet der Pfarrer die Dorfschule nebenbei. In Kapellen-Drusweiler setzt 1618 der Herzog von Pfalz-Zweibrücken erstmals einen Schulmeister ein. Der Lohn dieses Mannes ist kärglich und er bewirtschaftet, um sich zu ernähren, nebenher einen kleinen Acker des Pfarrguts.

Das Schuljahr damals beginnt um Michaelis, also Anfang Oktober. Am Sonntag zuvor mahnt der Pfarrer in der Kirche die Eltern: *„Schickt eure Kinder ja fleißig zur Schule!"* Die Kinder haben 6 Tage in der Woche Unterricht, am Vormittag und auch am Nachmittag. Etwa 40 Kinder jeden Alters sitzen da zusammen im selben Klassenzimmer, sie sollen Lesen und Schreiben, doch vor allem *Gottesfurcht* erlernen. Vor Ostern werden sie in Anwesenheit des Pfarrers examiniert.

1698 gibt es in Kapellen-Drusweiler ein erstes eigenes Schulhaus. 100 Jahre später folgt ein Neubau in der Wassergasse, 1880 entsteht ein neues Schulhaus in der Oberen Hauptstraße. Dieses dient heute als Gemeindehaus, denn seit 1976 gibt es in dem kleinen Ort keine eigene Schule mehr.

*2. Kapellen-Drusweiler geschichtlich

Etwa dort, wo heute die Wassergasse verläuft, nutzen die Römer, als sie in dieser Gegend leben, eine Furt durch den Erlenbach. Sehr viele Jahre später, doch immer noch in alter Zeit, hat in Drusweiler das Kloster Klingenmünster das Sagen.

Der Abt lässt um 1200 bei der Siedlung eine Kapelle errichten. Damit beginnt Kapellens Geschichte.

Drusweiler wird 1323 zur selbständigen Pfarrei erhoben.

Rechtsnachfolger des Klosters Klingenmünster wird Pfalz-Zweibrücken. Der zweibrückische Herzog vereinigt schon 1410 die beiden Dörfer zu Kapellen-Drusweiler. Hier hält 1575 die Reformation ihren Einzug.

Nach dem 30-jährigen Krieg ist Kapellen-Drusweiler zerstört und gänzlich verlassen. Weil auch die Kirche abgebrannt ist, wird in Kapellens Kapelle einfach eine Glocke gehängt. Diese Kapelle aber brennt 1704 ab. Es entsteht an ihrer Stelle die heutige Kirche.

Bis in die 1960er Jahre leben die Kapellener noch vom Hopfenanbau. Doch heute ist hier ein nettes feines Weindorf zu erleben.

Kapellen-Drusweiler

Drusweiler zählt ehemals zum Kloster Klingenmünster
um 1200: Gründung von Kapellen (als Kapelle des Klosters Klingenmünster)
1410: Kapellen + Drusweiler werden vereint

*3.   Draht verändert das Winzerleben

Wer in den Weinbergen spazieren geht, sieht, wie die Reben Draht umranken, sich an diesem festhalten. Draht gibt es schon in uralter Zeit. Doch erst im 19. Jahrhundert verbessert sich seine Qualität.

Den Winzern jedoch ist der Draht zunächst noch zu teuer, erste Winzer verwenden ihn im Weinberg erst kurz vor 1900. Und da erleben sie, wie der Draht ihre Arbeit immens erleichtert. Doch er ist sehr kostbar. Räumen sie einen alten Weinberg, so rollen sie ihn sorgfältig auf und glühen ihn auf einem Stapel brennenden Rebholzes aus. Derartig behandelt verwenden sie ihn erneut.

*4.   Oberhausen geschichtlich

Oberhausen zählt ehemals zum Domkapitel in Speyer, gelangt später aber an Pfalz-Zweibrücken. Der zweibrückische Herzog Ludwig II. (1502-32) führt im Dorf schon 1521 die Reformation ein.

Nach dem 30-jährigen Krieg lebt in Oberhausen kaum noch jemand. Zuwanderer aus der Schweiz beziehen die leeren Häuser.

In der Zeit der Französischen Revolution werden die Gemeinden südlich der Queich schon 1793 französisch, auch Oberhausen. Ihr Landesherr wird damit Kaiser Napoleon I. (1769-1821). Als 1811 dessen Sohn geboren wird, lassen die Oberhausener am Zeiselsberg eine Quelle zu einem Brunnen fassen. Oberhausens französische Zeit endet 1816.

Pracht-Fachwerk in Oberhausen

Oberhausen I.
ehemals zum Domkapitel in Speyer, später zu Pfalz-Zweibrücken

1665-1709: Zuwanderer aus der Schweiz kommen
1793: wird französisch
1816: zum Königreich Bayern

28

Geschichte (n)

*5. Oberhausen nach 1871

Als das Deutsche Reich 1871 Frankreich besiegt, kommt das Elsass zum Deutschen Reich. Für Oberhausen rückt damit die Grenze nach Frankreich in beruhigende Ferne. Die Wirtschaft floriert, bald gibt es drei Gaststätten im Dorf: *Zur Sonne*, *Zur Krone* und *Zum Pflug* (1883).

1914 beginnt der 1. Weltkrieg. Mit seinem Ende 1918 liegt Oberhausen in der französisch besetzten Zone. Die Oberhausener lassen sich davon aber nicht unterkriegen.

1938 droht ein neuer Krieg. Nun wird als Schutz gegen den *Erzfeind Frankreich* der Westwall errichtet. Zahlreiche Arbeiter kommen, allein auf der Gemarkung von Oberhausen entstehen 11 Bunker! Oberhausen liegt in der *Roten Zone*.

Als der Krieg 1939 beginnt, werden die Menschen evakuiert. Sie reisen per Bahn, mit Pferdekutschen, einige gar mit einem Pkw nach Norden oder dorthin, wohin sie offiziell sollen: nach Oberfranken. Als sie nach 9 Monaten wieder heimkehren dürfen, prägt der Krieg mit Verdunklung und Fliegeralarm ihren Alltag. Die Männer müssen fort zum Kämpfen, Kriegsgefangene kommen und sollen mit anpacken. Bei Angriffen werden einige Anwesen zerstört.

Nach dem 2. Weltkrieg wird Oberhausen dem neuen Bundesland Rheinland-Pfalz eingegliedert. Das Vereinsleben gewinnt an Bedeutung, man trifft sich in den Wirtschaften. Doch schon in den 1960er Jahren gibt es im Ort nur noch die *Sonne*, auch sie schließt 1971.

1982 erhält Oberhausen sein Ortswappen mit *Türmel*, Kerzen und Weintraube. Die Kerzen zeigen, dass Oberhausen im Mittelalter für den Dom in Speyer eine Abgabe für die Beschaffung von Kerzen für die Kaisergruft zu leisten hatte. Das *Türmel* meint das Gemeindehaus als Wahrzeichen und die Traube zeigt den Winzerort.

Oberhausens „Türmel"

Oberhausen II.
1938/39: Bau des Westwalls
1939: Ausbruch 2. Weltkrieg; Evakuierung
seit 1972: zur Verbandsgemeinde Bad Bergzabern

26

*6. Elwetritsche jagen

Jeder Pfälzer kennt die sagenhaften Elwetritsche. Die Wesen besitzen einen sehr langen Schnabel und einen viel zu langen Hals. Geschickt aber passen sie sich ihrem Lebensraum an. Leben sie an Hängen, so haben sie unterschiedlich lange Beine um die Schräge auszugleichen. Am Tage halten sie sich in Bachtälern oder im Wald im Unterholz verborgen. Erwachen sie am Abend, zur Dämmerstunde, so harren sie lautlos aus. Erst wenn es richtig dunkel ist, schlüpfen sie aus ihrem Versteck.

Will einer die Elwetritsche jagen, braucht er eine Öllampe, einen „Grummbeersack", einige Flaschen Wein, einen langen Stab – und zwei gute Freunde. Bevor sie losziehen, muss jeder zwei Schoppen Wein trinken, vielleicht gar noch mehr. Der Wein ist enorm wichtig! Wer Elwetritsche überhaupt nur sehen will, *muss ihn unbedingt trinken.*

In einer Hand die Öllampe, um den nachtdunklen Weg zu beleuchten, in der anderen den Stab – so stochert der Jäger im Unterholz. Weil eine dritte Hand fehlt, muss ein Freund den Sack bereithalten. Da – mit dem Stab schreckt der Jäger eine Elwetritsch auf. Schnell blendet er sie mit der Öllampe. Derartig geblendet kann sie nicht anders, sie läuft in den Sack, den der Freund hält. Sitzt sie darin, wird der Sack schwuppdiwupp zugebunden.

Nach dieser Aufregung braucht das Trio dringend einen Schluck Wein. Den Wein hält der zweite Freund bereit, der dient sozusagen als Mundschenk. Nach dem Schluck dann ist leider die Flasche leer. Ein guter Mundschenk hat dann aber gewiss noch eine weitere Flasche Wein zur Hand! Oder?

In Kapellen-Drusweilers Weinlage Rosengarten: Sitzen in diesen dornigen Rosen wohl die Elwetritsche?

Bei einer uralten Kaiserulme blühen diese Rosen

Minfeld

Kandel, Minfeld und Freckenfeld

Kurzinformation zu den Orten

Kandel

(Verbandsgemeinde Kandel)

ca. 8.600 EW; Einkaufsstadt am Bienwald, es gibt auch Landwirtschaft und Weinbau.

Wein & Sehenswert

Rathaus (Hauptstr. 61; erbaut 1773/83): mit Stadtbücherei

Dampfnudeltor (Hauptstr. 73; von 1660)

Künstler Armin Hott (Rheinstr. 105): Galerie

Weinfest: *Fest des Federweißen* (Ende Sept.)

Weingüter

lebensArt (Weinhandlung): Hauptstr. 86

Weingut Jung: Saarstr. 115

... Weiteres siehe S. 161

Weinlage

Großlage Guttenberg (Bereich Südliche Weinstraße)

Kandeler Galgenberg (9 ha); Boden: Lehm / Höhe bis 140 m

Minfeld

(Verbandsgemeinde Kandel)

ca. 1.500 EW; am Nordrand des Bienwalds gelegen, zeigt stolz eine uralte Kaiserulme.

Wein & Sehenswert

Ev. Kirche (Kirchgasse 3): mit Wandmalereien

Kaiserulme (Kirchgasse): Naturdenkmal

Weingüter + Einkehren

Weingut Arno u. Oliver Heintz: Rebenhof 1

Dorfmarkt Schoßberghof: Schoßberghof 1

... Weiteres siehe S. 165 f.

Weinlage

Großlage Guttenberg (Bereich Südliche Weinstraße)

Minfelder Herrenberg (36 ha); Boden: sandiger Lehm + lehmiger Sand / Höhe bis 148 m

Kandel: Galerie von Armin Hott

Freckenfeld

(Verbandsgemeinde Kandel)

ca. 1.500 EW; Straßendorf am Nordrand des Bienwalds.

Wein & Sehenswert

Dampfnudeltor (Hauptstr. 65; von 1716): *Dampfnudelfest* (Anfang August)

Heimatmuseum (Hauptstr. 65)

Weingut + Einkehren

Familienweingut Disqué: Hauptstr. 124

Landgasthof Zur Brauerei: Lindenstr. 15

... Weiteres siehe S. 153

Weinlage

Großlage Guttenberg (Bereich Südliche Weinstraße)

Freckenfelder Gräfenberg (68 ha); Boden: sandiger Lehm / Höhe bis 160 m

Start/Ziel: Kandel, Bahnhof

Anfahrt: mit der Bahn (Karlsruhe – Kandel – Winden – Landau – Neustadt/Weinstr.)

Bus 547 (Kandel – Minfeld – Freckenfeld – Schaidt – Bad Bergzabern) u.a.

ÖPNV unterwegs: *Freckenfeld, Schule* (Bus 547, siehe oben)

Weglänge: knapp 19 km / rd. 5 Std. (+ Abstecher)

Abkürzung Kandel – Minfeld – Kandel: 9,9 km / 2,5 Std.

Markierung: Bauerntheke; Kraut&Rüben-Radweg; Südpfalz-Radweg. – Wegverlauf siehe S. 178 f.

Karte: Südpfalz. Wandern u. Radfahren zwischen Rhein & Reben; 1:40.000. – Pietruska-Verl., 2012

Anforderung: Durch Kandel führt der Weg hinauf in die Natur, beim Wandern blicken wir auf die Orte und den Bienwald. Reben (Großlage Guttenberg) gibt es zu erleben, doch stehen sie nicht im Mittelpunkt. Auf dem Rückweg werden alle 3 Orte hautnah erlebt. Großer Erlebniswert auch mit Rad oder Kinderwagen.

Tipp: Abkürzen in Minfeld; siehe S. 31.

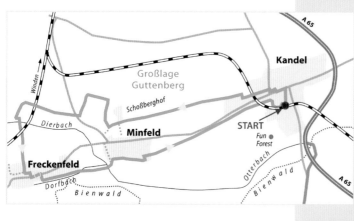

Wegverlauf

km

Das Bahnhofsgebäude des **Bahnhofs Kandel** im Rücken wenden wir uns nach links in Richtung **Tourismusbüro** & Bistro Gleis 3. Hier führt nach rechts die Treppe hinab zur **Georg-Todt-Straße**. Gegenüber beginnt ein Fußweg über einen Parkplatz, er weist dann nach schräg links zu einer kleinen Querstraße. Geradeaus gelangen wir durch eine Passage zur Hauptstraße (0,4 km), zum Zentrum von **Kandel** mit Fachwerk und bunten Bienen.

Wir gehen an der **Hauptstraße** nach links und sehen gleich das merkwürdige

km

Dampfnudeltor beim Café La Minzbrueck (rechts/Nr. 73). Gegenüber bietet **lebensArt** Wein auch aus der Südpfalz (Nr. 86).

0,5

Beim Plätzl vor dem Rathaus (*1) (0,5 km) folgen wir der **Rathausgasse** nach schräg rechts hinauf.

Wir gehen oben auf die Georgskirche zu und vor dieser nach links, gehen am Wegende kurz

km

nach rechts, sogleich nach links in die **Turm-straße**. Am Ende biegen wir nach rechts in die **Landauer Straße**, wenden uns jedoch sogleich nach links (Ampel) und folgen der **Wasgau-straße** (0,7 km). Hinter der Bahn beginnt die **Hubstraße** und führt zur Kreuzung mit **Stresemannstraße** (1,4 km).

Hier wenden wir uns nach rechts, folgen aber bei nächster Gelegenheit dem Weg nach links hinauf. Wir sehen, wie sich im Tal Kandel an der Straße entlangzieht, dahinter liegt der Bienwald. Bei einer Kreuzung (3,9 km) stoßen Radwege zu uns (>*Bergzabern 13 km*). Wir kommen wenig später zum *Paradiesgarten* des Schoßberghofs, dann zu einer Kreuzung.

4,4

→Abstecher **Weingüter** (400 m)
Nach links zum Weingut Heintz (links/Re-benhof 1), dahinter Weingut Lettenberg-hof (links/Hauptstr. 35).

Hinter der Kreuzung liegt der Dorfmarkt Schoßberghof (*2). Linker Hand im Tal liegt **Minfeld**. Bald endet der Weg (4,7 km).

4,7

→**Abkürzung über Minfeld** (10 km kürzer)
Nach links dem Radweg-Schild folgen, der Weg endet bei **Landgasthof Groß** (rechts/Saarstr. 16). Nach links führt die **Saarstraße** (>*Freckenfeld 2,4 km*) zur **Hauptstraße**. Hier nach rechts biegen, sogleich nach links in die **Herrengasse** fahren zur Kreuzung mit Im Wiesengrund (810 m).
Ende der Abkürzung, nach Kandel nach links **Im Wiesengrund** *folgen; siehe unten.*

Kaiserulme

Wir gehen nach rechts auf die Weinberge (*Minfelder Herrenberg; Großlage Guttenberg*) zu und erreichen sie nach 450 m. Wir tauchen ge-radeaus ein in einen Hohlweg und gehen darin

km

bei 1. Gelegenheit nach links hinauf zu den Reben. Hinter ihnen biegt der Weg nach links, bis zur Straße nach Winden (6,4 km). Auf ihrer anderen Seite führt ein Weg nach schräg rechts neben Reben.

7,8

Bald hinter der Bahn liegt eine Kreuzung. Hier nach links hinab wenden (>*Freckenfeld 1,8 km*). Am Ende des Weges (mit Bienwald-Bank) gehen wir nach links. Schnell biegt der

Weg nach rechts, führt hinter dem Dierbach unter der Bahn hindurch, dann über den Gräfenberg und wieder hinab nach **Freckenfeld** (*3). Hier endet unsere Straße **Landauer Hohl** an der Kirchstraße (10,9 km).

→Abstecher **Landgasthof** (500 m)
Der **Kirchstraße** nach rechts folgen (>*Schaidt 3,4 km*) bis zur **Lindenstraße**. Hier nach rechts gehen zum Waldrand mit **Landgasthof Zur Brauerei** (Nr. 15).

Der **Kirchstraße** folgen wir nach links (>*Min-feld 2,1; Kandel 7,0 km*) und biegen nach 140 m nach rechts in die **Rathausgasse** zur Hauptstraße (*4)(11,1 km).

11,1

→Abstecher **Heimatmuseum** (30 m)
An der **Hauptstraße** nach rechts gehen zu Dampfnudel-tor (*5), Museum, Bücherei.

Brunnen

An der **Hauptstraße** nach links wenden. Bei der *Bushal-testelle Freckenfeld, Schule* (11,2 km) führt ein Pfad nach rechts zum Dorfbach. Wir gehen am Bach nach links weiter. Hinter Familienweingut Disqué (links/Hauptstr. 124; 11,6 km) kommen wir zu einer Kreuzung und folgen geradeaus weiter dem Bach. Am Wegende wechseln wir die

km

Bachseite. Der Weg endet (12,4 km), hier geht es wieder auf die andere Bachseite (Schotterweg). Kurz vor **Minfeld** erreichen wir eine Kreuzung (13,1 km) und folgen nach links der **Herrengasse** zu einer Kreuzung am Ortsrand (*6) (14,3 km). *(Hier stößt der beim Schoßberghof abgekürzte Weg zu uns.)* Wir gehen nach rechts auf **Im Wiesengrund** fort bis zur **Jahnstraße**.

→ Abstecher **Weinstube Uff de Bach**
An der **Jahnstraße** nach links zur **Eichstraße** gehen, nach links wenden zum **Dammweg** mit Weinstube (Nr. 2; 130 m).

Geradeaus weiter **Im Leisengarten** folgen. Wir gehen auch bei einer Kreuzung geradeaus

km

weiter, nun aber bei nächster Gelegenheit nach links (= **Gartenstraße**) und sogleich nach rechts (= **Im Holderbusch**).

Am Ortsrand von **Kandel** (15 km) verläuft der Weg dann neben dem Hintergraben. Bei einer Kreuzung (16 km) gehen wir geradeaus weiter (*>Bhf Kandel 2,4 km*). Hier liegt bald am Weg **Weinbau Jung** mit Weinstube (links/Saarstr. 115; 16,9 km).

Wir nutzen eine Bahnunterführung, gehen hinter ihr weiter geradeaus bis zu einem Spielplatz (18 km). Hinter diesem biegen wir nach rechts in die **Nussbaumallee**, folgen ihr bis zu einem Parkplatz (18,5 km). Geradeaus auf der **Georg-Todt-Straße** sind wir dann schnell beim **Bahnhof Kandel** (18,7 km).

Wir wandern auch an diesem idyllischen Dorfbach in Freckenfeld

*1. Kandel geschichtlich

1374 verpfändet Graf Emich V. von Leiningen-Hardenburg († 1375) seine Siedlung Kandel an Kurfürst Ruprecht I. (1309-90). 5 Jahre später gelangt Kandel an die Herrschaft Guttenberg. Die ist damals im gemeinsamen Besitz der Grafen von Leiningen-Hardenburg und der Kurfürsten. Doch gelangt sie 1410 bei der Erbteilung der Kurpfalz an Herzog Stefan von Pfalz-Zweibrücken (1385-1459). Als 1460 Kurfürst Friedrich I. *der Siegreiche* (1425-76) mit

Kandel, alter Schleifstein

seinem pfalz-zweibrückischen Vetter Ludwig I. (1424-89) streitet, lässt er Kandel brandschatzen.

Im 30-jährigen Krieg lagert in Kandel längere Zeit (ab 1621) der Graf von Mansfeld (1589-1657). Obzwar er ein Verbündeter ist, plündern seine Truppen, was sich plündern lässt. Im weiteren Kriegsverlauf lässt Erzherzog Leopold Wilhelm von Österreich (1614-62) seine Söldner die Kirche und *viele schöne Häuser* in Brand stecken. Die Menschen fliehen. Bald lebt in der ganzen Herrschaft Guttenberg nur noch ein einziger Pfarrer, der wohnt in Weißenburg. In der Kirche in Kandel hausen französische Soldaten, das Dach brennt 1635 ab. 1648 endet dieser lange Krieg, doch die Zeiten bleiben unsicher.

1680 wird die Herrschaft Guttenberg dem französischen Elsass zugeteilt. Kandel bekommt wieder eine katholische Pfarrei, die Georgskirche wird Simultankirche. 1733 wird Herzog Christian III. von Pfalz-Zweibrücken (1674-1735) alleiniger Herr der Herrschaft Guttenberg, doch die französische Oberherrschaft gilt weiterhin.

In der Französischen Revolution gibt es hier wie überall Plünderungen. 1797 zählt Kandel dann zu Frankreich. Doch kommt der Ort 1816 – wie die ganze Pfalz – zu Bayern.

1849 kämpfen beim Pfälzer Aufstand einige Kandeler mit. Es geht dabei auch um die Loslösung der Pfalz vom Königreich Bayern. Doch wird der Aufstand niedergeschlagen.

1864 erhält Kandel einen Bahnanschluss, bald gibt es Strom und Wasser.

Als 1918 der 1. Weltkrieg endet, wird Kandel wieder von Franzosen besetzt. Auch das Ende des 2. Weltkriegs (1945) bringt französische Truppen nach Kandel.

> **Kandel**
>
> **ab 1379**: zur Herrschaft Guttenberg
> **ab 1680**: Herrschaft Guttenberg – zählt zu Frankreich
> **1797**: zu Frankreich
> **1816**: zu Bayern
> **1937**: erhält Stadtrechte

Kandel zeigt viel Fachwerk – hier die Volkshochschule

Geschichte (n)

*2. Ein Kardinal aus Minfeld

Im Schlossgut von Minfeld kommt 1737 Casimir Häffelin (1737-1827) zur Welt, sein Vater ist der Amtsschreiber im Ort. Casimir besucht die Lateinschule im nahen Bergzabern, studiert danach Theologie und erhält parallel in Speyer die Priesterweihe (1763). Als Kaplan am Mannheimer Hof beginnt sein lebenslanges Wirken für die Wittelsbacher.

1767 erhält Casimir Häffelin den Auftrag, in Rom die Bibliotheca Palatina aus Heidelberg aufzuspüren. Diese hatte Kurfürst Maximilian I. von Bayern (1573-1651) im 30-jährigen Krieg dem Papst geschenkt.

Casimir Häffelin ist Ende 1768 zurück in Mannheim, hält Vorträge und katalogisiert im Auftrag von Kurfürst Carl Theodor (1724-99) die Antiquitäten der Pfalz.

Ende 1777 wird Carl Theodor neues Oberhaupt der Wittelsbacher und zieht nach München. Casimir Häffelin geht mit. Carl Theodor erhebt ihn später in den Adelsstand (1790) und macht ihn 1799 zum Oberhofbibliothekar. In dieser Funktion sorgt Casimir Häffelin für die Überführung der Mannheimer Bibliothek nach München.

Seine Karriere geht weiter, sie führt ihn 1803 als Bayrischen Gesandten nach Rom. In Rom besucht ihn der Maler Ludwig Grimm (1790-1863), Bruder der Grimmschen Märchensammler. Der beschreibt ihn später in seinen Lebenserinnerungen (gekürzt): *„In dessen Zimmer sah es recht geistlich aus, aber doch vornehm. Er hatte einen damastenen Schlafrock und violette Strümpfe an, ein altes, etwas dickes Männchen, äußerst freundlich, weiße Haare."*

1818 erhebt Papst Pius VII. († 1823) Casimir Häffelin zum Kardinal und als Kardinal stirbt er 1827 in Rom.

*3. Namenlose Dörfer

Eine alte Sage erzählt ihre ganz eigene Geschichte davon, wie Freckenfeld und Minfeld einst ihre Namen erhielten:

In uralter Zeit gibt es in der Herrschaft Guttenberg zwei Dörfer, die keinen Namen tragen. In dem einen der beiden Dörfer sieht man die Menschen tagein, tagaus von morgens früh bis abends spät auf den Feldern arbeiten. Bald foppen darüber die aus dem anderen Dorf: „Die verrecken noch im Feld!" Und damit hat das eine der Dörfer einen Namen – Freckenfeld.

Die Menschen in dem anderen Dorf gehen jeglicher Plackerei lieber aus dem Weg. Als eines Tages der Amtmann in ihr Dorf geritten kommt und den schlechten Zustand der Felder erkennt, gerät er in Zorn. Und er schimpft: „Das ist von nun ab wieder min Feld!" Damit heißt das andere Dorf für alle Zeiten Minfeld.

In Minfeld bei der katholischen Kirche

*4. Freckenfeld geschichtlich

Im 7./8. Jahrhundert, bei den Franken, ist das Land bei Freckenfeld als Königsgut ausgewiesen. Die Franken teilen die heutige Pfalz in vier Gaue, Freckenfeld liegt im Speyergau. Die Christianisierung beginnt, Klöster werden gegründet, Mönche machen das Land urbar. Sie roden auch ein kleines Feld. Dies *Mindefeld* (Kleinfeld) wird das heutige Minfeld. Später roden sie ein größeres Stück und nennen dieses *Frikefeld* (Frike = altdeutsche Kornart). Das wird das heutige Freckenfeld. Beide Siedlungen bestehen 911, als Graf Werner dem Kloster Weißenburg einiges raubt, auch Besitz in Steinweiler, nicht weit von Freckenfeld. Bei dem Raub blenden die Angreifer den Bischof Einhard von Speyer († 913). 5 Jahre später stirbt der. Als Graf Werners Sohn Cuno († 955) die Macht übernimmt, will er die Tat seines Vaters sühnen und tauscht die Kirche von Steinweiler gegen Minfeld und Freckenfeld. Damit zählt Freckenfeld zum Hochstift Speyer. Doch 1051 erlangt Kaiser Heinrich III. (1017-56) beide Orte und schenkt sie der Abtei Seltz.

Ab 1300 zählt Freckenfeld zur Unteren Herrschaft Guttenberg, Besitzer ist 1459 Schaffried von Leiningen. Der kämpft gegen Kurfürst Friedrich I. (1425-76), dabei wird das Dorf Freckenfeld niedergebrannt. Hernach bauen die Freckenfelder ihre Häuser weiter ostwärts wieder auf.

Es beginnt der 30-jährige Krieg, in Freckenfeld zählt man 165 *Hausgesäße*. Große Not zieht ins Land. Nach dem Krieg kommen Zuwanderer aus der Schweiz. Doch erst ab 1690 wächst das Dorf wieder.

Freckenfeld

1300-1798: zur Unteren Herrschaft Guttenberg
1460: wird verbrannt, Aufbau weiter ostwärts
1754: 180 *Hausgesäße* (154 lutherisch, 3 reformiert, 24 katholisch gläubig)

*5. Beim „Dampfnudeltor"

In Freckenfeld steht ein merkwürdiges Tor. Bei ihm *kleben* am Torbogen Buntsandsteine wie Dampfnudeln. 1286 *Dambnudle* sind zu zählen – und dies nicht von ungefähr:

Im 30-jährigen Krieg sind die Freckenfelder auf der Hut. Eines Tages nähert sich dem Dorf ein Reiterschwadron. Doch die Ortsspäher bleiben gelassen „Das sind Schweden. Die sind Lutheraner wie wir", sagen sie sich.

Die Schweden aber fordern Geld, viel Geld! Die Freckenfelder flehen, sie erinnern den Hauptmann an den gemeinsamen Glauben. Tatsächlich verspricht er sie zu schonen, sofern sie ihn und seine Soldaten verkösten werden.

Bäckermeister Johannes Muck spuckt tatkräftig in seine Hände: „Frau, kocht einen großen Kessel Soße. Schmeckt sie auch kräftig mit Wein ab!" Denn er denkt sich: Der Wein in der Soße, der wird die Soldaten in gute Laune versetzen! Er selbst beginnt mit seinen Gesellen haufenweise Dampfnudeln zu produzieren.

Bald sieht man die Soldaten fröhlich schmausen. Exakt 1286 Dampfnudeln vertilgen sie. Äußerst wohlgelaunt reitet die Truppe von dannen.

Das Dampfnudeltor gelangt 1938 gar in das amtliche Wappen von Freckenfeld.

Pfälzer „Dambnudle"

Dampfnudeln sind in der Pfalz eine traditionelle Hauptspeise mit Kartoffelsuppe, Wein- oder Vanillesoße. Als 2008 das bayrische Ministerium eine Datenbank heimischer Gerichte schafft, protestieren die Pfälzer gegen das Dampfnudel-Rezept darin. Dampfnudeln seien keine rein bayrische Spezialität.

<u>*Zutaten – Hefeteig*</u>: *500 g Mehl (Type 405) – 2 Eigelb – 70 g Butter – 20 g Zucker – 250 ml Milch – 40 g Hefe (1 Würfel) – Prise Salz; zum Backen: Öl, Wasser, Salz; eine gusseiserne Pfanne mit hohem Rand oder einen Bräter, unbedingt mit Glasdeckel*

Zubereitung: Das Mehl in eine große Schüssel geben, in die Mitte eine Vertiefung drücken für zerbröselte Hefe, etwas Zucker, die lauwarme Milch. All das zu einem Brei verrühren, aber noch nicht mit dem restlichen Mehl mischen. Der Vorteig braucht etwa 10 Minuten Ruhe. Danach wird er mit dem restlichen Mehl zu einem glatten Teig verknetet.

Die Schüssel mit dem Teig mit einem Handtuch abdecken, an einen warmen Platz stellen. Der Teig soll gehen, bis er etwa das doppelte Volumen hat. Daraus 12 Teiglinge formen. Diese auf dem Backbrett noch etwas aufgehen lassen. Pfanne/Bräter mit Öl bestreichen, auf dem Herd erhitzen. Die Teiglinge hineinsetzen, 1 Tasse Wasser & 1 Teel. Salz verrühren, hinzuschütten – sofort den Deckel schließen! Bei mittlerer Hitze garen bis die Dampfnudeln gar sind & eine schöne Kruste haben (etwa 20 Min.). Vorsicht beim Abheben des Deckels! Es darf keinerlei Wasser herabtropfen, die Dampfnudeln würden zusammenfallen. Durch das Glas des Deckels lässt sich der perfekte Zeitpunkt erkennen. Wem das Kunststück gelingt, darf sich geadelt fühlen!

<u>*Zutaten – Weinsoße*</u>: *1/2 Liter Wein (z.B. Riesling) – 4 Eier – 3 EL Zucker – 1 TL Zitronensaft*
Zubereitung: Eigelb mit dem Zucker im Topf erwärmen, Wein & Zitronensaft hinzutun. Das Eiweiß zu Schnee schlagen, erst kurz vor dem Servieren hinzufügen.

*6. Minfeld geschichtlich

Minfeld zählt ehemals zum Hochstift Speyer. Doch schenkt Kaiser Heinrich III. (1017-56) den Ort dem Kloster Seltz im Elsass (1051). Dieses lässt eine Kirche bauen. Später zählt Minfeld zur Herrschaft Guttenberg, die baut im Dorf als ihren Amtssitz eine Wasserburg (ab 1357).

1814 besiegen die Alliierten (Russland, Österreich, Preußen) Kaiser Napoleon I. (1769-1821). Auf ihrem Weg nach Paris ziehen Zar, Kaiser von Österreich und König von Preußen durch Minfeld.

Die alte Burg wird erst 1835 abgetragen.

Minfeld

ehemals zum Hochstift Speyer

ab 1357: Amtssitz der Herrschaft Guttenberg

ab 1463: zu Pfalz-Zweibrücken

1816: zu Bayern nach französischer Zeit

2007: 1.025-Jahrfeier

Rätselhaft

Wer entdeckt in Kandel diese Kunst am Fachwerk?

WAHR ODER UNWAHR?

Draht nutzen Winzer für ihre Reben erst seit 1938.

siehe S. 25

WAHR ODER UNWAHR?

Durch Minfeld kam einst der russische Zar

siehe S. 36

WAHR ODER UNWAHR?

Die Elwetritsche legten sich einst zu den Elfen auf die Pritschen

siehe S. 27

WAHR ODER UNWAHR?

Ein Freiherr aus dem Kraichgau herrschte einst über Billigheim

siehe S. 44

WAHR ODER UNWAHR?

Die Französische Revolution beendete die Leibeigenschaft der Pfälzer

siehe S. 45

WAHR ODER UNWAHR?

Ein Dampfnudel-Tor steht in Bad Bergzabern!

siehe S. 35

WAHR ODER UNWAHR?

Der bekannteste Pfälzer Heimatdichter heißt Egon Becker

siehe S. 49 u.a.

37

Billigheim

Im Haus des kurpfälzischen Stadtschreibers wohnt heute ein Künstler

Bergstraße

Rund um Billigheim-Ingenheim

Kurzinformation zu den Orten

Blick auf Billigheim-Ingenheim vor dem Pfälzerwald

Billigheim-Ingenheim
(Verbandsgemeinde Landau-Land)

rd. 3.860 EW; große Weinbaugemeinde, die Ortsteile Billigheim, Ingenhein, Mühlhofen und Appenhofen sind fast zusammengewachsen.

Wein & Sehenswert

Ortsteil Mühlhofen

rd. 430 EW; mit Fachwerkhäusern, am Nordrand fließt der Klingbach.

Wein-Kult-Tour Rosenberg (2,5 km lang)

Weinfeste: *Kirchweih* (Juli); *Wein-Kult-Tour-Tag* (Sept.)

Ortsteil Ingenheim

rd. 1.400 EW; stattliche Bürgerhäuser und viele Weingüter, im Ort fließt der Klingbach.

Freibad (beim Zeltplatz am Klingbach)

Weinfest: *Klingbachweinfest* (Aug.)

Ortsteil Appenhofen

rd. 240 EW; mit großer Mühle am Kaiserbach.

Kapelle (St. Johann Baptist; etwa 1400)

Kaiserbach-Lehrpfad (9,9 km lang)

Ortsteil Billigheim

rd. 1.500 EW; ehemals eine Stadt, das zeigt der repräsentative Marktplatz.

Marktplatz mit Rathaus; ev. Kirche u.a.

Stadtbefestigung (erbaut 1468): Obertor u.a.

Stadtschreiberhaus (Bergstr. 20)

Haus der phantastischen Bilder (Raiffeisenstr. 3): Atelier + Galerie von Künstler Otfried H. Culmann

Weinfest: *Purzelmarkt* (Sept.)

Weingüter + Einkehren

Ortsteil Mühlhofen

Weingut Dyck: Oberdorfstr. 2; mit Weinstube

Hof Bangerth: Waldstr. 2

Familienweingut Bangerth-Rinck: Waldstr. 18

Ortsteil Ingenheim

Weingut Heiner Wisser: Herrengartenstr. 9

Weingut Lang: In der Froschau 1a

Ortsteil Appenhofen

Weingut Diehlenhof Arche: Firststr. 19

Ortsteil Billigheim

Restaurant Turmstube: Marktstr., im Obertor

Weingut Schneiderfritz: Marktstr. 9

... Weiteres siehe S. 147 ff.

Weinlagen

Großlage Kloster Liebfrauenberg (Südl. Weinstr.)

Mühlhofener/Billigheimer Rosenberg (299 ha); Boden: sandiger Lehm / Höhe bis 177 m

Ingenheimer Pfaffenberg (236 ha); Boden: lehmiger Sand / Höhe bis 195 m

Appenhofener Steingebiss (151 ha); Boden: lehmiger Sand / Höhe bis 219 m

Billigheimer Venusbuckel (61 ha); Boden: Löss + Lehm / Höhe bis 175 m

Billigheimer Sauschwänzel (53 ha); Boden: Lehm + Löss / Höhe bis 176 m

Weinweg 15

Mühlhofen – Ingenheim – Appenhofen ...

Kappelbach

Kapelle

B 38

Kaiserbach

Appenhofen

Obertor

L493

Freibad

Klingbach

Kunst

Billigheim

Ingenheim

START

Großlage
Kloster
Liebfrauenberg

Wein-Kult-Tour

Rosenberg

Mühlhofen

L544

Start/Ziel: Mühlhofen, Billigheimer Str. (Kirche)

Anfahrt: bis *Mühlhofen* mit Bus 541 (Landau – Mühlhofen – Billigheim – Ingenheim – Niederhorbach – Bad Bergzabern)

ÖPNV unterwegs: Haltestellen *Ingenheim, Kirche & Billigheim, Rathaus* mit Bus 541 (s.o.)

Weglänge: 7,3 km / rd. 2,5 Std. (+ Abstecher)

Markierung: NVS-Rundweg rosa, blau, rot; Kaiserbach-Lehrpfad; Rosen-Kult-Tour; Radweg Fassboden 2. – Wegverlauf siehe S. 178 f.

Karte: Südpfalz. Wandern u. Radfahren zwischen Rhein & Reben; 1:40.000. – Pietruska-Verl., 2012

Anforderung: Dieser Rundweg in der Wein-Großlage Kloster Liebfrauenberg lässt die Weinbaugemeinde Billigheim-Ingenheim mit ihren 4 Ortsteilen erleben. Da lockt bei Mühlhofen der Rosenberg mit einem attraktiven Rundweg, in Ingenheim gibt es eine besonders große Zahl an Weingütern, in Appenhofen Mühle, Kapelle und Kaiserbach. Der Kaiserbach tangiert auch Billigheim, wo aber besonders das schöne Ortsbild rund um den Marktplatz erfreut und wo sich auch inspirierend Kunst entdecken lässt. Der Weg ist auch geeignet als kleine Radtour. Das Mitnehmen von Kinderwagen ist kein Problem.

km

Wegverlauf

In **Mühlhofen** bei der Kirche (*1) finden sich an der Billigheimer Straße *Bushaltestelle Mühlhofen* & Parkplatz. Wir wenden uns bei der Kirche nach rechts in die **Oberdorfstraße**, gleich führt nach links die Waldstraße. Hier liegt vor uns das **Weingut Dyck** (rechts/Nr. 2). Der **Waldstraße** folgend finden wir an der Ecke **Hof Bangerth** (rechts/Nr. 2), dann **Familienweingut Bangerth-Rinck** (rechts/Nr. 18). Ein Stück weiter, am Ortsrand, beginnt der Rundweg Wein-Kult-Tour Rosenberg (*Historisches Mühlhofen*) (*2). Wir folgen diesem schönen

0,2

km

0,5

Weg. Es geht geradeaus weiter und gleich vorbei am **Weingut Lindenhof** (rechts/Nr. 42). Schnell (0,5 km) führt ein Weg nach rechts hinauf (bei einer Bank mit Lindenbaum). Wir genießen einen Wiesenweg bei Reben, Blumen sind Farbtupfer, Schautafeln sind zweiseitig beschriftet. Die 1. Tafel erzählt vom *Himmelsstürmer Dornfelder*, die nächste vom *Globetrotter Chardonnay*: es reifen hier tatsächlich Dornfelder & Chardonnay.

Unser Weg trifft auf einen Teerweg (0,8 km),

km

dem wir geradeaus folgen. Hier erzählt eine Tafel von den Schutzheiligen des Weins St. Cyriak & St. Urban: *Scheint am Urbanstag (25.5.) die Sonne, so gerät der Wein zur Wonne; regnet's aber, nimmt er Schaden und wird selten wohl geraten.*

Bei einer Sitzgruppe mit Grenzstein (1,1 km) gehen wir nach rechts weiter, hinauf zu einer Kreuzung (1,4 km) und geradeaus hinab. Wir blicken auf Ingenheim mit seinem spitzen Kirchturm. Bald erzählt eine Infotafel von den Rittern von Mühlhofen. Kurz ehe wir Mühlhofen wieder erreichen, verlassen wir bei einer Kreuzung (1,9 km) den Rundweg und gehen nach links auf **Ingenheim** zu.

Am Ortsrand liegt der St. Georgenhof, Gästehaus & Weingut (2,2 km). Wir folgen der **Herrengartenstraße** mit dem einladenden Weingut Heiner Wisser (rechts/Nr. 9), gehen dann bald nach rechts in die **Mühlhofener Straße** (>*Mühlhofen 1 km*). Diese biegt nach 60 m nach rechts. Hier gehen wir geradeaus auf dem **Leitweg** weiter. Der knickt nach links, heißt dann **Kirchstraße** und führt zur katholischen Kirche (*3). Dahinter liegt das Öko-Weingut Thomas Schaurer (Nr. 15; 2,8 km). Bei der protestantischen Kirche (*4) endet die Straße an der Hauptstraße (3 km; *Bushaltestelle Ingenheim, Kirche*).

(*Tipp: Nach links gehen zum* **Pfälzer Hof Ingenheim**, *Hauptstr. 45.*)

Wir gehen nach rechts an der recht befahrenen **Hauptstraße** weiter, vorbei am Café Böhnchen (Nr. 29) bis zum Klingbach (3,2 km).

3,2

→ Abstecher **Weingut Lang** (110 m)
Geradeaus, nach 50 m führt nach rechts **In der Froschau** zum Weingut (Nr. 1 a).

km

Am Klingbach nach links kommen wir zur Vogesenstraße (3,4 km). *(Links liegen romantisch eine ehemalige Hammerschmiede und eine alte Mühle, heute Weingut).*

Wir queren die **Vogesenstraße**, gehen 100 m geradeaus weiter. Doch vor den Reben folgen wir einem Wiesenweg nach rechts hinauf. Dieser endet an der **Firststraße** von **Appenhofen** (4,2 km). An dieser wandern wir 150 m nach rechts, dann nach links (>*Bischoff-Mühle*) und gehen nun hinab ins Kaiserbachtal zur Bischoff-Mühle (*5).

4,6

Bei ihr folgen wir nach rechts der **Mühlstraße**. Vorbei am Weingut Leonhardt (rechts/Nr. 9) kommen wir zu einer Kreuzung mit Weingut Hoffmann (Kaiserbachstr. 16; 4,8 km).

→ Abstecher **Weingut + Bus** (270 m)

Der **Kaiserbachstraße** geradeaus folgen zur **Firststraße** (*6). Nach links liegt das Weingut Diehlenhof-Arche mit Verkaufsstand (links/Nr. 19; 265 m), auch die *Bushaltestelle Appenhofen.*

In die **Kaiserbachstraße** wenden wir uns nach links bis zum Kaiserbach (4,9 km). Hier führt nach rechts der Weg **Zur Kirche** zur Johann-Baptist-Kapelle (*7)(5 km). Wir gehen am linken Rand des Spielplatzes weiter (>*Kaiserbach-Lehrpfad*). Der verwunschene Wiesenweg biegt am Ende nach links hinauf zu einem Sträßchen vor Reben (*Appenhofener Steingebiss*; 5,3 km). Hier wenden wir uns nach rechts. Wir kommen vorbei an der ehemaligen Untermühle, queren dann die Straße B 38 (5,5 km). Dahinter gibt es am Kaiserbach eine Allee mit hohen Birken. Hier führt bald eine Brücke nach rechts.

5,5

km

5,9

Wir erreichen **Billigheim** (*8) mit der **Madenburgstraße**. Bald liegt am Weg ein Garten mit Skulpturen (Nr. 15). Wir biegen nach links in die **Trifelsstraße** (6,2 km), am Ende nach rechts in die **Landeckstraße**, dann nach links in die **Nördliche Wallstraße**. An ihrem Ende stehen wir vor Weingut Schmitt (Nr. 14). Hier

führt die **Evagasse** nach rechts zur Bergstraße mit dem ehemaligen Haus des kurpfälzischen Stadtschreibers (*9) (links; Nr. 20), darin wohnt heute der Künstler Werner Deist.

6,5

Vor uns liegt dann die Marktstraße (6,5 km). Nach rechts wandert der Blick zu einem barocken Ziehbrunnen & *Bushaltestelle Billigheim, Rathaus* (wo einst das Zehnthaus stand (*10)), auch zum Obertor der alten Stadtbefestigung mit **Restaurant Turmstube**. Uns gegenüber stehen am Marktplatz Rathaus mit Eisdiele und Kirche. Links neben uns fällt ein Hof mit Neidköpfen (*11) ins Auge (Nr. 28). Wir gehen auf der **Marktstraße** 20 m nach links, dann führt nach rechts die Raiffeisenstraße.

→ **Alternativweg durch Billigheim** (230 m länger)

Weiter auf der **Marktstraße** gehen, vorbei an Weingut Knauber-Gröhl (links/Nr. 22) und Weingut Schneiderfritz (rechts/Nr. 9). Wo die Straße nach rechts knickt, lebt Künstler Dietrich Gondosch (Nr. 8). Ein Stück weiter, einem Fassadenbild vom Untertor (*12) gegenüber, steht das alte Zollhaus. Hier folgen wir nach rechts

km

der **Östlichen Gleisbergstraße** (270 m) bis sie endet (540 m). *Ende des Alternativweg, weiter geht's nach links (= Raiffeisenstraße); siehe unten.*

An der **Raiffeisenstraße** steht sogleich ein stolzes Haus mit grünen Fensterläden (Nr. 3), auf der Hofmauer thronen weibliche Himmelswesen: Das ist das **Haus der phantastischen Bilder** des Künstlers Otfried H. Culmann (*13). Wenige Schritte weiter, an der Raiffeisenstraße, hat der Künstler eine Ecke mit seiner phantastischen Kunst gestaltet. *(Hier kehrt von links der Alternativweg zurück).* Immer geradeaus gehen. Im Ortsteil **Mühlhofen** heißt die Straße **Billigheimer Straße**. Wir queren bei der Maußhardtmühle den Klingbach und gelangen zu *Bushaltestelle* (7,3 km) und Kirche.

7,3

Appenhofen, Idylle im Sonnenschein

Geschichte (n)

*1. Mühlhofen geschichtlich

Mühlhofen entsteht im 8. Jahrhundert, als Menschen ihre Gehöfte rund um eine Kapelle und eine Windmühle des Klosters Weißenburg errichten. Das Kloster baut etwa 1200 eine Burg hinzu. Der Ritter, der diese als Lehen erhält, nennt sich „von Mühlhofen". Später wird Mühlhofen ein Reichsgut. Dieses gelangt an die Grafschaft Zweibrücken, die wiederum verkauft es an die Kurpfalz. Es streiten jedoch immer wieder der Abt von Weißenburg, der Bischof von Speyer und der Graf von Zweibrücken um den Ort.

Im 30-jährigen Krieg wird Mühlhofen völlig niedergebrannt. Die Überlebenden fliehen ins Schloss nach Ingenheim oder ins befestigte Billigheim.

Nach diesem Krieg kommen Neusiedler, viele Hugenotten. Aber immer wieder will Frankreich die Gegend erobern. Nach der Französischen Revolution zählt Mühlhofen dann tatsächlich zu Frankreich, fällt 1816 aber an Bayern.

> **Mühlhofen**
> ehemals zum Kloster Weißenburg
> **ab etwa 1250**: Reichsgut
> **ab 1350**: zur Herrschaft Bergzabern
> **ab 1385**: zur Kurpfalz
> **1410-1792**: zu Pfalz-Zweibrücken (Amt Neukastel)
> **1622**: verbrannt (30-jähriger Krieg)
> **1676-97**: französisch besetzt
> **ab 1794**: zu Frankreich
> **1816**: zu Bayern

*2. Weindorf Mühlhofen

Billigheim-Ingenheim ist eine der großen Weinbaugemeinden in der Pfalz. In den 4 Ortsteilen bewirtschaften etwa 70 Weinbaubetriebe die Weinberge. Diese liegen im Anbaugebiet Pfalz, Bereich Südliche Weinstraße, in der Großlage Kloster Liebfrauenberg. Ortsteil Mühlhofen zeigt sich als ein typisches Weindorf. Bei ihm heißt die Weinlage Rosenberg und Heckenrosen wachsen allerorten. In die Weinberge führt die *Wein-Kult-Tour*, ein Rundweg mit Weinkultur. Da erzählt eine der schönen Infotafeln aus Stahl und beschriftetem Acrylglas, dass Mühlhofen etwa 165 ha Weinberge aufweisen kann und dass es im Gesamtort Billigheim-Ingenheim insgesamt gut 800 ha sind (von rd. 12.600 ha im Gesamt-Bereich Südliche Weinstraße).

Selbstverständlich wird in Mühlhofen auch gefeiert. Da stehen Ende Juli beim Weinfest Stände auf den Straßen, Live-Musik wird geboten und die Winzerhöfe sind fein hergerichtet. Im September dann, beim *Wein-Kult-Tour-Tag*, streben nach einer musikalischen Eröffnung alle in die Wingerte, wo die Weingüter an 4 Ausschankstellen (Friedhof, Holunderbusch, Grenzstein, auf dem Rosenberg) ihre Weine anbieten. Wer probieren will, erwirbt einen Weinkultourpass. Es wird auch Traubensaft geboten und natürlich ist auch an das leibliche Wohl gedacht.

> **Weinbau in Billigheim-Ingenheim**
> **1930-38**: Flurbereinigung in Mühlhofen
> **1989**: 600 ha Rebfläche in Billigheim-Ingenheim
> **2010**: 826 ha Rebfläche in Billigheim-Ingenheim

Geschichte (n)

Prostantische Kirche

*3. Ingenheim geschichtlich

Im Mittelalter vergibt das Stift Klingenmünster die Siedlung Ingenheim den Rittern von Ingenheim als ein Lehen. Später zählt Ingenheim zur Herrschaft Meistersel, welche König Rudolf von Habsburg (1218-91) den Ochsensteinern als Lehen gibt. 1369 verpfändet Otto VI. von Ochsenstein († vor 1377) halb Ingenheim an den Landschad von Steinach. Die andere Hälfte verkauft er alsbald an das Bistum Spey-

er. Dies vergibt Ingenheim später als Lehen an die Kraichgauer Freiherren von Gemmingen. Die haben ihr Schloss hinter der heutigen Katholischen Kirche, es besitzt schon damals eine Wasserleitung aus ausgehöhlten Baumstämmen. In den Kämpfen der Französischen Revolution wird das Schloss zerstört.

Ingenheim zählt dann zu Frankreich, später zu Bayern. Zu Beginn des 20. Jahrhunderts ist im Ort eine der größten jüdischen Gemeinden der Pfalz beheimatet.

> **Ingenheim**
> ehemals zum Stift Klingenmünster
> **1369**: teilweise an den Landschad von Steinach
> **1395**: Rest ans Bistum Speyer (verlehnt es an die Freiherren von Gemmingen aus Michelfeld im Kraichgau)
> **1622**: verbrannt (30-jähriger Krieg)
> **ab 1752**: Frankreich ist Schutzmacht
> **ab 1794**: zu Frankreich

*4. Ingenheim – protestantisch

Zu Reformationszeiten herrschen die Freiherren von Gemmingen aus dem Kraichgau über Ingenheim. Der stattliche, feurige und lustige Weirich von Gemmingen (1493-1548) führt früh die Reformation in seinem Heimatort Michelfeld ein. 1525 dann versetzt er seinen Pfarrer nach Ingenheim, er begleitet ihn sogar. In Ingenheim ruft er alle Untertanen in die Kirche. Der Geistliche predigt, dann spricht der Ortsherr: *„Nun hat das papistische Wesen aufgehört, hinfort werde die reine Lehre Luthers gepredigt!"*

Als 1684 der französische König Ludwig XIV. (1638-1715) das Land besetzt, gibt er die Kirche jedoch wieder den Katholiken, obwohl nur 7 katholische Familien im Dorf leben. Den Lutheranern gestattet er nur 4 Gottesdienste im Jahr, in einer Scheuer. Nach 70 Jahren erst ernennt Ludwig von Gemmingen (1694-1771) einen lutherischen Pfarrer (1754). Der predigt alle 14 Tage in Ingenheim, im Haus eines Bürgers. Frankreich duldet diesen Pfarrer nicht. Doch 1792 wird den Protestanten die Kirche zugesprochen.

1793 aber wird in Frankreich, Folge der Revolution, jegliche Religion abgeschafft. Die Vernunft soll nun regieren. Es darf am Sonntag nicht mehr geläutet werden. Ingenheim, zu Frankreich gehörend, erlebt alles hautnah mit. 1801 sorgt der Luneviller Frieden für Ordnung, die Ingenheimer Kirche wird nun den Katholiken zugesprochen. So bleibt es auch, als später die Bayern das Sagen haben.

1818 tun sich in der Pfalz Lutheraner und Reformierte zusammen. In Ingenheim wird ihre alte Kirche zu klein, ab 1822 entsteht eine neue. Während der Bauzeit erhalten die Protestanten für ihre Gottesdienste Asyl in der katholischen Kirche.

*5. Müller Andreas Bischoff

In Appenhofen steht bei der Kapelle St. Johann Baptist ein altes Steinkreuz. Dies ist Andreas Bischoff gewidmet, der 1753 in die Obermühle eingeheiratet hat. Die Mühle beeindruckt heute den Laien durch ihre Ausmaße. Als um 1768 im kurpfälzischen Oberamt Germersheim sämtliche Mühlen begutachtet werden, heißt es über die Bischoff-Mühle: *„Andreas Bischoff, Bürger und Gerichtsmann zu Appenhofen, besitzt die Obermühl. Diese hat 2 Wasserräder."* Dieser Andreas Bischoff ist um 1791 der Schultheiß im Dorf. Als die revolutionären Franzosen anrücken, flüchtet er. Er kehrt erst 1793 zurück.

*6. Appenhofen geschichtlich

Appenhofen ist wohl eines der ältesten Dörfer der Gegend, in alter Zeit steht dort wahrscheinlich ein Abtshof des fränkischen Königshofs. Dieser Hof fällt an das Kloster Klingenmünster und die Ritter, die ihn als Lehen erhalten, nennen sich „von Appenhofen". Sie sterben jedoch im 14. Jahrhundert aus. Neue Ortsherren sind die Ritter von Ochsenstein.

Ebenso wie Ingenheim kommt halb Appenhofen 1369 an den Landschad von Steinach. 1399 dann zählt die andere Hälfte zum Bistum Speyer. Der kleine Ort also ist in weltlicher und in kirchlicher Macht, er wird erst 1709 wiedervereinigt. Appenhofen zählt nun zur Kurpfalz, alle 115 Einwohner sind deren Leibeigene. Sie begrüßen begeistert die Französische Revolution – denn mit ihr endet ihre Leibeigenschaft!

Appenhofen

ehemals zum Kloster Klingenmünster

14. Jh.: Ortsherren – von Ochsenstein

1369: Teilort bekommt der Landschad von Steinach

1395: Restort geht ans Bistum Speyer

ab 1709: zur Kurpfalz

---

*7. Eine Kapelle – wie verwunschen

Am Rande von Appenhofen steht romantisch die Johannes-Baptist-Kapelle, schon seit etwa 1400. Sie zeigt eine unvollendete Sonnenuhr, sozusagen eine zeitlose Uhr. Doch 2004 führen Risse zu ihrer Schließung für den Gottesdienst. Um diese Kapelle ranken sich auch Legenden. So schreibt ein Pfarrer in der Zeit des 2. Weltkriegs (gekürzt): *„Als ich an einem Sommermorgen beim Gottesdienst der Orgelmusik lauschte, sah ich draußen vor dem Fenster plötzlich eine fremde Gestalt, die neugierig ins Kircheninnere hereinschaute. Wie ich schärfer hinsah, dachte ich zunächst an einen zu spät gekommenen Kirchenbesucher, dann an einen gerade vorbeigehenden Spaziergänger. Meine Vermutungen bewahrheiteten sich jedoch nicht: Der fremde Gast hatte ein geschlossenes und ein strahlend schimmerndes Auge. Er war in ein graues Gewand gekleidet. Nach einigem Nachdenken wurde mir klar, dass der geheimnisvolle Wanderer niemand anderes als Odin, der große Gott unserer Altvorderen, sein konnte."*

Der Pfarrer deutet die Erscheinung als den uralten Totengott. Es sind damals alle auf der Suche nach nationalen Wurzeln.

Heute wird bei dem Kirchlein jedes Jahr das *Herbschdwächelfeschd* (Herbstwägelchenfest) gefeiert und erinnert an alte Zeiten. Einst fahren die Erntehelfer in kleinen Planwagen zur Weinlese in den Wingert und halten darin auch ihre Mittagsrast. Beim *Herbschdwächelfeschd* heute wird aus diesen Wägelchen eine Wagenburg errichtet. Es gibt dann unbedingt Neuen Wein und Flammkuchen.

Geschichte (n)

*8. Billigheim geschichtlich

Billigheim liegt in alter Zeit im Speyergau und zählt zum unmittelbaren Reichsbesitz, ist also direkt dem Kaiser unterstellt. Schon früh wird Billigheim *Stadt* genannt, wird jedoch immer wieder verpfändet, wenn der Kaiser Geld braucht. Nach 1320 gelangt Billigheim an die Kurpfalz. Die gibt die Stadt an die Grafen von Leiningen, löst sie aber schon 1361 wieder ein.

Billigheim ist schon im Hochmittelalter von einem Wallgraben umgeben und bekommt um 1450 das Marktrecht verliehen. Als Kurfürst Friedrich I. *der Siegreiche* (1425-76) Billigheim als Stützpunkt für seine Fehden nutzt, lässt er die Stadt gar zur Festung ausbauen. Davon steht heute noch das *Obere Tor*. Doch eine Wasserburg, die es auch gegeben hat, zerstören 1525 die aufständischen Bauern.

Im 30-jährigen Krieg wird Billigheim weniger zerstört als die unbefestigten Orte rundum. Nach dem Krieg dehnen die Franzosen ihr Territorium aus und Billigheim zählt zeitweise zu Frankreich. Als dann im Spanischen Erbfolgekrieg (1701-13) Landau viermal belagert wird, wird jedesmal auch Billigheim geplündert. Offiziell aber bleibt Billigheim bis 1794 Amtsort der Kurpfalz.

Als Billigheim hernach zu Frankreich zählt, bleibt die Stadtwürde, doch wird davon kein Gebrauch mehr gemacht. Nach gut 20 französischen Jahren kommt Billigheim dann zu Bayern.

> **Billigheim**
> ehemals unmittelbarer Reichsbesitz
> **1320-1794**: zur Kurpfalz (Oberamt Germersheim)
> **1450**: Marktrechte
> **1680; 1682-97**: Oberamt Germersheim zählt zu Frankreich
> **1792-1815**: zu Frankreich, danach zu Bayern
> **1969**: aus Appenhofen, Billigheim, Ingenheim, Mühlhofen wird Billigheim-Ingenheim

*9. Zuckerwein

Kommt im 18. Jahrhundert ein Fremder nach Billigheim, erschnüffelt er schon beim Stadttor: Hier stinkt's. Die Billigheimer befeuern damals ihren Herd mit Torf. Die Wohnungen verdrecken, die Kinder sind unsauber. Am Sonntag aber, in der Kirche, tragen alle stolz ihre Tracht, auch darf der Rosmarinzweig nicht fehlen. Die Männer tragen ihn am Hut, die Frauen in der Hand, die Mädchen an der Brust.

Billigheim, das alte Obertor

Es heißt damals auch: Auf ihren Feldern vernachlässigen die Billigheimer die Arbeit. Sie erzielen kaum genug zum Leben und hungern in Fehl- oder Mäusejahren. Die umliegenden Gemeinden wissen das und lassen bei der Verpachtung von Gemeinschaftsbesitz festhalten, dass der Billigheimer Pächter diesen von Disteln und Dornen frei zu halten habe. Das zeigt, wie manch ein Acker damals ausgeschaut haben mag.

Hochzeiten aber feiern die Billigheimer im großen Stil drei Tage lang. Die Frauen genießen dabei den Zuckerwein, der sie ausgelassen fröhlich sein lässt. Die Männer dagegen setzen alles daran, beim Hochzeitsschmaus die Schuhe der Braut zu stiebitzen. Gegen Zucker und Wein aber lösen sie diese wieder ein.

Stolz sind die Billigheimer damals auf ihre Apotheke. Wer sie betritt, wähnt sich in einer *Zauberhöhle*, sieht Tier-Abnormitäten, viel Geheimnisvolles, auch Kräuter aus der Gemarkung. Und jährlich wird ein Schwein geschlachtet, aus dessen Fett verschiedenste Salben entstehen. Einen Arzt allerdings gibt es im Ort nicht. Wer krank ist, kuriert sich daher oft mit Hausmitteln, die umherziehende Marktschreier feilbieten.

Neidköpfe

*10. Billigheim wird französisch

Kurfürst Carl Theodor (1724-99) regiert, die Billigheimer sind ganz zufrieden. Es stört sie allerdings das rücksichtslose Eintreiben des Zehnten und auch, dass alle Gemeinde-Bediensteten, selbst die Hirten, katholisch zu sein haben. Als in Frankreich die Revolution ausbricht, soll der Kurfürst die Ungerechtigkeiten abschaffen. Der verspricht auch Abhilfe. Die Billigheimer aber sind skeptisch. Einige trinken sich im Wirtshaus Zur Krone Mut an und erklären kurzerhand alle Feudalrechte und Abgaben als erloschen. Eine Abordnung zieht nach Weißenburg und bittet Frankreich um Aufnahme.

Die Billigheimer genießen ihre neue Freiheit. Sie zahlen keine Steuern und kein Gesetz stört ihr Tun. Doch als sich die Franzosen im März 1793 zurückziehen, überfällt sie die Angst. Sie zählen zu Frankreich, nun aber rücken die feindlichen Heere näher. Einige fliehen nach Straßburg, andere vergraben ihr Gut und stellen 6 Geschütze bereit. Am 5. August steht das österreichische Regiment vor dem Stadttor. Verängstigt lassen die Billigheimer es ein. Die Söldner verpflegen sich, hauen den Freiheitsbaum um, schicken viele ins Gefängnis. Alle übrigen lassen sie aufs Neue der Kurpfalz huldigen, dann schicken sie die jungen Männer in den Kampf.

1794 gewinnen die Revolutionäre Billigheim zurück. Bald gelten die französischen Gesetze. Doch Sittenlosigkeit macht sich breit. Zwar reitet täglich eine Garde mit Federbusch und Säbel hoch zu Ross durch die Gegend, doch kehren die Männer zuvorderst in allen Wirtshäusern ein. Dort stillen sie auf Kosten der Gemeinde ihren *großen Durst* und lassen sich mit Eiern und Speck bewirten. Bald heißen sie die *Speckreiter*. Erst Ende Juli 1794 endet diese Zeit mit der Hinrichtung Robespierres (1758-94) in Paris.

1801 feiert Billigheim zu Ehren von Napoleon Bonaparte (1769-1821) ein Friedensfest, jeder Bürger erhält dazu ein halbes Maß Wein. Als 1802 die Revolution endgültig vorüber ist, kehren ausgewanderte Bürger zurück. 1804 wird Napoleon der Kaiser der Franzosen. Für dessen Kriegszüge werden alljährlich auch 10 Jünglinge aus Billigheim einberufen und im Städtchen kontrollieren zwei Beamte, die *Kellerratten*, streng die Weinvorräte in den Kellern der Wirte.

Als 1813 Napoleons Feldzüge enden, kommen beim Rückzug der Armee kranke Soldaten nach Billigheim, viele haben Typhus, auch die Ruhr grassiert.

1816 kommt Billigheim zum Königreich Bayern, alle jubeln. Schon im Juni reist der bayrische König Maximilian I. (1756-1825) durch *seine Pfalz*.

Billigheim, altes Zollhaus beim Untertor

*11. Billigheims Purzelmarkt

Feiern die Billigheimer ihren Purzelmarkt, stimmt ein Festzug auf den sonntäglichen Festtag ein. Voran reitet der Polizeidiener, ihm folgen Vereine, Trachtengruppen, Purzelmarktkönigin und Weinprinzessinnen. Der Zug zieht vom Obertor hinab zum Festplatz auf den Reitwiesen. Dort sorgen wie in alter Zeit die Purzelbaum schlagenden kleinen Kinder für eine große Erheiterung. Weitere Wettkämpfe sind Dreibeinlauf, Wassertragen und Rapstuchspringen, vergnüglich ist auch das Wurstschnappen an der Wurstwalze.

Anno 1450 verleiht Kaiser Friedrich III. (1415-93) Billigheim das Marktrecht. Man feiert zunächst den *Gallusmarkt* sobald die Weinernte vorüber ist. Der Markt wird wichtig für die weite Umgebung. Vieles ist nur hier zu haben. Die Festgäste, gekleidet mit der in ihrem Dorf üblichen Tracht, genießen auch Musik und Tanz als eine willkommene Abwechslung. Da das Purzelbaumschlagen der Knaben fester Bestandteil ist, heißt der Markt bald *Purzelmarkt*.

Doch ziehen Jahre ins Land, in denen Niemandem nach Feiern zu Mute ist. Bezüglich des Purzelmarkts folgen aber immer wieder Neuanfänge. 1838 werden Sackhüpfen, Baumklettern und Vogelschießen eingeführt, auch kommen Dreibeinlaufen und Wassertragen hinzu. Festbeginn damals ist der Dienstag.

Etwa ab Mitte des 19. Jahrhunderts verlieren Billigheim und sein Purzelmarkt jedoch an Bedeutung. Da dürfen die Elsässer aus politischen Gründen nicht mehr mit ihren Trachten kommen, dann wird das Vogelschießen aufgegeben, etwa 1875 fällt auch der Viehhandel fort. Einige Billigheimer gründen 1905 einen Verein zur Hebung des Purzelmarkts. Doch das Desinteresse bleibt. Als der 1. Weltkrieg beginnt, schrumpft der Verein von 161 auf 70 Mitglieder!

Nach dem Krieg ist der Neuanfang schwer. 1923 muss der Purzelmarkt gar aufgrund der Währungskrise ausfallen. Doch nach der Inflation belebt sich das Fest wieder, 1931 dreht die Wochenschau sogar einen Film über das Festtreiben.

1933 beginnen die Nationalsozialisten Deutschland zu regieren. Der Bürgermeister aus Bergzabern wird Kreispropagandaleiter, er zeigt großes Interesse am Purzelmarkt. 1936 steht ein Jagdspringen von SA und SS im Programm. Für 1937 sind Wettbewerbe verschiedener Parteigruppen vorgesehen, doch dann wird das Fest wegen der Maul- und Klauenseuche abgesagt. Ab 1938 fällt der Markt wegen des drohenden 2. Weltkriegs aus. Doch gleich nach Kriegsende 1945 wird wieder gefeiert. 1946 kommen schon wieder 10.000 Besucher und Besucherinnen! Der Erfolg beflügelt. 1950 feiert Billigheim das 500-jährige Bestehen seines Purzelmarkts! 1956 erklingt erstmals die Purzelmarkt-Operette von Adam Orth. Sein Lied *Drum komm zum Purzelmarkt mit mir, du hübsche Kleine ...* lernen heute in Billigheim schon die Kinder.

Die Zeiten wandeln sich. 1965 verlegt man das Fest von Dienstag auf den Sonntag und feiert zugleich, wegen des Wetters, schon im September. 4 Jahre später wird erstmals eine Purzelmarktkönigin gewählt. So gibt es mal diese, mal jene Neuerung. Und weiterhin strömen zum Purzelmarkt Festgäste von fern und nah nach Billigheim.

*12. Auf zum Purzelmarkt

In seinem Roman *Die Nonnensusel* lässt August Becker die Familie Groß mit Tochter Susel in Oberhofen leben. Ein Auszug aus dem Roman (gekürzt) zeigt, wie Susel und Schorsch den Purzelmarkt zu Beginn der 1830er Jahre erleben: *Von allen Seiten strebten die Festgäste zu Fuß und mit Wagen nach dem Städtchen, durch das alte Obertor, und durch das malerisch düstere Untertor. ...*

Die Zuschauer drängelten sich. Hoch über dem Getriebe ragte der glattgeseifte Kletterbaum, um den sich das Kollegium der Preisrichter gesammelt hatte. An farbigen Stangen flatterten die Preise im frischen Wind: Seidenstoffe, blanke Geldmünzen. Mit lüsternen Blicken sahen Haufen von Buben und Mädeln, die am Purzeln teilnehmen wollten, nach all den Herrlichkeiten. Da kam ein Reiter im schwarzen Frack allein vorübergesprengt. Und nun sausten die Knechte und Bauernsöhne heran und vorüber, auf jungen Landgäulen ohne Sattel. Nach ihnen drängten die Massen dem Kletterbaum zu. Die Buben wetteiferten, die Fahne herunterzuholen. „Da kommen sie schon gepurzelt!", schrie da ein halbwüchsiger Bursche, und alle Augen richteten sich dahin, wo kleine Buben in drolliger Weise mit Purzelbäumen und Radschlagen, stürzend und sich wälzend dem Ziele zustrebten, an dem man allen kleine Preise austeilte.*

Später ging es zum Tanz im Gasthof. Nach dem Tanz saßen die Tänzer und Tänzerinnen paarweise um einen runden Tisch im Nebensaal. Die jungen Leute aus der Umgegend kannten sich. Man aß, trank, scherzte, neckte sich und war guter Dinge. Ging noch einmal tanzen und verließ spät in dunkler Oktobernacht den Ort.

*13. Haus der phantastischen Bilder

Das ehemalige protestantische Pfarrhaus in Billigheim zeigt behäbig seine grünen Fensterläden und es stehen verwunschene Wesen auf der Mauer zum Garten. In diesem Garten finden sich Brunnen und Skulpturen.

Als das Pfarrhaus 1784 erbaut wird, wird das obere Stockwerk erst nach 25 Jahren ausgebaut (1810). 1949 wird dort Otfried H. Culmann geboren. Ihn faszinieren schon früh Bilder der Surrealisten und der Wiener Phantasten. 1978 erwirbt er sein Elternhaus.

Seine beiden Söhne wachsen darin auf, er richtet darin Atelier und Galerie ein. Genannt wird er *der Culmann*, er bringt seine Visionen aufs Papier, schreibt sie auch auf als Geschichten. Seine Bilder inspirieren die Betrachter mitunter gar zu eigenen Geschichten. Mit vielen Künstlern hat er Kontakt, so mit Salvador Dali (1904-89) oder mit den Wienern Ernst Fuchs (*1930) und Arik Brauer (*1929). Ein Netzwerk der Phantasten schwebt ihm vor, ebenso ein Museum für Phantastische Kunst.

Je älter *der Cullmann* wird, desto mehr sieht er auch das Phantastische in den Dörfern der Südpfalz. Da erkennt er an den Rückseiten alter Häuser, in Scheunen und Schuppen, in Ritzen und Löchern, Elfen, Feen und Trolle in einem phantastischen Reigen. Und er gestaltet 2013 in Billigheim beim Haus seiner Söhne eine phantastische Straßenecke, die jeden innehalten lässt.

Phantastisch – die Straßenecke

Klingen

Klingbachstraße mit Fachwerk und Hund

Niederhorbach und Klingen

Kurzinformation zu den Orten

Niederhorbach
(Verbandsgemeinde Bad Bergzabern)

ca. 470 EW; Straßendorf im Hirtenbachtal, einge-
bettet in Weinbergen.

Wein & Sehenswert
Ev. Kirche (Hauptstr. 39; erbaut 1484): barocker
Dachreiter von 1727

Wanderweg Wein und Natur (4,5 km lang)

Weinfest: *Weinkerwe* (August)

Weingüter + Einkehren
Weingut Mühlhauser: Hauptstr. 50+51

Weingut Fritz Walter: Landauer Str. 82

... Weiteres siehe S. 167 f.

Weinlage
Großlage Kloster Liebfrauenberg

(Bereich Südliche Weinstraße)

Niederhorbacher Silberberg (167 ha); Boden: Lehm
+ Löss / Höhe bis 197 m

Klingen
(zu Heuchelheim-Klingen)

mit Heuchelheim ca. 900 EW; Weindorf im Tal
des Klingbachs.

Wein & Sehenswert
Weinrundwanderweg Klingen (ca. 5 km lang)

Weinfeste: *Weinpanorama am Herrenpfad* (Juni);
Klingener Rotweinkerwe (Sept.) u.a.

Weingüter
Weingut Richard Rinck: Klingbachstr. 11

Weingut Alte Mühle: Mühlstr. 3

... Weiteres siehe S. 156 ff.

sie schenken auch Früchte

Mandelbäume in der Pfalz – sie blühen nicht nur,

Weinlage
Großlage Kloster Liebfrauenberg

(Bereich Südliche Weinstraße)

Heuchelheim-Klingener Herrenpfad (448 ha);
Boden: sandiger Lehm / Höhe bis 219 m (größte
Einzellage in Südliche Weinstraße)

Start/Ziel: Niederhorbach, Landauer Straße / Ecke Hauptstraße

Anfahrt: nach *Niederhorbach, Ort* mit Bus 541 (Bergzabern – Niederhorbach – Klingen – Billigheim-Ingenheim – Landau)

ÖPNV unterwegs: *Klingen* (Bus 541 s.o.)

Weglänge: rd. 11,5 km / rd. 3 Std. (+ Abstecher)

Markierung: Wanderweg Wein und Natur (Niederhorbach); Balken gelb/rot; Weinrundwanderweg Klingen u.a.

Karte: Südpfalz. Wandern u. Radfahren zwischen Rhein & Reben; 1:40.000. – Pietruska-Verl., 2012

Anforderung: Rundweg durch eine abwechslungsreiche Landschaft mit Reben, Bachtälern, Infowegen in der Großlage Kloster Liebfrauenberg. Die Wege sind befestigt, aber nicht immer, und manchmal geht es gut bergauf. Will einer den Weg als Radtour erleben, muss er für den Abschnitt von Niederhorbach nach Klingen auf Wiesenwegen das Schieben einplanen. Kinderwagen müssen geländegängig sein.

Tipp: Lässt sich kombinieren mit

a) *Weinweg 12*: Niederhorbach – Klingen – Heuchelheim – Göcklingen (Länge: 18,3 km)

b) *Weinweg 18*: Niederhorbach – Oberhofen – Bad Bergzabern Bahnhof (Länge: 6 km)

Wegverlauf

Von der Bushaltestelle aus gehen wir an der **Landauer Straße** auf **Niederhorbach** zu. Hier liegt an der Hauptstraße (90 m) das **Weingut Fritz Walter** (rechts/Nr. 82).

Start: Wir folgen der **Landauer Straße** geradeaus und gehen am Ortsrand nach links (>*Gleiszellen-Gleishorbach 4 km*). Sogleich erreichen wir eine Kreuzung mit Napoleonsbank (*1) – Denkmal für die Flurbereinigung, dahinter ein Biotop mit Bäumen und Wildpflanzen. Wir gehen hinter der Bank nach links und sogleich wiederum nach links. Bei einer Kreuzung wenden wir uns nach rechts und gehen hinauf in die Weinberge (*Niederhorbacher Silberberg*). Am Weg stehen Reben mit Namen versehen (*2). Bei der nächsten Kreuzung (0,7 km) wenden wir uns nach links. Linker Hand im Tag liegt Niederhorbach. Vor uns blicken wir auf die herrlichen Weinberge am Pfälzerwald. Wo der Weg endet, findet sich ein Schaukasten des Wanderwegs Wein und Natur (1,4 km). Wir wenden uns nach links, sogleich aber wieder

km

0,7

0,2

km

nach rechts (>*Wein und Natur*).
Wir gehen hier zwischen Reben
(*Pleisweiler Schlossberg*) bis zur
nächsten Kreuzung (1,8 km).

→ **nach Bad Bergzabern** (6 km)
Geradeaus über die Brücke und bei nächster Gelegenheit nach links hinab nach
Oberhofen gehen. Dort treffen wir vor
dem **Landhaus Wilker** auf ein Sträßchen
nach links; *weiter siehe Weinweg 18 – S. 81.*

Wir gehen hier nach rechts hinauf, rechter
Hand stehen Reben, links gibt es eine blumige
Straßenböschung. Der Weg schlängelt sich neben der Böschung hinauf. Oben (2,3 km) gibt
es eine Kreuzung und einen herrlichem Blick
auf Gleiszellen und Burg Landeck.

Wir folgen dem Teerweg geradeaus
hinab, er biegt unten nach rechts und
wird dann von einem Wiesenweg gekreuzt (2,8 km). Diesem Wiesenweg
folgen wir nach links hinauf und gehen weiter
oben auf einem Wiesenweg nach rechts (an der
Ecke: Dornfelder vom Weingut Hans-Jürgen
Doll, Gleishorbach). Bald gibt es einen Wiesenweg nach links hinab (3 km; bei Dornfelder
vom Weingut Schönlaub, Gleiszellen). Es geht
auf ihm steil hinab in ein Tal. Unten, hinter
einem Gehege mit Rehen, endet der Weg.
Wir wenden uns nach rechts, folgen einem
Teerweg zwischen Reben (*Heuchelheim-Klingener Herrenpfad*) und wilder Bachlandschaft.
Der Weg endet vor einem Landschaftsschutzgebiet. Wir gehen nach links fort, es geht hinauf, dann hinab zu einer Kreuzung (4,3 km).
Hier liegt rechter Hand versteckt ein Tümpel.
Wir gehen nun immer geradeaus weiter. Dabei
kreuzen wir den Wanderweg rot/gelbe Balken,
folgen teilweise dem Weinrundwanderweg
Klingen, finden Rastplätze am Weg, gehen

3,3

km

hinab durch einen Hohlweg und sehen dann
Klingens spitzen Kirchturm.
Hinter der Reststoffanlage erreichen wir den
Klingbach (5,5 km), gehen an ihm nach rechts
weiter. Am Ortsrand kehrt der Weinrundwan-
derweg Klingen zu uns zurück. Dann steht am
Weg (= **Münsterweg**) der Bacchushof (rechts;
6,2 km).
Wir erreichen **Klingen** bei der Klingbach-
straße (6,6 km).

→ **nach Heuchelheim & Göcklingen**
Nach links auf der **Bahnhofstraße** geht es
nach Heuchelheim zum Weingut Meyer
(links/Nr. 10; 380 m);
*weiter siehe Weinweg 12 –
S. 13.*

Geradeaus schlendern wir auf der
Klingbachstraße durch Klingen,
vorbei am Familienweingut Bangerth-Rinck
(links/Nr. 73) bis zu einem Brunnen (*3).
Hier führt die Lindenstraße nach rechts, an
der Ecke steht das Weingut Nauerth-Gnägy
(rechts/Nr. 42; 6,8 km).

→ **Abstecher Bus + Weingüter**
Geradeaus der **Klingbachstraße** zur *Bus-
haltestelle Klingen* folgen, sie liegt bei der
Kirche. Dahinter findet sich das Weingut
Richard Rinck (rechts/Nr. 11; 180 m).

5,5

6,6

6,8

53

km

Abstecher: Vor der Kirche nach links auf der **Mühlstraße** *zum* Weingut Alte Mühle *(links/Nr. 3; 110 m) gehen.*

Wir folgen nach rechts der **Lindenstraße**. Hinter Weingut Arnold (links/Nr. 57) erreichen wir am Ortsrand eine Kreuzung.

7,1

→ Abstecher Lindenhof (70 m)
Geradeaus zum Weingut (links/Nr. 62 a).

Wir gehen nach rechts zwischen Nr. 61+62 weiter, die Anliegerstraße führt zu Reben (*Heuchelheim-Klingener Herrenpfad*). Oben (7,7 km) finden wir eine Hütte & Plan vom Weinrundwanderweg Heuchelheim-Klingen. Wir gehen vor der Hütte nach links (>*Weinrundwanderweg Klingen*), bald durch einen Hohlweg hinauf zu einem Aussichtsplatz mit Bank (8,2 km). Wir gehen geradeaus weiter,

8,2

nun hinab, wenden uns jedoch bei 2. Gelegenheit nach rechts (8,5 km). So wandern wir auf einem Wiesenweg zwischen Reben, den Pfälzerwald im Blick (>*Weinrundwanderweg, Balken gelb/rot*), und treffen auf einen Betonweg (8,8 km). Ihm folgen wir nach links hinab (>*Weinrundwanderweg*). Überquert wird der kleine Horbach im Landschaftsschutzgebiet. Bei der Kreuzung dahinter gehen wir geradeaus

9,5

km

weiter (>*Niederhorbach*), der Weg biegt schnell nach rechts.

Wir gehen bei nächster Gelegenheit nach links hinauf (10 km), oben geradeaus über eine Kreuzung (>*Wein und Natur*). Gleich erreichen wir den höchsten Punkt, im Tal erblicken wir **Niederhorbach** (*4). Kurz vor dem Ort wachsen verschiedenste Reben, Schilder zeigen ihre Namen.

Unser Weg endet an Niederhorbachs **Hauptstraße** (10,8 km). Wir gehen nach links, vorbei am Weingut Nauerth (links/Nr. 39), der Kirche (*5), Weingut Mühlhauser (rechts/Nr. 50+51; 10,9 km) und stehen am

11,1

Ende vor Weingut Fritz Walter. Hier ist nach rechts auf der **Landauer Straße** schnell die *Bushaltestelle Niederhorbach, Ort* erreicht.

In Niederhorbachs Weinbergen im Herbst

„Wer Wein trinkt,
Schläft gut
Wer gut schläft,
Sündigt nicht
Wer nicht sündigt,
Wird selig
Wer also Wein trinkt,
Wird selig."

(William Shakespeare)

Geschichte (n)

*1. Die Pfalz – französisch regiert

1799 lässt sich Napoleon I. (1769-1821) zum Kaiser der Franzosen krönen. Die Pfälzer zählen damals zu Frankreich, sie erleben radikale Veränderungen. So werden allerorten die feudalen und kirchlichen Besitztümer versteigert. In die bis dahin bäuerlich geprägte Pfalz ziehen selbstbewusste Bürger. Viele widmen sich dem Weinbau, sie übernehmen auch französische Anbaumethoden. Damit beginnt in der Pfalz der Qualitätsweinbau. Alles in allem bleibt jedoch die wirtschaftliche Situation schlecht.

1804 tritt der *Code Napoléon* in Kraft, ein praktisches Rechtsbuch. Dies wird schnell ins Deutsche übersetzt. Die Probleme der Pfälzer mit der fremden Sprache werden damit aber nicht aus der Welt geschafft, ihre Anliegen bleiben häufig lange ungeklärt. Und überall fehlt es an Geld, da Kaiser Napoleon seine Kriege führt. Gekämpft wird in der Ferne, doch müssen zahlreiche junge Pfälzer mitkämpfen. So zeigen sich viele erleichtert, als sie mit Kaiser Napoleons Untergang 1814/15 nicht länger Franzosen bleiben.

Die Pfalz wird bayerisch. Das fortschrittliche napoleonische Recht aber bleibt, bis im Deutschen Reich 1900 das Bürgerliche Gesetzbuch eingeführt wird!

*2. Weinlese im Wandel der Zeit

In Niederhorbach spielt heute Weinbau die dominierende Rolle, viele landwirtschaftliche Betriebe hier widmen sich nur dem Wein. In alter Zeit aber betreibt kein Betrieb ausschließlich Weinbau. Die Gefahr von Ernteausfällen ist zu hoch. Als 1832 beispielsweise das bis heute bestehende Weingut Fritz Walter begründet wird, ist dies selbstverständlich ein landwirtschaftlicher Mischbetrieb. Auch liegt damals im Weinbau der Fokus auf Quantität, nicht auf Qualität. Man ist für jede Beere, ob faul, ob auf dem Boden liegend oder noch nicht ganz reif, dankbar und verwertet sie alle. Die wirklich guten Jahrgänge

des 20. Jahrhunderts sind für die Pfalz nur die Jahre 1911, 1921, 1929, 1959, 1971 und 1976.

Seit etwa 1990 aber werden Wein-Topjahrgänge häufiger: 1990, 1992, 1995 bis 1999! Daran „*schuld*" sind erste Auswirkungen des Klimawandels. Doch vor allem haben sich die Landwirte nun als Winzer auf den Weinbau spezialisiert. Heute können sie im Weinberg direkt auf Probleme reagieren. Daher gibt es praktisch kaum noch einen schwachen Jahrgang.

Zwischen Klingen & Niederhorbach: Alter Grenzstein

In alter Zeit wird alles per Hand geerntet. Aber ab etwa 1980 sind erste Vollernter zu erleben. Ungetüme, von den meisten Winzern misstrauisch beäugt. Doch die Maschinen entwickeln sich. Auch gehen heute Erntehelfer durch die Rebenreihen und entfernen ungesunde und unreife Trauben. Nur die besten Beeren hängen am Stock, wenn der Vollernter loslegt. Kaum ein Winzer besitzt selbst so ein Ernte-Ungetüm. Lohnunternehmer sind es, die die Maschinen führen.

Ein dröhnendes Geräusch weist die Richtung – der Vollernter ist nicht zu überhören. Wer einen solchen in den Weinbergen im Einsatz sieht, bleibt oft fasziniert stehen. Das Monstrum, gut 3 Meter hoch, bewegt sich über die Reihen der Reben hinweg. Die Trauben, sie werden durch schonendes Rütteln an den Rebzeilen geerntet und fallen auf ein Lamellensystem. Dieses leitet sie über ein Förderband in einen Auffangbehälter. Ein Gebläse saugt die Blätter ab. Danach durchläuft das Lesegut eine Abbeermaschine, hier werden Holzteile und Stiele entfernt. Im Sammelbehälter kommen, so unglaublich das klingen mag, nur die Beeren an. Schon nach 20 Minuten ist ein etwa 3.000 Quadratmeter großes Rebstück abgeerntet. Eine Herbstmannschaft von 8 Leuten bräuchte etwa 4 Stunden für dieselbe Arbeit.

Verheißungsvoll: Holzfasskeller in Niederhorbach

*3. Klingen geschichtlich

Das Klingbachtal ist schon in uralter Zeit besiedelt. Hier liegt das Dorf Klingen. Es zählt ehemals zum Kloster Weißenburg, wird jedoch früh ein Reichsdorf und ist damit direkt dem König untertan. Später ist Klingen an die Grafen von Leiningen verpfändet, und weiterhin besitzt auch das Kloster Weißenburg Rechte. 1361 dann kommt Klingen zur Kurpfalz, die den Ort jedoch immer wieder einmal verpfändet.

Im 30-jährigen Krieg wird Klingen niedergebrannt. Danach finden Hugenotten in dem Dorf eine Zuflucht, sie bauen es wieder auf. Doch wird Klingen 1677 wiederum verbrannt, von den Franzosen. Die ganze Zeit zählt Klingen zur Kurpfalz. Dann erstürmen französische Revolutionäre das Dorf. Sie werfen das Kreuz vom Kirchturm und hängen statt seiner eine Jakobinermütze auf. Das ärmliche Dorf kommt zu Frankreich und erlebt einen Aufschwung.

Doch 1815 kommt Klingen zu Österreich und dann schnell zu Bayern. Beim *Pfälzer Aufstand* 1849 wird der Klingener Pfarrer als Revolutionär ins Gefängnis gesteckt. Wieder in Freiheit darf er kein Pfarrer mehr sein, daher wandert er nach Amerika aus.

In den Folgejahren lebt es sich recht friedlich in diesem Dorf, nicht einmal im 2. Weltkrieg entstehen nennenswerte Schäden.

Klingen
ehemals zum Kloster Weißenburg
1350: Verpfändung an Leiningen
1361-1794: zur Kurpfalz

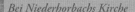

*4. Niederhorbach geschichtlich

Niederhorbach – eine erste Erwähnung findet sich anno 1219 und bekannt ist, dass das Dorf nach 1410 zu Pfalz-Zweibrücken zählt. Als 1455 bei einer Fehde zwischen Kurpfalz und Pfalz-Zweibrücken Bergzabern 4 Wochen lang belagert wird, wird Niederhorbach niedergebrannt – so ergeht es damals allen zweibrückischen Dörfern in der Gegend.

1484 wird in Niederhorbach eine Kirche errichtet. Doch wird das Dorf 1576 reformiert und zählt zur Pfarrei Kapellen. Bald zieht dann der 30-jährige Krieg ins Land, Niederhorbach wird verwüstet. Vor dem Krieg lebten im Dorf 48 Familien (1612), nach diesem Krieg aber (1648) leben im gesamten Amt Neukastel nur noch 89 Familien.

In den Jahren der Französischen Revolution bittet Niederhorbach zusammen mit Bergzabern und anderen Orten Frankreich schon im November 1792 um Aufnahme – und zählt somit zu der kurzlebigen *Bergzabener Republik* (bis 1793), danach zu Frankreich. Doch wie das ganze Gebiet zwischen Lauter und Queich wird das Dorf 1815 unter österreichische Verwaltung gestellt und geht 1816 an Bayern.

Niederhorbach

ab 1410: zu Pfalz-Zweibrücken (Unteramt Barbelroth, Amt Neukastel)

1455: wird niedergebrannt

1792-1815: zu Frankreich

ab Mai 1816: zu Bayern

ab 1947: zu Rheinland-Pfalz

ab 1972: zur Verbandsgemeinde Bad Bergzabern

---

*5. Kerwe-Mundart

Einen Weinausschank auf dem *Plätzel* bei ihrer Kirche organisieren die Niederhorbacher 1987, seitdem feiern sie ihre Kerwe. 2003 lassen sie sich für ihr Fest etwas Besonderes einfallen: Ein Kerwe-Lexikon in schönster Mundart. Es stimmt ein, bei dem Fest zünftig pfälzisch mitzufeiern: *„Alla kumm, do hugg dich dezu."* Jedes Jahr wird ein neues Kapitel angefügt. Hier mag ein kurzer Auszug die Neugier wecken:

„Was e Läbdaach" – welch ein Rummel, denkt ein Fremder im August in Niederhorbach, der nur mal schauen will. Schon zieht ihn einer an den Tisch und sagt dabei: *„Numme fescht gfeiert!"* Das heißt so viel wie „Bitte nehmen Sie Platz" und ist eine freundliche Einladung, die keinen Widerspruch duldet. Kaum sitzt der Fremde, wird ihm gesagt: *„Numme fescht gässe un gedrunke!"* – eine rein rhetorische Aufforderung, sich am kühlen Schoppen zu laben.

Dabei sein ist alles! *„Numme uffs Plätzel g'huggt schdadds färnsehgeguggt!"* Alle sitzen beisammen, trinken und essen, schauen und denken.

Das *kleinste Weinfest weit und breit* – Kerwe-erfahrene Niederhorbacher bewältigen die fünf Festtage *„ausdeLamäng"*, also lässig-locker aus dem Handgelenk geschüttelt (frz. *„La main"* = die Hand). Sie vergnügen sich bei Tanzmusik am Freitagabend, Kinderkarussell, Schießbude und Kellerbar am Wochenende, Livemusik, Flammkuchen, prächtigen Torten. Und sie genießen bei allem eine brodelnde Gerüchteküche.

Das Fest endet mit dem dienstäglichen Silzessen (Silz = Kutteln, Pansen). Ursprünglich gedacht als ein Essen für die Helfer, heißt es heute: *„Do hugg dich un ess dei Silz. En Gude!"*

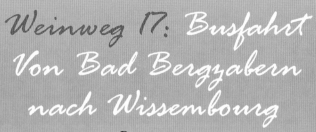

Weinweg 17: Busfahrt Von Bad Bergzabern nach Wissembourg

MIT DEM RHEINPFALZBUS 543

WEINWEG 17:

Bad Bergzabern – Dörrenbach – Oberotterbach – Rechtenbach – Schweigen – Wissembourg

Im Bus durch die Südpfalz fahren und aus dem Fenster schauen. Weinorte und Rebenlandschaften gleiten vorüber. In den Weinorten wird ein Spaziergang zu attraktiven Weingütern, Weinstuben und Sehenswertem angeregt. Mit neuen Eindrücken, gestärkt und zufrieden, steigt man hernach wieder in den Bus, um weiter- oder zurückzufahren.

Beschrieben wird die Fahrt der Rheinpfalzbus-Linie 543 von Bad Bergzabern nach Wissembourg. Bad Bergzabern erreicht man mit den Buslinien 540 + 541 (von Landau), 544 (von Schweighofen), mit der Bahn von Winden. Die Busse fahren zumeist im Stundentakt, an Winter-Wochenenden alle 2 Stunden (Wartezeiten lassen sich gut in einer gemütlichen Weinstube / Café überbrücken). Manchmal gibt es kleine Abweichungen, so wird Dörrenbach nicht jedes Mal angefahren.

Länge: 13,5 km / 27 Min.

Rundwege in jedem Ort!

Busreise von Bad Bergzabern ...

Wissembourg

Kurzinformation zu den Orten

Bad Bergzabern
s. Weinweg 20, Etappe 1
.... S. 117

Wein & Sehenswert
Schloss Bergzabern
Kneipp-Lehrpfad

Dörrenbach
(Verbandsgemeinde Bad Bergzabern)
ca. 910 EW; das *Dornröschen der Pfalz*, liegt in einem geschützten Tal im Wald.

Wein & Sehenswert
Simultankirche (Hauptstr. 36): mit Wehrfriedhof

Weingut am Weg
Weingut Rapp: Hauptstr. 81-83

... Weiteres siehe S. 151 f.

Weinlage
Großlage Guttenberg
(Bereich Südliche Weinstr.)
Teile vom *Bad Bergzaberner Wonneberg*

Oberotterbach

(Verbandsgemeinde Bad Bergzabern)
ca. 1.190 EW; Weinort im Tal des Otterbachs.

Wein & Sehenswert

Ev. Kirche (Unterdorfstr. 8; erbaut 1537)

Westwall-Wanderweg (10 km lang)

Weinfeste: *In den Winzerhöfen* (Pfingsten); *Fest des Federweißen* (Ende Sept.)

Weingut am Weg

Wein- u. Obsthof Ursula Hey: Oberdorfstr. 24

... Weiteres siehe S. 168 f.

Weinlage

Großlage Guttenberg (Bereich Südliche Weinstraße)

Oberotterbacher Sonnenberg (Einzellage, 110 ha von 297 ha); Boden: lehmiger Sand, Schiefergestein

Bad Bergzabern, Schlosshof

Schweigen-Rechtenbach

(Verbandsgemeinde Bad Bergzabern)
ca. 1.430 EW; südlichster Ort an der Deutschen Weinstraße, Frankreich ist nah.

Wein & Sehenswert

Weinfeste: *Johannisfeuer* (Juni); *Rebblütenfest* (Juli); *Traminer-Wettbewerb* (Sept.) u.a.

Schweigen

Deutsches Weintor (Weinstr.; erbaut 1936/37)

Skulpturengarten (Hauptstr. 20)

Weingüter am Weg

Schweigen

Weingut Bernd Grimm: Bergstr. 2-4

Weingut Bernhart: Hauptstr. 8

Weingut Geisser: Längelsstr. 1

Weingut Grimm: Paulinerstr. 3

Rechtenbach

Weingut Nauerth-Gnägy: Müllerstr. 5

... Weiteres siehe S. 171 ff.

Weinlagen

Großlage Guttenberg (Bereich Südliche Weinstraße)

Schweigener Sonnenberg (297 ha); Boden: lehmiger Sand, Schiefergestein / Höhe bis 278 m – Innerhalb der Lage ragen heraus: *Kammerberg* (2,5 ha; Boden: Kalkverwitterung, Kalkmergel mit Ton) *Rädling* (8 ha; Boden: Kalkmergel)

Wissembourg (France)

ca. 8.000 EW; französisches Städtchen am Flüsschen Lauter, nah der deutschen Grenze.

Wein & Sehenswert

Quartier du Bruch (Faubourg de Bitche)

Saints-Pierre-et-Paul (Rue du Chapitre; erbaut 13. Jh.): Kirche des Benediktiner-Klosters

Musée Westercamp (3 Rue du Musée; erbaut 1599): Museum für Stadtgeschichte u.a.

Wein & Einkehren

Au Moulin de la Walk: 2 rue de la Walk

Café La Croix d'Or: 20 rue du Général Leclerc

... Weiteres siehe S. 175

Start: Bad Bergzabern, Bahnhof

Anfahrt: mit der Bahn (Winden – Bad Bergzabern); verschiedene Busse (siehe S. 59)

Ziel: Wissembourg, Gare (Bahnhof)

Fahrtzeit: 27 Min. / 13,5 km
Dazu:
Rundweg Dörrenbach (730 m / 20 Min.)
Waldgeisterweg Oberotterbach (5 km / 2 Std.)
Rundweg bei Schweigen (rd. 4 km / 1,5 Std.)
Rundweg Wissembourg (rd. 3 km / 1 Std.)

Markierung: Roter Ring, Pfälzer Weinsteig, Rundweg über die Grenze (grüner Pfeil)

Anforderung: Diese Busreise entführt in den südlichsten Teil der Weinlandschaft Südliche Weinstraße. Da folgt auf das Kurstädtchen Bad Bergzabern ein Abstecher nach Dörrenbach. In Oberotterbach lohnt es, den Waldgeisterweg zu erkunden. Gefahren wird dann durch Rechtenbach und Schweigen mit dem Deutschen Weintor nach Frankreich, nach Wissembourg. Nicht nur am Ziel lohnt das Aussteigen, für jeden der Orte wird ein Rundweg beschrieben.

Min

Wegverlauf

Bad Bergzabern, Bahnhof

Der Bus startet beim Bahnhof **Bad Bergzabern** (*1) und folgt sogleich der **Weinstraße** (B 427). So wird das alte Stadtzentrum umfahren, gehalten wird bei:

2

Bad Bergzabern, Marktplatz   0,7 km

Hier liegt rechts ein Brunnen (*2), links der Ludwigsplatz mit Kirche & **Restaurant Rössel** (Schlittstr. 2) *(es kreuzt Weinweg 18 – S. 82).*

Der Bus biegt alsbald nach links (folgt der **Weinstraße**), er hält sogleich:

Min

4

Bad Bergzabern, Rötzweg   1,1 km

Weiter geht es auf der **Weinstraße** hinauf. Wer entdeckt links die Napoleonsbank? Hinaus aus Bergzabern, hinauf neben Reben *(Bad Bergzaberner Wonneberg)* erreicht der Bus die Bundesstraße B 38 und fährt an dieser nach rechts. Doch schon nach 400 m verlässt er die B 38 für einen Abstecher nach Dörrenbach *(und kreuzt Weinweg 18 – S. 82).*

Dörrenbach liegt im Wald (*3). Noch ehe der Weinort richtig erreicht wird, liegen an seiner **Hauptstraße** Freilichttheater, Rastplatz, **Restaurant Keschtehäusel** (rechts/Nr. 4). Der Bus biegt nach links und hält:

10

Dörrenbach, Ort   4,4 km

→ **Rundweg Dörrenbach** (730 m)

Zurück zur Hauptstraße gehen zum Napoleonsbrunnen, der **Hauptstraße** nach links folgen *(schnell treffen wir Weinweg 20, Etappe 1 für 260 m – S. 119).* Am Weg liegt die **Altdeutsche Weinstube** (rechts/Nr. 14), ein Fassadenbild zeigt die *Weinlese 1947,* dann erhebt sich rechter Hand die alte Kirchenburg. Ihr gegenüber liegt das *Weingut Rapp* mit Weinstube Zum Wachthäusel (links/Nr. 81-83). Schnell ist nun das Rathaus (*4) erreicht (340 m).
Links am Rathaus vorbei geht es zum Rathausplatz mit *Weingut Oerther* (Nr. 1). Vom Platz aus führt nach links die **Weed-Borngasse**, endet schnell an der **Rathausgasse**, nach rechts gehen, sogleich führt ein schmaler Fußweg nach links. Nun immer geradeaus gehen, zurück zur *Bushaltestelle Dörrenbach, Ort.*

Der Bus fährt zurück zur B 38 und folgt ihr nach rechts. Durch ein weites Rebenmeer geht es nun hinab, hinauf, hinab; dann ist Oberotterbach zu erblicken. 100 m weiter – in einer Kurve nach links – steht die Weinkellerei Emil Wissing *(Winzer liefern ihre Trauben an, Edelstahltanks fassen Millionen Liter für den Lebensmittelhandel).*

Oberotterbach ist erreicht, im Ort biegt die B 38/**Weinstraße** nach links – hier liegt sehenswert das **Schlössl** (rechts/Nr. 6). Der Bus hält mitten im Ort bei einer Schautafel zum Westwall (*5).

16

Oberotterbach, Ort   8,2 km

→ **Zum Waldgeisterweg** (4-5 km)
An der **Weinstraße** zurückgehen und nach links der **Oberdorfstraße** folgen *(ein Stück mit Weinweg 18 – S. 82)*. Es geht vorbei am **Wein-/Obsthof Ursula Hey** (rechts/Nr. 24). Am Waldrand (950 m) beginnt der Waldgeisterweg; Rückweg wieder über die **Oberdorfstraße**.

Am Ende des Ortes biegt die B 38/**Weinstraße** nach rechts, neben Reben *(Schweigener Sonnenberg)* geht es über den Berg und dann hinab nach **Rechtenbach** (*6). Hier liegt rechts, an der Ecke zur Talstraße, das moderne **Weingut Beck** (Nr. 2). Gleich darauf führt nach links die Müllerstraße zum **Weingut Nauerth-Gnägy** (Nr. 5). 100 m weiter hält der Bus *(Aussteigen, wer die Weingüter besuchen will)*:

20

Rechtenbach, Ort   10,4 km

Der Bus folgt weiter der **Weinstraße**. Doch in Sichtweite von **Schweigen** (*7) und Weintor verlässt er sie kurz zum Halten:

21

Schweigen, Weintor   10,7 km

→ **Rundweg Schweigen** (rd. 4 km)
Wir gehen auf das Deutsche Weintor zu, mit Tourismusbüro, **Vinothek** und **Restaurant Deutsches Weintor**. Direkt hinter dem Tor führt nach rechts die **Längelsstraße**, hier liegt das **Weingut Cuntz & Scheu** (rechts/Nr. 36; 170 m), dahinter **Gaststube Stichel-Fritz** (links/Nr. 34; 230 m).

Bei einer Kreuzung knickt die Längelsstraße nach links (410 m). Hier folgen wir geradeaus der **Bergstraße** hinauf, vorbei an den **Weingütern Bernd Grimm** (rechts/Nr. 2-4) und **Schäffer** (links/Nr. 8). Dahinter endet der Weg vor Reben, bei Deutschlands 1. Weinlehrpfad *(Kelterpresse von 1650)* (660 m).

Wir folgen dem Lehrpfad, gehen hinter dem *Reblaus-Denkmal* nach rechts in das Naturschutzgebiet. Beim *Heiligen Urban* biegt der Weg nach links und endet (740 m). Hier gehen wir nach links weiter. An der nächsten Ecke, vor dem *Traubendieb* (990 m), gehen wir nach rechts hinauf, vorbei an Informationen zu Reben wie *Morio Muskat* u.a. Wir erreichen die Schutzhütte auf dem Sonnenberg (1,1 km).

Unser Weg führt links an der Hütte vorbei. Kaum merkbar wird die Grenze nach **Frankreich** überschritten, wir gehen über eine Kuppe, dann sanft hinab durch Reben (*8) bis der Weg endet (1,5 km). Hier gehen wir nach links weiter, bei nächster Gelegenheit nach rechts (1,6 km)

Min

und unten bei der Kreuzung nach rechts auf das Pauliner Schlösschen (*9) zu. Dies ist heute im Privatbesitz, aber zu sehen ist der alte Bergfried.

Das Schlösschen lassen wir links liegen. Wir folgen dem Weg neben ihm, gehen jedoch bei nächster Gelegenheit (1,9 km) nach rechts hinauf zu einem breiten Weg. Oben wenden wir uns nach rechts.

Wir gehen geradeaus weiter und erreichen **Schweigen** (2,2 km) mit der **Paulinerstraße**. Hier liegen das alte Zehnthaus (Ecke Landrat-Hoffmann-Str.), dann linker Hand die Weingüter Brunck (Nr. 5) und Grimm (Nr. 3). An der Kreuzung Hauptstraße / Längelsstraße sehen wir Kirche und Weingut Geisser (links/Längelsstr. 1) (3 km).

Wir folgen geradeaus der **Hauptstraße** mit Skulpturengarten (links), **Winzerkeller Becker** (rechts/Nr. 21), den Weingütern Bernhart (rechts/Nr. 8), Leiling (rechts/Nr. 3), Jülg (links/Nr. 1). Dann gehen wir nach links durch das Deutsche Weintor zur *Bushaltestelle* (3,6 km).

Der Bus lässt Schweigen rechts liegen und folgt der **Bundesstraße B 38**. Hinter dem Deutschen Weintor gibt es einen Kreisel (rechts zu sehen: Weingut Leiling, Hauptstr. 3). Der Bus fährt geradeaus weiter. Beim Schild **Frankreich** liegt eine Halle des Weinguts Fr. Becker, dann die Haltestelle:

22 *Schweigen, Grenze (*10)   11,7 km*

In Frankreich fährt der Bus neben Weinbergen auf der **Route de Schweigen** nach **Wissembourg** (*11), er hält bei einem Kreisel:

Min

24 *Wissembourg, Europe   12,4 km*

Geradeaus geht es auf der **Rue de la Paix** weiter. Hier liegt die Weinhandlung Cellier des Remparts (rechts/Nr. 5). Der Bus kreuzt die Rue Bannacker, folgt der **Rue Vauban** *(nun mit Weinweg 18 – S. 83)*. Die Straße endet vor der Bahn. Der Bus biegt nach rechts und hält:

27 *Wissembourg, Gare / Bahnhof   13,5 km*

Links vom Bahnhof fällt die mächtige Sektkellerei Caves de Wissembourg (Allée des Peupliers) ins Auge.

Rundweg in Wissembourg (3 km):

Den **Bahnhof Wissembourg** im Rücken gehen wir an der breiten **Avenue de la Gare** nach links (>*Centre Ville*). Nach 250 m führt nach rechts ein Weg in einen Park mit Spielplatz. Hinter Lauter und Boule-Platz (*Pétanque*) biegt der Weg nach links und durch die alte malerische Stadtmauer. Unser Weg endet sogleich dahinter (400 m).

Wir wenden uns nach rechts, gleich nach links in die ruhige Straße **Quai des Frères**. Diese biegt nach rechts zum **Place des Carmes**. Hier nach links wenden und auf der **Rue de l'Ange** (bald ein schmales Gässchen) zur **Rue de la**

km

République gehen (620 m).

Nach rechts gehend kommen wir zum stolzen Rathaus (mit Tourismusbüro) am **Place de la**

0,8 **République** (800 m). Rechts daneben findet sich die **Hostellerie au Cygne** (3 rue du Sel) und dem Rathaus gegenüber bietet das **Restaurant de la Couronne** (12 place de la République) elsässische Weine an.

Zum Weitergehen wenden wir uns vor dem Rathaus nach links in die **Avenue de la Marché aux Poissons**, im Blick das alte Kloster (*12). Gleich lockt Escapade Gourmande mit Käse und Wein (links/Nr. 4), dahinter beeindruckt *La Maison du sel* (880 m).

Wir biegen vor dem Flüsschen Lauter nach rechts in den **Quai Anselmann**. Beachtenswert stehen hier *Maison Schaaf*, dann *Maison Wagenführer*. *Kleine Tafeln an den Häusern erzählen von ihrer Geschichte*. Am Ende, an der

1,1 **Rue du Presbytere** (1,1 km):

→ Abstecher **Musée Westercamp** (250 m)

Wir wenden uns nach rechts (= **Rue du Presbytere**), kommen zum **Place Bucer** (*mit Eglise St. Jean vor dem Wall der alten Stadtbefestigung*), gehen nach rechts um die Kirche herum, biegen am Ende nach rechts in die **Rue Saint Jean**. *Hier zeigt sich das alte Wissembourg.* Unsere Straße wird geradeaus zur **Rue du Musée**. Das Museum (links/Nr. 3) findet sich in einem Fachwerkhaus des 16. Jahrhunderts.

Wir gehen nach links über die Lauter, folgen sogleich nach rechts dem **Quai du 24 Novembre** durch die alte Stadtmauer beim Turm der Münzer. Geradeaus gehen wir weiter auf **Faubourg de Bitche** durch das Quartier du

km

Bruch. *Diese stimmungsvolle Vorstadt entstand im 9. Jahrhundert an einem Seitenarm der Lauter (Bruch = Sumpf), sie war u.a. Wohnort der Winzer.* Wir gehen bis zur Rue du Ma-

1,5 rais (1,5 km).

→ Abstecher **Au Moulin de la Walk** (250 m)

Geradeaus weitergehen, vorbei an Hausgenossenturm & Freibad, dahinter den Boulevard Clemenceau queren. Die **Rue de la Walk** führt an der Lauter zur ausgebauten Mühle mit Hotel & Restaurant (2 rue de la Walk).

Wir biegen nach links in die **Rue du Marais**. Vor einem Seitenarm der Lauter (1,8 km) ... *(Dahinter erhebt sich der Schartenturm, er steht auf altem Gemäuer des Benediktinerklosters.)* ... wenden wir uns nach rechts, folgen einem Fußweg *Grabenloch*. Hinter der alten Stadtmauer wenden wir uns nach links. Wir folgen der Lauter, der Weg zeigt sich als eine Birkenallee. Er endet an der Rue du Général

2,4 Leclerc (2,4 km) mit **Café La Croix d'Or** (links/Nr. 20). *Hier stand das Hagenauer Tor; heute zeigt ein Plan den Stadtmauer-Rundweg und es gibt ein Denkmal für Joseph Philipp von Stichaner (1838-89, einst Kreisdirektor von Weißenburg).*

Geradeaus gehen wir über die Straße in den Park. Hier halten wir uns sogleich rechts. So führt der Weg zur **Avenue de la Gare**, mit ihr kehren wir zurück zum **Bahnhof** (2,9 km).

*1. Bergzabern geschichtlich

Anfang des 12. Jahrhunderts erlangen die Grafen von Saarbrücken Bergzabern und bauen eine Wasserburg. Später herrschen im Dorf die Grafen von Zweibrücken, diesen verleiht König Rudolf von Habsburg (1218-91) 1286 die Stadtrechte, bald ist Bergzabern von einer Mauer mit zwei Toren umgeben.

Bergzabern gelangt 1394 an die Kurpfalz, kommt aber 1410 bei der pfälzischen Teilung an Pfalz-Zweibrücken. 100 Jahre später ist Herzog Ludwig II. von Pfalz-Zweibrücken (1502-32) an der Macht. Er träumt von einem herrlichen Renaissanceschloss. Dieses steht 2 Generationen später fertig da (1579).

Doch im 30-jährigen Krieg muss Bergzabern schwer leiden. Endlich ist dieser Krieg vorüber, da zerstören französische Truppen im Holländischen Krieg (1672-79) die Stadt (1676). Immerhin, das Amtshaus der Herzöge *„überlebt"*, heute ist es das Gasthaus zum Engel (Königstr. 45).

Als die Französische Revolution beginnt, begeistern sich die Bergzaberner an den freiheitlichen Ideen.

Schon 1792 wollen sie zu Frankreich gehören.

Die französische Zeit endet 1815, Bergzabern kommt zu Bayern. Gut 30 Jahre später bringt der *Pfälzer Aufstand* Unruhe ins Land, er wird jedoch niedergeschlagen (1849). Unruhe bringt auch der Deutsch-Französische Krieg 1870/71. Kurz darauf wird Bergzabern Luftkurort (1875), es beginnt eine Zeit des wirtschaftlichen Aufstiegs.

Bergzabern

ehemals Besitz der Grafen von Saarbrücken

1286: erhält Stadtrechte

1394: zur Kurpfalz, später zu Pfalz-Zweibrücken

1676: niedergebrannt (Wiederaufbau nach 1714)

1792: zu Frankreich

1816: zu Bayern

ab 1870: Bahnlinie Winden-Bergzabern

1939-45: Frontstadt im 2. Weltkrieg (stark zerstört)

1963: *„Bad Bergzabern"*

1971: Landkreis Landau-Bad Bergzabern (seit 1978 Landkreis Südliche Weinstraße)

---

*2. Ein Glas Wein macht zahm

Noah, in seiner Arche, hat die Sintflut überlebt, so steht es in der Bibel. Mit Feuereifer begibt er sich ans Werk, das Land wieder aufzubauen. Darüber bekommt er Durst. Im Wasser, überlegt er, sind die „sündhaften Menschen ersäufet", das kann ich nicht trinken. Was aber gibt es anderes? Der Herr, den er fragt, reicht ihm einen Weinstock und spricht: „Pflanze die Rebe. Begieße sie dabei mit dem Blut eines Lammes und eines Affen. So wird sie gut gedeihen."

Der Teufel hat unbemerkt alles verfolgt. Kaum hat Noah die Rebe gepflanzt, begießt er sie heimlich, in gemeiner Absicht, mit dem Blut von Löwe und Schwein. Noah erwischt den Unhold und fragt ihn, was er bezwecke mit seiner Tat.

„Oh, das ist nicht weiter der Rede wert", erwidert gelassen der Teufel und verschwindet.
Doch gilt seit dieser Zeit:

Wer 1 Glas Wein trinkt, wird fromm und zahm – wie ein Lamm.
Wer 2 Glas Wein trinkt, wird gelehrig und lustig – wie ein Affe
Wer 3 Glas Wein trinkt, wird stark und brüllt – wie ein Löwe.
Wer aber 4 Glas Wein trinkt, der grunzt und wälzt sich – wie ein Schwein.

Diese alte Geschichte inspirierte Künstler Gernot Rumpf zu einem Brunnen für Bergzabern.

*3. Weinbau in Dörrenbach

Dörrenbach liegt abgeschieden in einem Tal im Pfälzerwald. Im 16. Jahrhundert werden hier immer neue Weinberge angelegt, bis der Herzog von Pfalz-Zweibrücken ein Machtwort spricht. Als dann im 17. Jahrhundert Krieg auf Krieg folgt, pflegt niemand die Wingerte. Und viele Söldner nehmen damals einfach die *Wingertsstiefel* als Feuerholz. Doch in den folgenden Friedenszeiten nimmt der Weinbau schnell wieder zu.

Dörrenbachs Gemeindewein lagert im Gemeindekeller hinter dem Rathaus. Für den Weinhandel sind Weinsticher und Weinlader da, die Ämter versteigert die Gemeinde jährlich neu. Der Weinsticher entscheidet, ob der Wein für den Handel in Frage kommt, der Weinlader füllt den Wein mit einer geeichten Hotte aus dem Fass des Winzers in das Fass des Käufers. 1847 werden die Weinsticher durch Eichmeister ersetzt. Diese brennen das Volumen (in Liter) und Jahreszahl in jedes Fass ein.

1853, bei Dörrenbach sind etwa 78 Hektar mit Reben bepflanzt, bereiten Sauer- und Heuwurm, Mehltau und die Perenospora große Probleme. Die Winzer bekommen die Plagegeister nicht unter Kontrolle. 1898 heißt es trostlos: *In Dörrenbach gibt es nichts zu herbsten. Was der Sauerwurm nicht verzehrt hat, ist total grau.* Trotz alledem bleibt der Weinbau die Haupteinnahmequelle. 1927 sind 125 Hektar als Rebfläche ausgewiesen. Die Reben stehen zumeist im Kammertbau, Pfropfreben trotzen nun der Reblaus. Lieblingssorten sind *Österreicher* und Riesling. Im kalten Winter 1928/29 erfrieren viele Reben, doch beträgt die Anbaufläche 1936 bereits wieder 108 Hektar. 2 Jahre später aber bringt der Bau des Westwalls große Schäden.

Doch schon 3 Jahre nach dem 2. Weltkrieg wird in Dörrenbach wieder eine gute Weinernte erzielt.

*4. Dörrenbach geschichtlich

Kaiser Otto III. (980-1002) übergibt Dörrenbach anno 992 dem Kloster Seltz im Elsass. Später zählt das Dorf zur Herrschaft Guttenberg, diese gehört 1379-1463 zu einem großen Teil den Herren von Dörrenbach.

Mitten im Dorf ist um 1325 eine Kirchenburg erbaut worden. Diese erobern kurpfälzische Truppen im Weißenburger Krieg nach heftiger Gegenwehr (1470) und schleifen sie. Doch die Dörrenbacher bauen sie wieder auf. Als im Bauernkrieg 1525 die Burg Guttenberg zerstört wird, zieht in ihre trutzige Kirchenburg das Hochgericht, die Mauertürme werden zum Gefängnis.

Schon bald nach dem 30-jährigen Krieg wird Dörrenbach von Frankreich besetzt (1680) und bleibt es bis nach 1733.

Schon 1789 kommen französische Revolutionstruppen ins Dorf. Die Dörrenbacher begießen das Aufstellen der Freiheitsbäume mit Hurra. Sie sollen dabei an die 330 Liter Wein getrunken haben!

1816 aber ist die französische Zeit vorüber, Dörrenbach zählt nun zum Königreich Bayern.

Dörrenbach

ab 992: zum Kloster Seltz, Elsass

ab etwa 1100: zur Herrschaft Guttenberg

ab 1525: Amtssitz Herrschaft Guttenberg

1680-1733: verwaltet von Frankreich

ab 1789: zu Frankreich

1816-1946: zu Bayern

Geschichte(n)

*5. Oberotterbach geschichtlich

Kaiser Otto III. (980-1002) schenkt 992 Oberotterbach dem Kloster Seltz im Elsass. Dieses überträgt das Gut den Rittern von Otterbach. Diese hausen in ihrer Burg über dem Dorf. Doch verliert Ritter Rudolf 1306 seinen Besitz in einer Fehde. Darauf werden die Guttenburg und Oberotterbach an die Grafen von Leiningen verpfändet. Die besitzen damit etwa drei Viertel der Herrschaft Guttenberg, der Rest gehört der Kurpfalz. 1460 wird Oberotterbach bei der kurpfälzisch-zweibrückischen Fehde zerstört. 3 Jahre später erlangt die Kurpfalz den Ort gänzlich.

Nach dem 30-jährigen Krieg geht das Amt Guttenberg an Frankreich, in Oberotterbach ist zeitweilig der Amtssitz. Offiziell bleibt es im Besitz der Kurpfalz. Erst mit der Französischen Revolution geht alles mit allen Rechten an Frankreich. 1816 aber kommt Oberotterbach zu Bayern.

Als 1939 der 2. Weltkrieg beginnt, liegt Oberotterbach in der *Roten Zone* und wird mehrfach evakuiert. Bei Kriegsende 1945 ist vieles zerstört – durch Kriegseinwirkungen, doch auch durch die Nationalsozialisten. Die haben kleine Häuser abreißen lassen, um an deren Stelle *großgermanische Erbhöfe* entstehen zu lassen.

> **Oberotterbach**
> ehemals zur Herrschaft Guttenberg
> **1463-1789**: zu Kurpfalz / Pfalz-Zweibrücken
> **1683**: französischer Oberhoheit unterstellt
> **1801-15**: zu Frankreich, danach zu Bayern

*6. Rechtenbach geschichtlich

Rechtenbach zählt ehemals zur Herrschaft Guttenberg. Diese erhalten 1292 die Grafen von Leiningen als Reichslehen. Ab 1379 ist die Kurpfalz Mitbesitzer. Später gehört die Herrschaft den Herzögen von Pfalz-Zweibrücken. Mit der Französischen Revolution wird Rechtenbach französisch, kommt 1816 zu Bayern.

> **Rechtenbach**
> ehemals zur Herrschaft Guttenberg
> **bis 1793**: zu Kurpfalz / Pfalz-Zweibrücken
> **ab 1816**: nach französischer Zeit zu Bayern

Rechtenbach, Landschaftsweiher in herbstlicher Farbenpracht

*7. Schweigen geschichtlich

Frankenkönig Pippin (714-768) überlässt dem Kloster Weißenburg ein großes Gebiet (320 km²). Diese *Mundat* will das Kloster mit Gutshöfen besiedeln. So entsteht Schweigen und ist zunächst eine Melkerei (*Schweige*) des Klosters. Im Mittelalter herrschen neue Herren, doch wird alles in allem von einer rund 1.000-jährigen Rechtsordnung der Mundat gesprochen! Diese endet erst 1793. Schweigen ist die ganze Zeit dem Kloster Weißenburg unterstellt.

Mit der Französischen Revolution wird Schweigen französisch. 1814, nach Kaiser Napoleons I. (1769-1821) Verbannung, verbleibt nur noch das Land südlich der Queich bei Frankreich. Der Kaiser kehrt zurück und herrscht noch einmal 100 Tage lang. Danach wird die Lauter zum Grenzfluss. Sie aber fließt mitten durch Wissembourg. Das Städtchen will man nicht teilen, man legt also drumherum einen Kreis (gut 1,5 km). Schweigen liegt außerhalb des Kreises, kommt aber dennoch erst 1825 zu Bayern, rund 10 Jahre später als die übrige Pfalz.

> **Schweigen**
>
> **bis 1794**: zum Kloster Weißenburg
> **ab 1825**: zu Bayern
> **1969**: Zusammenlegung mit Rechtenbach

*8. Die weiße Frau

In alter Zeit vertreibt der Wingertschütz mit seiner Schrotflinte im Herbst Stare und Gesindel aus Schweigens Weinbergen.

Einmal wird einem Schütz zugetragen, dass in der Nacht Pfirsichdiebe ihre Körbe gefüllt hätten. Wild entschlossen will er die Diebe schnappen. Die Nacht bricht herein. Jedes Geräusch vermeidend schleicht der Schütz durch die Rebzeilen. Still ist es und vollkommen finster. Der Schütz hält Augen, Ohren und Nase offen. Da, mit einem Mal erspäht er in der Ferne eine Gestalt. Diese zeigt sich von einem Lichterkranz hell umflutet. Dem Schütz beginnt das Herz zu klopfen. Ungesehen will er bleiben, hastig lässt er sich hinter einen Haufen Wingertspfähle fallen. Die Erscheinung kommt direkt auf ihn zu. Als sie ihm ganz nah ist, erkennt er sie; es ist die weiße Frau vom Sankt Pauliner Schlösschen. Nah ist sie ihm, sehr nah. Fast berührt ihn ihr langer Schleier. Er sieht, ein breiter Gürtel umschließt ihre Taille. Ein Schlüsselbund hängt daran und die Schlüssel klirren sanft eine kleine Melodie. Der Schütz wagt kaum zu atmen. Doch die weiße Frau schwebt an ihm vorüber und ist mit einem Mal verschwunden.

Endlich rappelt der Schütz sich auf. Er hastet ins Dorf. Allen will er erzählen, was er gesehen. Doch die Winzer im Wirtshaus lachen nur und einer ruft: „Dich hat wohl der Weingeist beschlichen!"

In der nächsten Nacht jedoch, da erleben zwei Fuhrleute Ähnliches in den Weinbergen. Damit vergeht den Schweigenern das Lachen. Die weiße Frau, Not wird sie bringen, orakeln sie bang.

Der Herbst zieht ins Land, goldgelb und leuchtend rot hängen die Trauben an den Reben. Bald holpern die Wagen mit übervollen Bütten durch das Dorf. Einen so herrlichen Herbst hat es schon lang nicht mehr gegeben. Seitdem wissen in Schweigen die Winzer: Zeigt sich die weiße Frau vom Sankt Pauliner Schlösschen, dann steht ihnen ein voller Herbst bevor!

Geschichte(n)

*9. Scherben in den Reben

Es geschieht in alter Zeit, da arbeitet sich in flirrender Hitze eine Winzersfrau aus Schweigen beim Sankt Pauliner Schlösschen Unkraut jätend die Rebzeilen hinauf und hinab. Sie hat schon ein gutes Stück geschafft, als sie mit einem Mal auf einige Scherben hackt. „Ei, was sind das für schöne Dingelchen", denkt sie, „wie schillert golden der Rand. Da freut sich das Kindchen daheim, es kann damit spielen." Und flink klaubt sie die porzellanenen Teile vom Boden und steckt sie sich in die Schürzentasche.

Die Scherben glitzern, das Kindchen spielt. Es wirft sie hoch in die Luft. Hart fallen sie auf den Boden, doch keine zerbricht. Darüber wundert sich die Frau. Sie bückt sich und nimmt eine der Scherben in die Hand, um sie genau zu betrachten. Diese glänzt so strahlend hell, ganz wie Gold!

Gleich zeigt sie das Glitzerding ihrem Manne. „Das ist ja pures Gold!", ruft der aufgeregt. „Schnell, wir laufen hinauf. Wir holen alle Scherben, die in dem Wingert noch liegen!"

Und beide hasten los. Bis in die Dunkelheit hacken sie sich durch den Weinberg. Doch sie finden nichts als kleine raue Steine.

*10. Im Deutsch-Französischen Krieg

1870 droht ein Krieg zwischen Deutschland und Frankreich, in der Pfalz beginnen hektische Vorbereitungen. Ab dem 24. Juli treffen Truppen in Schweigen ein. Über die Grenze nach Frankreich geht es nur noch mit einer Ausnahmegenehmigung. Am 3. August rücken die Soldaten in ihre Stellungen.

Am 4. August, der Himmel zeigt sich grau, ein feiner Regen nieselt herab, reitet Kronprinz Friedrich Wilhelm von Preußen (1831-88) in aller Herrgottsfrühe von Schweighofen, wo er sein Hauptquartier hat, nach Schweigen. Von der Höhe aus will er das Gefecht leiten. Noch vor ihm, auch erst an diesem Morgen, sind die Jäger in Schweigen eingetroffen. Ihr Quartier am südlichen Ortsrand wird später das Gasthaus *Zum Bayrischen Jäger*.

Die Jäger eröffnen um 8.30 Uhr die Schlacht. Es kämpfen auf deutscher Seite 48.000 Mann Infanterie und 4.600 Mann Kavallerie mit 144 Geschützen gegen Frankreich mit 6.900 Mann Infanterie, 650 Mann Kavallerie und 14 Geschützen. Kein Wunder, dass die Preußen siegen. Doch beklagen sie am Abend über 1.500 Tote, 200 mehr als die Franzosen. Heute erinnern auf dem Geisberg bei Wissembourg zwei Denkmäler an diesen schlimmen Tag.

*11. Wissembourg geschichtlich

Im 7. Jahrhundert steht in Weißenburg ein Kloster der Benediktiner. Diese Abtei St. Peter und Paul wird 974 ein Fürstentum und es entwickelt sich bei ihr eine Siedlung (12. Jh.). Die Siedler werden reich durch Wein und Kastanien. Ihre Siedlung wird 1306 Freie Reichsstadt und 1354 Mitglied im elsässischen Zehnstädtebund. Doch gibt es immer wieder Konflikte mit der Abtei, besonders als in der Stadt schon früh die Reformation eingeführt wird (1522). Und 1525 kommt es hier wie überall zum Bauernaufstand.

Nach dem 30-jährigen Krieg leben in Wissembourg nur noch 140 Einwohner. Stadt und Stift zählen nun zusammen mit großen Teilen des Elsass zu Frankreich (1649). Das Stift lösen 140 Jahre später die französischen Revolutionäre auf (ab 1789), sie dulden keine Mönche.

1871 endet der Deutsch-Französische Krieg mit einer Niederlage der Franzosen. Fortan zählt Weißenburg zu Deutschland. Doch nach dem 1. Weltkrieg zählt die Stadt wieder zu Frankreich (1918), wird im 2. Weltkrieg ab 1940 wieder vom Deutschen Reich annektiert, zählt aber mit dem Kriegsende 1945 wieder zu Frankreich.

Heute ist Frieden eingekehrt zwischen Deutschland und Frankreich, Abmachungen regeln Hilfen bei Notfällen. Die Grenze ist kaum noch zu bemerken. Und doch pulsiert das Leben in beiden Ländern ganz verschieden, da schmecken Wein und Croissants in Wissembourg ganz französisch. Die Verschiedenartigkeit genießen Franzosen wie Deutsche.

> **Weißenburg**
> **um 660**: Gründung Kloster Weißenburg
> **ab 12. Jh.**: Entwicklung einer Siedlung beim Kloster
> **1306-1697**: freie Reichsstadt
> **1789**: Auflösung des Stifts
> **1871-1918 + 1940-45**: zu Deutschland

*12. Uraltes Kloster

Das Kloster in Weißenburg hat in alter Zeit große Macht. Es wird eines der bedeutendsten Klöster in Deutschland. In ihm entsteht das Evangelienbuch des Mönchs Otfrid († 875), eine der bedeutsamsten althochdeutschen Dichtungen. Anno 985 eignet sich der salische Herzog Otto († 1004) 68 Orte dieses Klosters an. Das ist ein arger Verlust und doch bleibt das Kloster reich und mächtig.

Um 1100 distanziert sich das Kloster vom Bischof von Speyer. Es wird eine neue Geschichte über seine Entstehung konstruiert und mit gefälschten Urkunden belegt. Urkundenfälschung ist damals ganz üblich!

Es kommen dann aber Zeiten, da vergibt das Kloster mehr und mehr seiner Güter als Lehen. Die Lehnsträger jedoch betrachten ihr Lehen irgendwann als ihr Eigentum. Das führt dazu, dass es im 16. Jahrhundert nur noch 3 (!) klostereigene Höfe gibt: Steinfeld, Schweighofen, Koppelhof. Das Kloster, derart verarmt, wird 1524 ein weltliches Kollegialstift und wird 1546 mit dem Hochstift Speyer vereint. Die wertvolle Bibliothek gelangt im 17. Jahrhundert teilweise in die berühmte Herzog August Bibliothek nach Wolfenbüttel.

Mit der Französischen Revolution wird das Stift endgültig aufgelöst (1789). Bei den revolutionären Kämpfen geht das Klosterarchiv größtenteils zugrunde. Doch es bleiben gewaltige Baureste. Diese zeugen bis heute von den alten stolzen Zeiten dieser Abtei.

Weinweg 18: Radweg Deutsche Weinstraße Von Birkweiler nach Wissembourg

Markierung

Wegverlauf: Birkweiler – Ranschbach – Leinsweiler – Eschbach – Klingenmünster – Gleisweiler – Pleisweiler/Oberhofen – Bad Bergzabern – Oberotterbach – Rechtenbach – Schweigen – Wissembourg

Länge: rd. 35 km

Abwechslungsreicher Weg durch die Großlagen Königsgarten, Herrlich, Kloster Liebfrauenberg und Guttenberg bis über die Grenze nach Frankreich. Man fährt in der Regel auf gut befestigten Wirtschaftswegen, es geht hinauf und hinab.

Tipp: Die Radtour verlängern mit folgenden Ergänzungen – Anschluss in:

Birkweiler: Radweg Deutsche Weinstraße (von Neustadt bis Birkweiler siehe *M. Goetze – Weinwege genießen in der Südpfalz. Bd. 1*)

Birkweiler: Queichtal-Radweg*

Klingenmünster: Klingbach-Radweg*

Oberhofen: Vom Riesling zum Zander*

Bad Bergzabern: Petronella-Rhein-Radweg*

Schweigen-Rechtenbach: Deutsch französischer Pamina-Radweg Lautertal*

* = Weg-Details siehe S. 178

Oberotterbach

Von Birkweiler nach Wissembourg

Kurzinformation zu den Orten

Birkweiler

siehe Weinweg 20, Etappe 3 .... S. 133

Weingüter am Weg

Weingut Gies-Düppel: Am Rosenberg 5

Weingut Ludwig Graßmück: Eichplatz 4

Ranschbach

(Verbandsgemeinde Landau-Land)

ca. 650 EW; Wein- und Wallfahrtsort im Tal des Ranschbachs.

Wein & Sehenswert

Kath. Kirche (Kirchgasse 9; erbaut 1782): auch Wallfahrtskirche

Häckerweinfest (August): mit Bauern- u. Kunst-handwerkermarkt

Weingut am Weg

Bioweingut Franz Braun: Weinstr. 10

... Weiteres siehe S. 171

Weinlage

Großlage Königsgarten (Bereich Südliche Weinstr.)

Seligmacher (261 ha); die Lage zählt offiziell zu Arzheim

Weinberge bei Ranschbach

Leinsweiler

(Verbandsgemeinde Landau-Land)

ca. 390 EW; Weinort im Tal des Birnbachs, am Fuß der Burgruine Neukastel.

Wein & Sehenswert

Renaissance-Rathaus (Weinstr. 4; erbaut 1619)

Slevogthof (19./20. Jh.)

2 Weininfo-Pfade (je gut 2 km lang)

Korkenzieher-Museum (Sonnenbergstr.)

Weingüter + Einkeh-ren

Ferien-Weingut Peter Stübinger: Hauptstr. 12

Hotel Castell: Hauptstr. 32

Rebmann's Hotel / Vino au Rant: Weinstr. 8

... Weiteres siehe S. 164 f.

Alter Zehnthof

Weinlage

Großlage Herrlich (Bereich Südliche Weinstraße)

Leinsweiler Sonnenberg (118 ha); Boden: Lehm - stark wechselnd mit tertiären Sanden / Höhe bis 300 m (zählt zu den guten Lagen der Pfalz)

Eschbach

siehe Weinweg 20, Etappe 3 .... S. 133

Weingüter am Weg

Weingut Schmitzer-Julier: Landauer Str. 17

Weingut Büchler: Landauer Str. 29

Weingut Wind: Weinstr. 5

Von Birkweiler nach Wissembourg

Klingenmünster

siehe Weinweg 20, Etappe 3 .... S. 133

Weingüter + Einkehren am Weg

Stiftsgut Keysermühle: Bahnhofstr. 1

Stiftsweingut Meyer: Weinstr. 37

Weinstube Zum Fuchsbau: Weinstr. 48

Gleiszellen

siehe Weinweg 20, Etappe 2 .... S. 125

Weingüter + Einkehren am Weg

Gasthof Zum Lam: Winzergasse 37

Weingut Muskatellerhof: Winzergasse 41

Caveau: Winzergasse 51

Weingut Wissing: Winzergasse 55; mit Weinstube Wissing (Winzergasse 34)

Gleiszellen im Herbst, mit St. Dionysius und Burg Landeck

Pleisweiler-Oberhofen

(Verbandsgemeinde Bad Bergzabern)

ca. 810 EW; Doppel-Weinort mit alter Wappen-schmiede, am Hang zum Pfälzerwald.

Wein & Sehenswert

Kath. Kirche (Schlossstr.): 1755 erbaut vom kur-pfälzischen Hofbaumeister

Ehem. Wasserburg (Schlossstr. 21/23; 15. Jh.)

Weinfest: *Fest des Federweißen* (Okt.)

Weingüter + Einkehren

Pleisweiler

Restaurant Schoggelgaul: Schäfergasse 1

Weingut Ullrich: Schäfergasse 25

Oberhofen

Reuters Holzappel: Hauptstr. 11

Weingut Wilker: Hauptstr. 30; mit Landhaus

... Weiteres siehe S. 169 f.

Weinlage

Großlage Kloster Liebfrauenberg (Bereich Südliche Weinstraße)

Pleisweiler-Oberhofener Schloßberg (117 ha); Boden: Lehm / Höhe bis 220 m

Bad Bergzabern

s. Weinweg 20, Etappe 1 .... S. 117

Weingut + Einkehren am Weg

Weingut Knöll & Vogel: Klingweg 3

Restaurant Rössl: Schlittstr. 2

Rasant geht's hier hinab nach Rechtenbach

Oberotterbach

siehe Weinweg 17 .... S. 61

Weingüter am Weg

Wein- u. Obsthof Ursula Hey: Oberdorfstr. 24

Weingut Heinz & Thomas Beck: Unterdorfstr. 20

Schweigen-Rechtenbach

siehe Weinweg 17 .... S. 61

Weingüter am Weg

Rechtenbach

Weingut Cuntz Sonnenhof: Wasgaustr. 7

Schweigen

Weingut Bernhart: Hauptstr. 8

Weingut Friedrich Becker: Hauptstr. 29

Weingut Geisser: Längelsstr. 1

Wissembourg

siehe Weinweg 17 .... S. 61

Start: Birkweiler, Bahnhof (Weinstr.)

Anfahrt: mit der Bahn (Landau – Godramstein – Birkweiler/Siebeldingen – Pirmasens)

Ziel: Wissembourg, Gare / Bahnhof

Abfahrt: mit der Bahn (Wissembourg – Winden – Landau – Neustadt/Weinstr.) oder (Wissembourg – Strasbourg)

Weglänge: rd. 35 km / rd. 3 Std. (+ Abstecher)

Markierung: Grünes Rad + Traube auf weiß; Radrundwege Fassboden 1; 2; 4; Petronella-Rhein-Radweg u.a. – Wegverlauf siehe S. 178

Karte: Südpfalz. Wandern u. Radfahren zwischen Rhein & Reben; 1:40.000. – Pietruska-Verl., 2012

Anforderung: Ein wenig trainiert sollte sein, wer diesem Weg folgt, einige Steigungen haben es in sich. Doch auf den asphaltierten Wegen, zumeist in den Weinbergen, lässt es sich gut fahren. In Abschnitten ist der Weg sehr schön als Wanderweg, auch mit Kinderwagen, zu wandern – mit Anfahrt und Rückfahrt per Bahn oder Bus.

Streckenverlauf: siehe S. 72

Weinweg 18

Birkweiler – Klingenmünster – Bad Bergzabern

Wegverlauf

In **Birkweiler** (*1), den Bahnhof im Rücken, überqueren wir
die **Weinstraße** (L 511). Schon
bei der 1. Querstraße (90 m) finden wir die
Wegzeichen für Radweg & Wanderweg Deutsche Weinstraße, hier startet Weinweg 18.
Start: Wir folgen >*Radweg Deutsche Weinstraße – Bad Bergzabern 21 km (50 m parallel mit
Weinweg 20, Etappe 3 – S. 137).* Wir fahren
also geradeaus auf der **Weinstraße**, sogleich
vorbei am Weingut Dr. Wehrheim (rechts/
Nr. 8). Bald beginnt nach rechts, parallel zur
Weinstraße, die **Trifelsstraße** (>*Ranschbach
2,2 km*). Auf ihr geht es vorbei an
der Skulptur *Rückkorbträger* bis
hinauf zur Kreuzung mit **Kirchstraße**. Wir fahren hier nach
links, vorbei an der evangelischen
Kirche. Schnell knickt die Straße nach rechts.

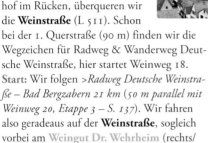

→ Abstecher **Weingut Graßmück**
Nach links liegt sogleich das Weingut
(links/Eichplatz 4; 15 m).

Die Straße endet an der **Hauptstraße** (0,9 km;
*hier treffen wir auf Weinweg 20, Etappe 3
– S. 136.*). Wir fahren nach links zu einer
Kreuzung (1 km).

→ Abstecher **Weinstube + Weingut**
Auf der **Hauptstraße** nach links fahren.
Hinter **Keschdebusch – Die Weinstube**
(rechts/Nr. 1; 90 m) geht es im Prinzip
geradeaus weiter auf der **Weinstraße**, wo
bald nach links **Am Rosenberg** (270 m)
zum Ortsrand mit Weingut Gies-Düppel
(links/Nr. 5; 370 m) führt.

Wir folgen geradeaus der **Alten Kirchstraße**
hinauf. Sie biegt vor Weingut Scholler (links/
Nr. 7) nach rechts zum Ortsrand zu einem

Rastplatz mit Kirschbaum (1,2 km).
Hinter dem Rastplatz fahren wir nach links
hinauf. Wir queren (schiebend) die Deutsche
Weinstraße, fahren dann neben ihr nach rechts
bis nach **Ranschbach** (*2), hier weiter neben der Weinstraße bis zum Ende (1,9 km).

**Alternativweg durch
Ranschbach** (30 m länger)
Nach rechts auf den Ort
zufahren, der **Weinstraße**
nach links folgen. Es gibt die
Weingüter Horst Kiefer (links/Nr. 7)
und Franz Braun (rechts/Nr. 10). Bei der
katholischen Kirche (*3) biegt die Weinstraße nach links zum Weingut Karlheinz
Braun (rechts/Nr. 74; 660 m).
*Am Ortsrand mündet von links Am Jagd-
busch, hier endet der Alternativweg. Weiter
geht es geradeaus – siehe unten.*

Wir folgen der **Sportplatzstraße** nach links
(>*Leinsweiler 3,1 km*) und fahren bei nächster Gelegenheit nach rechts hinab (2,1 km),
über den Ranschbach hinweg, dann geht es
hinauf in die Reben *(Ranschbacher Seligmacher;
Großlage Königsgarten).* Am Wegende (2,5 km)
fahren wir nach rechts, unsere Straße **Am
Jagdbusch** endet in Ranschbach an der Weinstraße (2,8 km; *trifft hier den Alternativweg.*)
Wir fahren auf der **Weinstraße** nach links aus
dem Ort hinaus (>*Leinsweiler 2,3 km*), es gibt
bald einen Radweg an der Straße. Wir schrau-
ben uns langsam hinauf. Hinter der Buszufahrt
zum Slevogthof endet bald unser Weg.
Wir fahren nach rechts, entfernen uns von der
Straße. Schnell knickt der Radweg nach links
und verläuft hinter einem Parkplatz nach links
neben der Weinstraße weiter, bald gar hinab
zu ihr (4,1 km). Vor der Weinstraße fahren

km-Markierungen: 1,9 / 0,8 / 1,0 / 2,8

km

km

wir nun nach rechts hinauf, bei Schautafeln des Weininfopfads *(Leinsweiler Sonnenberg; Großlage Herrlich)*. Bei *Riesling* fahren wir nach links hinab zur **Deutschen Weinstraße** bei **Leinsweiler** (4,9 km).

4,9

Wir biegen nach rechts. Hinter Ferienwein-

Rathaus

gut Schäfer (rechts/Nr. 9) und **Rebmann's Hotel** (links/Nr. 8) errei-chen wir die Kreuzung mit Rathaus (5,1 km). Hier treffen zahlreiche Wegmarkierungen zusammen und hinter der Kreuzung liegt der alte Zehntkeller (rechts/Weinstr. 5).
(Hinweis: Von rechts (Trifelsstraße) kommt Wein-weg 20, Etappe 3 – S. 135.)
Wir folgen der **Hauptstraße** nach links *(>Eschbach 2,6 km)*, vorbei am Büro für Tourismus (rechts/ Nr. 4), dann Ferienweingut Stübinger (rechts/Nr. 12). Fast am Ortsrand, vor **Hotel Castell**

(Nr. 32; 5,5 km), folgen wir einem Weg nach rechts. Vor uns im Blick haben wir die Kleine Kalmit.
Nach 480 m führt nach rechts ein Weg hinauf in die Weinberge *(Leinsweiler Sonnenberg)*. Oben bietet ein Rastplatz Aussicht auf Maden-burg, Slevogthof, Kleine Kalmit (6,2 km).

6,2

→ Abstecher **Leinsweiler Hof** (*4)
Nach rechts *(Weininformationspfad)* liegt das Hotel (Weinstraße; 530 m).

Wir fahren geradeaus weiter *(>Eschbach 1,5 km)* hinab in die Reben *(Eschbacher Hasen)*, wieder leicht hinauf, dann hinab zu einer Kreuzung mit Bildstock (6,8 km). Hier wenden wir uns nach rechts **Eschbach** zu, im Blick die Madenburgauf dem Berg (*5). Nach 330 m liegt linker Hand das Weingut

Heger (Mandelsteinerhof). Wir erreichen die Weinstraße (7,4 km; *nach rechts zu sehen:* Weingut Ehrhart; *Weinstr. 2)*.
Wir folgen der **Weinstraße** nach links in den Ort, vorbei an Weingut Wind (links/Nr. 5).
Vor Nr. 35 (7,6 km) ....

7,6

(Tipp: Geradeaus liegt das Zehnthaus von 1567; Nr. 43.)
... folgen wir nach links **Im Gässel** auf Kopf-steinpflaster zur Landauer Straße (7,8 km).

→ **Abstecher 2 Weingüter** (160 m)

An der **Landauer Straße** nach links biegen zum Weingut Schmitzer-Ju-lier mit den Eseln Regent + Caemen-tarius (*6)(links/Nr. 17); 10 m. Ein Stück weiter folgt Weingut Büchler (links/Nr. 29) mit einer alten Kelter.

An der **Landauer Straße** nach rechts fahren, doch gleich an der nächsten Ecke nach links der **Windhorststraße** folgen bis zur Straße L 509 (7,9 km). Wir überqueren sie.

→ Abstecher **Weingut Herrenhof**
Geradeaus zum Weingut (Herrenhof 1; 190 m), es ist schon zu sehen.

Nach rechts neben der Straße weiterfahren *(wir kreuzen Weinweg 20, Etappe 3 – S. 135)*. Wir fahren hier am Fuß des Rothenbergs mit der Madenburg (*7), linker Hand wachsen Reben *(Eschbacher Hasen)*. Im Tal des Kai-serbachs *(wir kreuzen Weinweg 20, Etappe 3 – S. 134)* fahren wir nach links *(>Klingenmünster 2,8 km)*, dann nach rechts hinauf.
Oben liegt das Pfalzklinikum, eine Brücke nach rechts führt dorthin (10,7 km). Hier

10,7

fahren wir nach links hinauf *(>Klingenmünster 2,1 km)* und kommen hinter Klinik-Gebäuden in die Reben *(Klingenmünsterer Maria Mag-dalena; Großlage Kloster Liebfrauenberg)*. Bei

79

km

11,5 km fahren wir nach rechts hinab. Wir wenden uns am Wegende (12 km) nach rechts, erreichen dann über die **Lettgasse Klingenmünster** (*8). Wir treffen auf Weingut Kuhn (links/Nr. 2), dahinter auf die Weinstraße (12,6 km).

12,6

Wir biegen in die **Weinstraße**/B 48 nach links (*490 m mit Weinweg 20, Etappe 3 – S. 134*). Bald liegen linker Hand hintereinander die **Weinstuben Mathis** (Nr. 66), **Pfeffer** (Nr. 64), **Zum Fuchsbau** (Nr. 48). Wir erreichen eine Kreuzung mitten im Ort (12,9 km)

bei Stiftsweingut Kuhn (links/ Nr. 42-44) mit August-Becker-Brunnen & -Geburtshaus (Steinstr. 2). *Tipp: Hier lohnt ein Abstecher zu dem alten Kloster. Danach bietet sich zum Weiterfahren auch ein kürzerer Alternativweg.*

→**Abstecher Kloster u.a.** (170 m)

Wir fahren nach links (= **Im Stift**) auf die Kirche St. Michael zu. Die Straße biegt nach rechts zum Kloster (*9), gegenüber liegt das **Hotel Stiftsgut Keysermühle** (links/Bahnhofstr. 1). Es verführt dort ein Park zum Innehalten.

→Alternativweg mit Weingut (110 m kürzer)

Wir folgen geradeaus der **Weinstraße,** vorbei an der *Bushaltestelle Rathaus* zur **Badstubengasse** (70 m). Hier (*links steht das alte Gasthaus Zum Ochsen, dahinter das Guerdanhaus (*10)*) biegen wir nach rechts zum Stiftsweingut Meyer (Nr. 37). Wir kommen dann zur Mühlgasse (170 m), fahren nach rechts. – *Vor dem Parkplatz ist Weinweg 18 wieder erreicht (310 m). Geradeaus weiter zum Kreisel ... siehe unten.*

km

Wir folgen nach rechts der **Steinstraße**. Vor dem Kurpfälzischen Amtshof (13 km) biegt die Straße nach rechts. Wir fahren hier geradeaus zum Parkplatz und vor diesem nach rechts neben dem Klingbach (Grünanlage) weiter.

13,3

Der Weg endet an der **Mühlgasse** (13,3 km; *Rückkehr des Alternativwegs.*) Wir biegen nach rechts.

Bei einem Kreisel (13,4 km) fahren wir nach links hinauf (= **Totenweg**) zur **Weinstraße** / B 48 und neben ihr nach rechts aus dem Ort hinaus. Es geht im Prinzip immer geradeaus hinauf. Oben (14,2 km) fahren wir nach rechts zwischen Reben (*Gleiszeller Kirchberg*), bei nächster Gelegenheit nach links hinab.

Mit der **Winzergasse** erreichen wir das Muskatellerdorf **Gleiszellen**. Am Ortsrand liegen Weingut Wissing (rechts/Nr. 55; 14,5 km), gegenüber die **Südpfalz-Terrassen** (Nr. 42), es folgt eine Kreuzung mit **Restaurant Caveau** (rechts/Nr. 51; 14,6 km).

14,6

(Tipp: Hier startet ein Muskateller-Rundweg.)

Wir rollen geradeaus weiter auf dem Pflaster der schönen Winzergasse (>*Pleisweiler-Oberhofen 1,7 km*) mit **Weinstube Weingut Wissing** (links/Nr. 34),

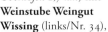

rechts liegen Weingut Winzerkeller (Nr. 51),

Muskatellerhof (Nr. 41), **Gasthof Zum Lam** (Nr. 39). Am Ende fahren wir nach links (*kreuzen Weinweg 20, Etappe 2 – S. 127*) und weiter auf der Winzergasse hinab bis zur Kirche.

Die Straße heißt dann geradeaus **Schulstraße**, wir folgen ihr. Bei einer Verzweigung halten wir uns links und fahren nun rasant hinab zur Hauptstraße (15,4 km). Hier

Bei Oberhofen

km

liegt nach rechts **Gleishorbach**, es gibt Napoleonsbank, Muskateller-Rundweg-Plan, Rastplatz.

Wir fahren auf dem Radweg neben der **Weinstraße** geradeaus weiter (>*Pleisweiler-Oberhofen 0,8 km*), bald steil bergauf. Danach fahren wir rasant hinab und geradeaus auf Oberhofen zu. Kurz ehe wir die Weinstraße erreichen, führt ein Weg nach rechts hinauf in die Weinberge (*Pleisweiler-Oberhofener Schlossberg*; 15,9 km).

15,9

→ **Abkürzung über Oberhofen**
(rd. 1,8 km kürzer)

Die **Weinstraße** ansteuern, ihr nach rechts 100 m folgen, dann nach links in die **Nonnensuselstraße** biegen. Bei nächster Gelegenheit nach rechts fahren (340 m) zur Hauptstraße mit Dorfplatz (*11).
*(An der **Hauptstraße** nach rechts liegen die* Weingüter Leonhard *(Nr. 19) und* Brendel *(Nr. 13), dann **Reuters Holzappel** (Nr. 11; 110 m).)*
Wir folgen der **Hauptstraße** nach links durch das *stille Dorf* (*12), vorbei an Weingut Wilker (Nr. 30) zu einer Kreuzung (530 m). Hier geht es nach rechts hinaus aus dem Ort zu einer Kreuzung mit Rastplatz (810 m)
Ende der Abkürzung; weiter geht es geradeaus ... siehe unten.

Der markierte Weg verläuft zwischen Reben oberhalb von Pleisweiler weiter *(kurz vor dem Ort gesellt sich für rd. 500 m Weinweg 20, Etappe 2 – S. 127 zu uns).*
Wir erreichen **Pleisweiler** (*13). Hier schlängelt sich die **Schlossstraße** durch den Ort: Wir fahren zuerst fast am Ortsende (17,3 km) nach links hinab, dann bei einer

km

Kreuzung nach rechts, biegen am Ende nach links (>*Bergzabern 3,4 km*), erreichen dann die katholische Kirche an der **Weinstraße** (17,8 km).

17,8

Hier fahren wir nach links, doch sogleich nach rechts in die **Schäfergasse**, an der Ecke liegt das **Restaurant Schoggelgaul** (rechts/Nr. 1). Schnell folgt einladend das Weingut Ullrich (rechts/Nr. 25; 18 km). Bei diesem fahren wir nach schräg links hinab, der Weg endet an Hirtenbach und Rastplatz (18,6 km; *hier kehrt der Weg über Oberhofen zu uns zurück*).
Wir fahren nach rechts hinauf (>*Bergzabern 2,4 km*), bald wieder neben Reben *(Bad Bergzaberner Altenberg)*. Oben geht es geradeaus hinab auf **Bad Bergzabern** (*13) zu. Am Ortsrand liegt die Lorch Weinkellerei.

19,7

→ **Abstecher Weingut Knöll & Vogel**
Geradeaus der **Kurfürstenstraße** bis zu einem Kreisel folgen, direkt dahinter liegt das Weingut (links/Klingweg 3; 250 m).

Wir folgen nach rechts der **Kurfürstenstraße**. Hinter dem Westwallmuseum (links) biegen wir nach links in den **Maxburgring**. Wir wenden uns am Ende nach rechts in die **Berwartstein-**, sogleich nach links in die **Madenburgstraße**. Die endet am **Maxburgring**. Auf diesem nach rechts fahren zur **Weinstraße** (20,5 km; >*Wissembourg 12 km*). Ihr nach links folgen, sogleich nach rechts in die **Blumenstraße** einbiegen, nach 30 m nach links hinab (= **Danziger Straße**) bis zur **Weinstraße** fahren (21,4 km).

21,4

→ **Abstecher Bhf. Bad Bergzabern**
Der Bahnhof ist schon zu sehen, dorthin geradeaus der **Weinstraße** folgen (140 m).

km

Es führt hier die **Trillerstraße** nach rechts, sie endet vor dem Schloss (21,6 km; >*Oberotterbach 6,6 km*). Hier fahren wir nach rechts (= **Herzog-Wolfgang-Straße**), bei nächster Gelegenheit nach links in die **Luitpoldstraße** bis zu einer 2. Kreuzung (beim Dicken Turm der alten Stadtmauer; 22,1 km). Wir folgen nach links der **Turmstraße**, diese biegt nach rechts (als **Woodbachweg**). Wir fahren bei 1. Gelegenheit nach links in die **Neubergstraße** zur **Kurtalstraße**. Hier biegen wir nach links, steuern jedoch sogleich nach rechts den Ludwigsplatz an (>*Oberotterbach 5,8 km*).

22,3

Vorbei an **Hotel Rössel** (rechts; Schlittstr. 2) und Kirche folgen wir geradeaus der **Schlittstraße**. An ihrem Ende biegen wir nach rechts in die **Petronellastraße** (>*Oberotterbach 5,6 km*).

22,8

Wir queren die Weinstraße (22,8 km; *kreuzen Weinweg 17 – S. 62*), biegen dahinter nach links in die **Wiesenstraße**.

Nun geht es hinauf und alsbald geradeaus aus dem Ort hinaus in die Reben steil hinauf (*Bad Bergzaberner Wonneberg; Großlage Guttenberg*). Am Wegende (23,4 km; *für 240 m mit Weinweg 20, Etappe 1 – S. 119*) nach links weiterfahren. Hier haben die Bergzaberner Weingüter Knöll & Vogel + Hitziger Namen bei ihren Reben angebracht.

Bei einer Kreuzung (23,7 km; *Schild nach rechts: Dörrenbach 2 km*) fahren wir geradeaus hinab, biegen unten nach rechts. Wo die Teerdecke endet, fahren wir nach links hinab

und dann hinauf zur Straße nach Dörrenbach (24,5 km). Der Straße folgen wir nach links hinab, fahren schon nach 170 m nach links (>*Kirschbüschelhof*) bis zu einem Rastplatz

24,8

(24,8 km). Hier führt nach rechts eine Brücke über die Weinstraße (>*Oberotterbach 3,4 km*). Wir fahren geradeaus weiter, doch bei nächster Gelegenheit nach rechts hinab. Am Wegende biegen wir nach links, nach 70 m nach rechts, es geht weiter hinab. Nun fahren wir immer geradeaus, hinauf, hinab (*Oberotterbacher Sonnenberg*). Der Weg endet im Tal mit Otterbach (27,2 km).

Wir fahren nach rechts auf **Oberotterbach** zu, folgen im Ort der **Unterdorfstraße**, fahren

27,7

vorbei am **Weinhaus Ebinger** (rechts/Nr. 49) und **Winzerhof Weber** (links/Nr. 36a). Hinter der Kirche liegen die **Weingüter Beck** (links/Nr. 20) und **Oerther** (rechts/Nr. 9), dahinter beeindruckt das Pfarrhaus mit Gedenktafel für Salomea Schweppenhäuser (*14). Am Ende der Straße liegt das Plätzl mit Restaurant, Rathaus, Kirche.

28,2

Wir queren die Weinstraße (*Bushaltestelle Oberotterbach, Ort; kreuzen Weinweg 17 – S. 63*). Hier erinnern Schautafeln und Brunnenskulptur an den Westwall (*15). Geradeaus folgen wir der **Oberdorfstraße**, bald vorbei am **Weinhof Ursula Hey** (rechts/Nr. 24; 28,5 km; *Weinweg 20, Etappe 1 stößt für 1 km zu uns – S. 119 f.*).

Wir folgen dann der **Hummelsgasse** nach links (28,7 km). Vorbei an einer Kneippanlage verlassen wir den Ort, es geht hinauf in die Reben (*Schweigener Sonnenberg*). Oben fahren wir nach rechts, sogleich wieder nach links hinauf. Wir erblicken schon Rechtenbach. Am Wegende vor Reben (30,1 km) ...

km

→ Abstecher **Weingut Cuntz Sonnenhof** (140 m)
Nach links zu dem Weingut mit knallgel-
ber Fassade (Wasgaustr. 7).

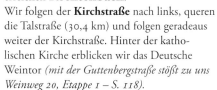

... biegen wir nach rechts. Wir
fahren hinter der evangelischen
Kirche (30,3 km) nach links,
erreichen **Rechtenbach**.
Wir folgen der **Kirchstraße** nach links, queren
die Talstraße (30,4 km) und folgen geradeaus
weiter der Kirchstraße. Hinter der katholischen Kirche erblicken wir das Deutsche
Weintor *(mit der Guttenbergstraße stößt zu uns
Weinweg 20, Etappe 1 – S. 118).*

Wir erreichen die **Deutsche Wein-
straße** bei einem Kreisel (30,9 km).
Hier beginnt **Schweigen** *(Bushalte-
stelle Schweigen, Weintor; Weinweg 17
– S. 63).* Wir fahren auf das Weintor
zu, es beherbergt **Restaurant** (links/Nr. 4) &
Vinothek Deutsches Weintor (rechts/Nr. 5).
*Es hält beim Tor im Sommer das Grenzland-
Bähnchen nach Wissembourg.*
*Wir setzen unseren Weg fort, nun ohne die Mar-
kierung Radweg Deutsche Weinstraße.*
Wir folgen hinter dem Weintor geradeaus wei-
ter der **Weinstraße**, biegen aber nach 130 m
nach rechts in die **Hauptstraße**. Hier liegt
Weingut Jülg (rechts/Nr. 1; 31,2 km). Es fol-
gen links die **Weingüter Leiling** (Nr. 3) und

Bernhart (Nr. 8), rechts
der Skulpturengarten,
dann erreichen wir den
Marktplatz mit Kirche,
Napoleonsbrunnen
(31,5 km) und **Weingut Geisser**
(rechts/Längelsstr. 1).
Hier knickt die Hauptstraße
nach links. Es geht vorüber am

Skulpturengarten

km

Weingut Friedrich Becker (rechts/Nr. 29),
Weinhof Scheu (rechts/Nr. 33), **Wirtshaus
Elwetritsch** (links/Nr. 32), **Weingut Alter
Zollberg** (rechts/Nr. 49; 31,8 km). Dann wird
die Grenze nach **Frankreich** (*16) passiert.
Wir fahren geradeaus weiter durch die
Weinberge, die in Frankreich *Les Vinobles*
heißen (*17) und erreichen **Wissembourg**
auf der **Rue Robert Schuman** (32,4 km).
Ihr folgen wir hinab nach rechts zur **Rue du
Pflaentzer** (32,7 km).
Auf dieser nach links kommen wir zu einem
Kreisel mit **Boulevard de l'Europe** (32,9 km)
und biegen nach links in die **Rue des Acacias**.
Diese biegt nach links und wir kommen dann
zu einer Straße nach rechts hinab. An
ihrem Ende (33,3 km), vor der alten
Stadtmauer, biegen wir nach rechts
in die **Rue de la Poudrière** (>*Centre
ville*). Wir passieren einen Parkplatz,
dann endet unsere **Rue du Nord** an der Rue
Bannacker (33,7 km).
*(Tipp: Nach rechts liegt die Altstadt von Wissem-
bourg (*18).)*
Wir folgen der **Rue Bannacker** nach links.
Bei einer großen Kreuzung (34 km) biegen wir
nach rechts in die **Rue Vauban**. Diese endet
vor dem **Bahnhof/Gare Wissembourg**.

*Tipp: Rundweg durch Wissembourg siehe Wein-
weg 17 – S. 64 f.*

Herbstlandschaft bei Bad Bergzabern

83

Geschichte (n)

*1. Birkweiler geschichtlich

Birkweiler zählt ehemals zum Siebeldinger Tal. Dieses ist reichsfrei, gelangt jedoch nach 1400 in den Besitz der Kurpfalz. Birkweiler wird nun bis zur Französischen Revolution von Germersheim aus verwaltet.

Birkweiler

ehemals zum Siebeldinger Tal

nach 1400: zur Kurpfalz (Oberamt Germersheim)

1794: wird französisch

*2. Ranschbach geschichtlich

1205 zählt Ranschbach zur Herrschaft Madenburg, ab 1225 tagt im Dorf gar das Gericht. Die Herrschaft erlangt 1516 das Hochstift Speyer. Die Ranschbacher müssen den neuen Herren dienen, 270 Jahre lang. Dann kommt das Dorf mit der Französischen Revolution zu Frankreich (1794).

Ranschbach

ab 1205: zur Herrschaft Madenburg

1516-1794: zum Hochstift Speyer

*3. Rebenzüchter Peter Morio

Peter Morio (1887-1960) aus Ranschbach gründet  1926 die Rebenzüchtung Geilweilerhof bei Siebeldingen und züchtet dort die weiße Rebsorte Morio-Muskat. Der kräftige Wein kommt 28 Jahre später auf den Markt (1956). In Ranschbach wird Peter Morio Ehrenbürger. Auch im Ehrenhain beim Weinlehrpfad in Schweigen ist sein Name verewigt.

*4. Der Leinsweiler Hof

Das Deutsche Weintor in Schweigen steht fertig da, nun will man entlang der Deutschen Weinstraße Kelterstationen mit Gaststätte bauen. Das 1. Projekt wird ab 1936 der *Saarhof* der Stadt Saarbrücken. Die Sandsteine kommen aus Oberotterbach, Bergzabern und Klingenmünster, das Tannenholz für Deckenbalken und Fachwerk holt man aus dem Schwarzwald. 1939 stoppt der 2. Weltkrieg die Arbeiten.

Nach dem Krieg kauft Leinsweiler das Anwesen, und 6 Jahre später steht der *schönste Fremdenverkehrs-Betrieb* fertig da (1952). Den erwirbt 1964 die Vereinigung zur Winzerberatung und Weinabsatzförderung. Doch 1970 kauft der Bergzaberner Hotelier Arnold Neu das Anwesen und baut es um zu einem Hotel, wie es sich heute noch zeigt.

Leinsweiler Hof

*5. Madenburg & Hochstift Speyer

Imposant liegt die Madenburg-Ruine 250 Meter oberhalb von Eschbach. Vermutlich stammt die Burg aus dem 11. Jahrhundert. 1086 überträgt Kaiser Heinrich IV. (1050-1106) dem speyrischen Bischof Rüdiger Huzmann († 1090) die Grafschaft Lutramsforst im Speyergau. Mit diesem Besitz werden die Speyrer Bischöfe Territorialherren, es entsteht das Hochstift Speyer. Später wollen die staufischen Kaiser den kirchlichen Einfluss wieder eindämmen und setzen die Grafen von Leiningen als Landvögte ein. Sie geben denen die Madenburg als Lehen (um 1200). Diese verpfänden die Burg, lösen sie wieder aus, dann erwirbt Ritter Johann IV. von Heideck († 1506) Burg und Herrschaft (1481). Dessen Erben aber veräußern die Herrschaft an Herzog Ulrich von Württemberg (1511). Der verkauft den Besitz 1516 an den speyrischen Bischof Georg (1486-1529) und der macht die Madenburg neben seiner Kestenburg (heute: Hambacher Schloss) zu einer Nebenresidenz.

Im Bauernkrieg 1525 erstürmen Aufständische die Burg, sie wird aber nach gut 20 Jahren wieder aufgebaut. 1552 zieht Markgraf Albrecht Alkibiades von Brandenburg-Kulmbach durch die Bistümer Mainz, Worms und Speyer, er zerstört auch die Madenburg. Nach rund 40 Jahren wird sie wieder aufgebaut, nun als ein prächtiges Renaissanceschloss. Dieses besetzen im 30-jährigen Krieg verschiedene Truppen, doch 2 Jahre nach Kriegsende erhält das Hochstift Speyer es zurück und lässt es wieder instand setzen. 1689 zerstören die Franzosen dieses Schloss endgültig. Der Amtssitz zieht nach Arzheim, später nach Landau. Die Ruine kaufen in bayrischer Zeit 38 Eschbacher Bürger (1826).

Pfingsten 1848 ruft bei dieser Ruine der Politiker Robert Blum (1807-48) zur Einheit und Freiheit Deutschlands auf. Doch wird diese *Pfälzer Revolution* im Jahr darauf niedergeschlagen.

Madenburg

1176: erstmals erwähnt, war wohl Reichsburg
ab 1317/18: Besitz derer von Leiningen
ab 1516: zum Hochstift Speyer
1552: verbrannt, dann Nebenresidenz des Hochstifts
1689: Zerstörung (Pfälzischer Erbfolgekrieg)
1826: Verkauf als Steinbruch
1870: Gründung Madenburgverein

Der Tisch ist gedeckt: Bild auf einem Eschbacher Esel

*6. In Eschbach „leben" Esel

Eschbacher Esel sagen einst die Nachbardörfler, wenn sie über die Eschbacher reden. Wohl weil in alter Zeit die Besitzer der Madenburg der Rittergesellschaft derer *mit dem Esel* angehören (15. Jh.).

Wer heute Eschbach besucht, sieht bunte Esel überall. Derartiges steht sonst nur in Großstädten, in Berlin beispielsweise die Bären.

Die Esel kommen im November vor Eschbachs Jubiläumsjahr 2004 als weiße Glasfiberfiguren vom Bodensee ins Dorf. Jede wiegt 45 Kilo und kostet damals 330 Euro. Den Winter über werden sie bemalt, zweimal muss die Farbe aufgetragen werden, darüber kommt noch eine wetterfeste Lackierung.

Die bunten Esel bereichern im Jubiläumsjahr als *Eschbacher Eselei* das Dorf.

Geschichte (n)

*7. Gaukelspiel mit Trauben

Als auf der Madenburg die Ritter hausen, klopfen immer wieder Gesellen ans Burgtor und wollen die Schar unterhalten. Einer erlaubt sich einmal ein seltsam-grausliges Spiel:

Die Nacht ist hereingebrochen. Fackeln lodern, die Ritter im Rittersaal haben ihr Mahl beendet. Nun fordern sie lauthals: „Gaukler, beginne er!"
Der Geselle lässt sich nicht lang bitten.

Bald herrscht atemlose Stille. Da wächst aus dem langen Tisch, an dem die Ritter sitzen, eine Rebe. Die Rebe blüht, die Beeren reifen, mit einem Mal hängt vor jedem Ritter eine Traube, prall und verlockend. Andächtig bestaunen alle das Wunder. In die Stille hinein hebt der Gaukler an zu sprechen: „Rittersleut, ergreift eure Traube mit eurer linken Hand und setzt mit der Rechten das Messer an den Stängel, als wolltet ihr die Traube abschneiden. Doch Haltstopp – schneidet

sie beileibe nicht!" Mit einem „Bleibt sitzen, wie ihr seid! Ich bin sogleich zurück!" huscht der Geselle aus dem Saal. Schwer schlägt die Eichenholztür hinter ihm zu. Kein Ritter wagt sich zu rühren. Starr sitzen sie da, alle schweigen.

Es dünkt ihnen, sie müssten eine Ewigkeit so still verharren. In Wahrheit kehrt der Gaukler schon nach wenigen Minuten zurück. Auf leisen Sohlen huscht er in den Saal und sieht die Ritter an dem langen Tische sitzen. Nun hält ein jeder mit der linken Hand die eigene Nase fest und drückt mit der Rechten das Messer oben drauf. Der Gaukler schaut schweigend sich um. Endlich hebt er langsam die rechte Hand. Erst nun lösen die Ritter sich aus ihrer Erstarrung. Mit einem Schaudern schauen sie sich um. Was wäre ihrer Nase geschehen, hätten sie versucht, die Traube zu schneiden?

*8. Klingenmünster geschichtlich

Bei dem Reichskloster Klingenmünster siedeln Leibeigene des Klosters, Bauern und Handwerker. Aus ihrer Siedlung entwickelt sich der Ort. Mit dem

Mainzer Erzbischof Adalbert I. von Saarbrücken († 1137) übernehmen die Grafen von Saarbrücken die Lehnsherrschaft über Klingenmünster.

Ab 1618 werden die Zeiten unruhig, Frieden kehrt erst nach den Erbfolgekriegen wieder ein. Dann beginnt die Französische Revolution. Klingenmünster bittet schon im Herbst 1792 wie Bergzabern und wei-

tere Dörfer Frankreich um Aufnahme, zählt dann gut 20 Jahre lang zu Frankreich. In diesen Jahren verlieren Adel, Geistliche und Beamte ihre Privilegien.

1816 aber fällt Klingenmünster an Bayern. Bald entsteht bei dem Dorf, bäuerlich geprägt, eine Klinik für *„Geisteskranke"* (1857). Die Klinik heißt heute Pfalzklinikum und gibt vielen Klingenmünsterern Arbeit, andere leben von Weinbau und Tourismus.

> **Klingenmünster**
> ehemals Siedlung beim Kloster Klingenmünster
> **12. Jh.:** Grafen von Saarbrücken gewinnen Einfluss
> **1792:** Anschluss an Frankreich
> **1816:** zu Bayern
> **1857:** Gründung der Klinik für „Geisteskranke"
> (Pfalzklinikum für Psychiatrie und Neurologie)

*9. Die Stiftung von Klingenmünster

Mitten in Klingenmünster stehen Reste eines uralten Klosters. König Dagobert I. (608/10-639) soll es gegründet haben, davon erzählt die Sage:

Anno 623 wird Dagobert, kaum 15jährig, von seinem Vater zum Unterherrscher ernannt. 6 Jahre später ist er der König. Er zieht mit jugendlichem Leichtsinn durch die Lande, beraubt Kirchen und anderes. Da träumt ihm eines Tages, man würde ihn vor den Richterstuhl Gottes führen. Die Schutzheiligen der Kirchen klagen ihn an. Dagobert erkennt seine Schuld und schweigt. Der Richter spricht das Urteil. Schon schwingt der heilige Michael sein flammendes Schwert, da erhebt sich der heilige Dionysios, des Königs besonderer Schutzheiliger – und kann einen Aufschub erhandeln. Wenn Dagobert Kirchen erbaut, wird er mit dem Leben davon kommen. König Dagobert erwacht und ist geläutert. Er lässt etliche Klöster errichten, darunter die Abtei Blidenfeld. Diese wird später Klingenmünster genannt.

In dem Kloster Klingenmünster leben Benediktiner-Mönche. Weil bei einem Brand anno 840 alle Dokumente verbrennen, nimmt man heute an, dass es 626 gegründet wurde. Diese Zahl steht als Inschrift in einem Fundamentstein. Unter den salischen und staufischen Kaiser (ca. 850-13. Jh.) ist das Kloster ein wichtiges geistiges Zentrum. Die Mönche roden auch Land, sie bauen Fronhöfe und Siedlungen. Es entstehen Pleisweiler, Oberhofen, Niederhorbach und Kapellen. Zum Schutz der Abtei entstehen auf den Bergen die Burgen Heidenschuh, Schlössel und Landeck. An Bedeutung verliert das Kloster erst mit seiner Umwandlung in ein weltliches Chorherrenstift (1491). Im Bauernkrieg gut 30 Jahre später zerstören dann die Aufständischen (1525) Vieles. Endgültig endet seine Zeit mit Einführung der Reformation. 1567 wird das Kloster säkularisiert.

Doch stehen bis heute beachtliche Reste des alten Gemäuers. Auch der Klostergarten ist wieder als Kräutergarten angelegt (seit 1996). In der alten Klosterkirche gestaltet der brasilianische Künstler Adélio Sarro (*1950) 2001 ein neues Kirchenfenster.

Klingenmünster, altes Kloster

*10. Beim Guerdanhaus

Husarenrittmeister Anton Ludwig von Guerdan lässt sich 1765 am Ortseingang Klingenmünster (Weinstraße 26) ein Barockhaus erbauen. Bei seinem Haus führt eine doppelläufige Treppe zu einem Rokokoportal, es gibt Gesindehaus, Scheune und Stall. Herr von Guerdan ist 1762 geadelt worden und betreibt hier eine Leinenfabrik. Doch 30 Jahre später emigriert er wegen hoher Steuerschulden (1797).

Eine Brauerei zieht in das Haus. Ihr folgt die Gastwirtschaft Pfälzer Hof, später ein Baustoffhandel. 1987 aber gelangt das Anwesen in Privatbesitz und wird fein restauriert. Selbst der Barockgarten wird nach alten Vorbildern neu angelegt.

Nebenan steht das ehemalige Gasthaus zum Ochsen (erbaut 1690, 1837 umgebaut) und zeigt sein altes Wirtshausschild (nach 1750). Der Ochsenwirt geht in die Geschichte ein, als er einen Stiftsbeamten rettet, den Bauern aus Gossersweiler bei den revolutionären Unruhen im 18. Jahrhundert aufknüpfen wollen.

*11. Pleisweiler & Oberhofen geschichtlich

Das heutige Dorf Pleisweiler ist zunächst nur ein Rittergut der Ritter von Ochsenstein. Diese bauen im 15. Jahrhundert eine Wasserburg. Doch endet ihre Herrschaft Mitte des 16. Jahrhunderts; die Kurpfalz übernimmt das Gut Pleisweiler. Sie dehnt ihre Herrschaft auch auf Oberhofen, ehemals ein Gutshof des Klosters Klingenmünster, aus. Beide Orte werden zu einer wirtschaftlichen Einheit, werden aber offiziell erst 1828 vereint.

Pleisweiler
ehemals Rittergut der Ritter von Ochsenstein
1565: zur Kurpfalz
Oberhofen
ehemals Gutshof des Klosters Klingenmünster

*12. Die Nonnensusel

In seinem Roman *Die Nonnensusel* erzählt Heimatdichter August Becker (1828-91) von der Familie Groß, die um 1880 mit Tochter Susel in dem *stillen Dorf* Oberhofen lebt (gekürzt):

Tiefe ungewöhnliche Stille lag über Oberhofen. Dann und wann kamen schweigsame Menschen den Feldpfad herauf. Es galten die Bewohner als besonders „aparte" Leute. Dass sie sich gern abschlossen, war offenkundig. Nahm ihr Dorf auch noch teil am Segen des Weinlandes, so zählte es doch keineswegs zu den eigentlichen Winzerorten. Der kleine Ort galt als der reichste der Umgegend.

In Anspielung an den Roman keltern heute einige der Weingüter in Pleisweiler-Oberhofen gemeinsam einen *Nonnensusel-Wein*.

*13. Gefahr der „Freiheitsseuche"

Am 14. Juli 1789 beginnt in Frankreich eine Revolution, sie erreicht über das Elsass die Südpfalz. Anfang August schon revoltieren Dörrenbach und Oberotterbach und die Bergzaberner klagen über Missstände. Zu ihnen kommt der Amtmann, sieht die Gefahr der *Freiheitsseuche*, denkt jedoch, es bleibe ruhig. Er irrt. Am 25. Oktober 1792 wird in Ingenheim ein Freiheitsbaum gepflanzt, am 2. November erklärt sich Mühlhofen als *fürstenfrei*, am 6. November hat Bergzabern eine eigene Verwaltung und am 10. November wird ohne Blutvergießen die *Bergzaberner Republik* ausgerufen. Gemeinsam mit Bergzabern bitten 31 Südpfälzer Gemeinden Frankreich um Aufnahme. Ungeduldig, weil die Zustimmung auf sich warten lässt, gründen sie im Januar 1793 einen eigenen Freistaat. Am 15. März 1793 aber nimmt Frankreich sie auf.

Anderswo wird gekämpft. Im Juli 1793 stehen die Alliierten (Österreich, Preußen, Russland u.a.) in Mainz. Sie kämpfen dann in der Südpfalz, wo sie am 22. August die Franzosen aus Barbelroth und Niederhorbach vertreiben. Am Folgetag siegen die Kaiserlichen in Bergzabern, müssen Bergzabern schnell wieder hergeben, dann vertreiben die Österreicher die Republikaner wieder. Viele Bergzaberner fliehen mit den Franzosen. Am 3. November scheint die alte Ordnung wieder hergestellt. Doch im Dezember sind die Franzosen wieder da. In diesem *Plünderwinter* erobern die Franzosen Dorf für Dorf. Dabei schonen sie weitgehend die Dörfer, die sich ihnen freiwillig an-

geschlossen haben. Die Kämpfe in der Südpfalz enden im Juli 1794 mit Preußens Niederlage am Schänzel. Doch erst 1802 sind die Unruhen endgültig vorüber. Nun zählt die ganze Pfalz zu Frankreich.

„Bergzaberner Republik" 1792/93
15. März 1793: 32 Orte zu Frankreich (Altdorf, Bergzabern, Billigheim, Heuchelheim, Illbesheim, Klingen, Klingenmünster, Mühlhofen, Niederhorbach, Oberhofen, Pleisweiler, Wollmesheim u.a)

In Oberotterbach

*14. Salomea Schweppenhäuser

In Oberotterbach wächst im geräumigen Pfarrhaus Salomea Schweppenhäuser (1755–1833) auf. Sie ist die Tochter des Pfarrers und wird weit herumkommen in ihrem Leben. Als junges Mädchen lebt sie als Kammerjungfer in Dresden. Im Haus ihres Dienstherrn Graf Alois von Brühl (1739-93) begegnet ihr Friedrich Hauke (1737-1810), der Sekretär des Grafen. Sie heiraten, Kinder werden geboren. Sie ziehen mit Graf von Brühl nach Warschau. Als der dann um 1780 seine polnischen Ämter verkauft, bleibt Familie Hauke in Warschau und eröffnet eine Privatschule.

Ihr ältester Sohn, Hans Moritz (1775-1830), wird General. Er kämpft mit Napoleons Armeen, kämpft später jedoch für das Herzogtum Warschau. Zar Nikolaus I. (1796-1855) erhebt ihn in den Grafen-

stand (1829). Im Jahr darauf, beim Novemberaufstand 1830, töten ihn in Warschau Aufständische vor den Augen seiner Frau Sophie und seiner jüngeren Kinder. Sophie stirbt bald darauf.

Die verwaisten Töchter werden Mündel des Zaren. Eine von ihnen, Julia (1825-95), wird Hofdame der Zarin, die aus Deutschland stammt. Deren Bruder Alexander von Hessen-Darmstadt (1823-88) verliebt sich in sie. Hofdame Julia ist bereits im 5. Monat schwanger, als sie heiraten (1851). Die unstandesgemäße Liaison erzwingt einen neuen Adelstitel. Als Graf und Gräfin von Battenberg leben sie fortan im Schloss Heiligenberg in Jugenheim, nicht weit von Darmstadt. Ihr ältester Sohn, Ludwig Alexander (1854-1921), wird später britischer Staatsbürger. Als im 1. Weltkrieg die Stimmung in England deutschfeindlich ist, anglisiert er seinen Namen, Battenberg wird zu Mountbatten (1917).

1947 heiratet ein Mountbatten ins englische Königshaus ein. Daher kann heute geschrieben werden: Pfarrerstochter Salomea aus Oberotterbach ist eine Urahnin des englischen Königshauses!

*15. Der Westwall

Ein Krieg droht, mit einem *Bollwerk* wollen die in Deutschland herrschenden Nationalsozialisten die Franzosen fernhalten. Ab 1936 verwandelt der Bau des Westwalls das Grenzgebiet in eine gigantische Baustelle. Massenweise rücken Arbeitskräfte an, erstmals kommen vorgefertigte Bauteile

Oberotterbach, Westwall-Skulptur

im großen Umfang zum Einsatz. Nach Kriegsende sprengt die französische Besatzungsmacht die Bunker,

Betonbrocken und verrostete Armierungseisen bleiben liegen. Sie werden mit den Jahren von Farn, Sträuchern und Bäumen überwuchert.

Der Bau des Westwalls war eine Umweltzerstörung ersten Ranges. Es klingt absurd, dass heute Umweltschützer die Ruinen verteidigen. Doch leben nun in den dicht bewachsenen Oasen mehrere hundert Tierarten, auch Fledermäuse!

Die Winzer klagen viele Jahre lang, die Ruinen beeinträchtigen die Landwirtschaft, sie könnten mit ihren Maschinen dort nicht arbeiten. Sie erhalten in den Jahren 1960-75 Entschädigungen. Noch in den 1970er Jahren gehen die Diskussionen heiß hin und her. Entfernt aber wird immer nur, was tatsächlich eine Gefahr darstellt.

Grenzstein bei Reben

*16. Trauben-Grenzverkehr

Als Schweigen 1825 zu Bayern kommt, verlieren viele Winzer Weinberge jenseits der Grenze. Ihr Problem löst sich, als nach dem Deutsch-Französischen Krieg das Elsass 1871 dem Deutschen Reich zugeschlagen wird. Die Winzer ersteigern nun weitere Weinberge im Elsass. Diese aber liegen nach dem 1. Weltkrieg wieder in Frankreich. Immerhin dürfen die Winzer diesmal ihre französischen Reben weiter bewirtschaften.

Es naht der 2. Weltkrieg, Schweigen liegt in der *Roten Zone* und wird mit Kriegsausbruch am 1. September 1939 evakuiert. Schnell kämpfen die Deutschen in Frankreich und das Leben im Dorf *normalisiert* sich wieder. Im Kriegsverlauf jedoch gerät das Dorf unter Beschuss und als der Krieg 1945 endet, ist Vieles zerstört. Etliche Weinberge zählen nun wieder zu Frankreich. Die Franzosen wollen sie versteigern, doch findet sich kein Käufer. So bearbeiten die deutschen Winzer sie weiterhin. Mit den Jahren normalisiert sich ein *weinbaulicher Grenzverkehr*. Immer wieder aber wird Rebland zu Bauland. Die Winzer würden gern ein Stück des angrenzenden Mundatwaldes gegen ihre französischen Weinberge tauschen, doch der Verkauf von deutschem Staatsgebiet ist strikt verboten. Endlich, 1984, findet sich ein Kompromiss: Wissembourg erhält Wasserrechte aus dem Mundatwald, dafür können die Schweigener Winzer ihr Rebland ins französische Grundbuch eintragen lassen.

Eine Kuriosität jedoch bleibt und besteht bis heute: die Winzer bringen jeden Herbst ihre Trauben aus Frankreich in Deutschland zur Kelter und vermarkten ihr Lesegut als Wein aus Deutschland.

*17. Weinbau am Sonnenberg

Mönche aus dem Kloster in Weißenburg pflanzen erste Reben bei Schweigen. Um 1600 schreibt Johann Stucke (1587-1653), wie ausgelassen es bei der Lese zugeht: *„In Frankreich und in manchen Gegenden Deutschlands besteht zur Zeit der Weinlese die Freiheit, dass die traubenlesenden Burschen und Mägde nach dem Essen, das aus Fleischzukost mit Hirse besteht, untereinander spielen und huren, indem die Burschen den Mägden die Brüste bloßlegen und küssen."*

Heute genießt Wein aus Schweigen einen vorzüglichen Ruf. Die Ursprungs-Weinlage, der Sonnenberg, ist ein Südhang hoch über dem Dorf, nicht größer als ein Fußballplatz. Ein guter Teil zählt zu Frankreich.

Der Ruf ist gut, doch steht *Schweigener Sonnenberg* nur selten auf dem Etikett eines edlen Weins. Das liegt daran, dass seit 1971 im Weingesetz viele Lagen als *Sonnenberg* zusammengefasst sind, aber längst nicht alle mithalten können.

Einige Parzellen ragen heraus, so der *Kammerberg*. Der Hang führt nach Wissembourg hinab, am oberen Ende öffnet sich ein einmaliger Blick auf die Stadt. Schon die Äbte des Klosters Weißenburg schätzen die Weine von dort als ihre *Kammerweine*. Doch

die Mönche ziehen fort und es kommt eine Zeit, da die Winzer die steilen Hänge, die sich nur schwer bearbeiten lassen, vernachlässigen. 1965 entdeckt der Schweigener Winzer Fritz Becker (Hauptstr. 29) einen überwucherten Weinberg. Er rodet ihn und pflanzt Burgunderreben. Seine Burgunderweine machen ihn berühmt.

Eine weitere besondere Parzelle im Sonnenberg ist der *Rädling*. Auch die Lage *St. Paul* bei der Feste St. Paulin, von wo aus einst das Kloster Weißenburg behütet wird, muss erwähnt werden. Winzer Fritz Becker rodet auch dort wildes Unkrautland für seine Reben. Der steile Südhang liegt besonders geschützt. Er kann am Tag viel Wärme speichern, Abkühlung kommt des Nachts vom nahen Wald herunter und vom Lautertal herauf.

*18. Hellauf, ihr Wingertsleut ...

Unzählige Jahre steht die Abtei in Weißenburg, nichts kann ihr etwas anhaben. Doch in der Zeit des 30-jährigen Krieges wird ihr Turm beschädigt und muss hernach abgetragen werden. An seiner Stelle entsteht der *Blaue Turm* mit dem silbernen Herbstglöckel (1667). Von dem Glöckel erzählt eine alte Sage:

Bei Weißenburg ist Lesezeit. Früh am Morgen klingt hell das Herbstglöckel herab vom Turm und schickt die Mundatleute in den Herbst. Hell läutet es am Abend und zeigt, das Tagwerk ist vollbracht. Mit ihrem Lesegut schwer beladen kehren die Mundatleute zurück in die Stadt. Da sitzen bei den 5 Toren die Vögte der Abtei und knöpfen ihnen den Zehnten ab.

In diesen Jahren, wenn im Juni die Reben blühen,

geschieht es mitunter, dass das Herbstglöckel am Mittag ganz von selbst erklingt. Die Rebleute in den Weinbergen vernehmen den hellen Klang und jauchzen: „Horcht! Ein feiner Herbst ist zu erwarten." Und sie fassen sich an den Händen und tanzen einen Reigen durch die Reben. Alle miteinander singen dazu:

> *Hellauf, ihr Wingertsleut!*
> *Das Herbstglöckel tönt, welch eine Freud.*
> *Rüstet die Zuber und Becher,*
> *Einen Wein wird's geben,*
> *ihr fröhlichen Zecher!*
> *Wie ihr ihn besser nie erdacht,*
> *Wie es der Herbst*
> *schon lang nicht mehr hat gemacht!*

Als 1793 die französischen Revolutionäre durch Wissembourg toben, werfen sie dieses Herbstglöckel von seinem Turm. In Straßburg lassen sie es zu Kanonen umgießen. Seitdem gibt es in den Weinbergen keine Tanzerei mehr.
Den Blauen Turm trifft fast 100 Jahre später der Blitz (1883).

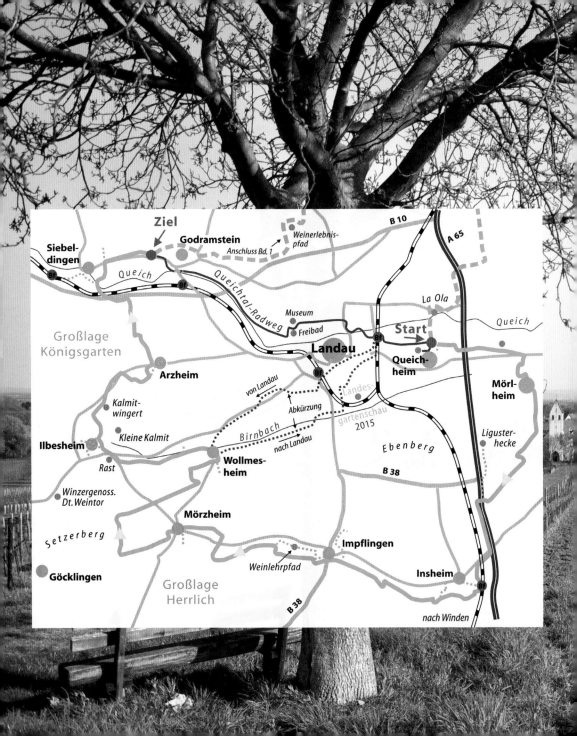

Weinweg 19:
Winzer-Rundtour Landau – Südlich der Queich
Von Queichheim nach Godramstein

Markierung

Wegverlauf: Queichheim – Mörlheim – Insheim – Impflingen – Mörzheim – Wollmesheim – Ilbesheim – Arzheim – Siebeldingen – Godramstein

Mit An- & Abfahrt Landau & Wollmesheim

Dieser Weg lässt uns die Weinorte bei Landau südlich der Queich erleben. Wir genießen zwei Wein-Großlagen, fahren bei Insheim von der Großlage Königsgarten in die Großlage Herrlich und sind ab Arzheim wieder im *Königsgarten*. Zunächst, in den Weinorten in der Ebene, gibt es nur wenige Weingüter. Ab Impflingen nimmt ihre Zahl stetig zu und erreicht in Ilbesheim ihren Höhepunkt. Hier umfahren wir die Kleine Kalmit, ehe es hinter Arzheim hinabgeht ins Tal der Queich nach Siebeldingen und Godramstein.

Fortsetzung der Tour siehe „M. Goetze: Weinwege genießen in der Südpfalz. Bd. 1"

Wollmesheim

WEINGUT
WILLI
ALTSCHUH

... Von Queichheim nach Godramstein

Kurzinformation zu den Orten

Landau

rd. 44.100 EW; ist mit den 8 Stadtteilen die größte Weinbaugemeinde in Rheinland-Pfalz. Die Queich fließt mitten durch die Stadt.

Wein & Sehenswert

Haus Mahla (Maximilianstr. 7): Museum

Villa Streccius (Südring 20): Städtische Galerie

Weinfeste: *Weintage Südliche Weinstraße* (Juni) u.a.

Weingut, Weinhandlung

Vinothek Landau: Georg-Friedr.-Dentzel-Str. 11

Weingut Bach: Wollmesheimer Str. 44

... Weiteres siehe S. 164

Weinlage

Großlage Königsgarten (Bereich Südliche Weinstr.)

Landauer Altes Löhl (107 ha); Boden: Kalkstein, Lehm / Höhe bis 180 m

Queichheim (zu Landau)

ca. 3.400 EW; liegt an der Queich, ist heute mit Landau zusammengewachsen.

Weingut

Weingut Andreashof: Queichheimer Hauptstr. 116

... Weiteres siehe S. 170

Weinlage

ca. 26 ha der Weinbergslage *Landauer Altes Löhl*

Mörlheim (zu Landau)

etwa 900 EW; liegt weit in der Ebene.

Wein & Sehenswert

Ortsschilder: von Künstler Xaver Mayer

Weingut

Wein- u. Sektgut Rothmeier: Offenbacher Weg 8

Weinlage

7 ha der Weinbergslage *Landauer Altes Löhl*

Insheim (Verbandsgemeinde Herxheim)

ca. 2.050 EW; Weinort mit Bahnstation.

Weingut

Weingut Michael Schaurer: Hauptstr. 6

... Weiteres siehe S. 161

Weinlage

Großlage Herrlich (Bereich Südliche Weinstraße)

Insheimer Schäfergarten (152 ha); Boden: Lehm + Löss / Höhe bis 160 m

Impflingen (Verbandsgem. Landau-Land)

ca. 840 EW; Weinort im Klingbachtal.

Wein & Sehenswert

Weinfeste: *Hoppeditzelfest* (Juli) u.a.

Weingüter

Weingut Kaufmann: Hauptstr. 13

Weingut Kuntz: Obergasse 9

Weingut Junker: Sonnenberghof

... Weiteres siehe S. 160 f.

Weinlage

Großlage Herrlich (Bereich Südliche Weinstraße)

Impflinger Abtsberg (235 ha); Boden: Sand + Lehm / Höhe bis 170 m

Um Landau – Von Queichhei

Mörzheim (zu Landau)
ca. 1.100 EW; Fachwerk und viele Winzerbetriebe.

Wein & Sehenswert
Naturschutzzentrum Hirtenhaus (Brühlstr. 21)

Weingüter + Einkehren
Ponath's Restaurant: Mörzheimer Hauptstr. 36

Weingut Stentz: Mörzheimer Hauptstr. 47

Bioland-Weingut Kuntz: Raiffeisenstr. 13

... Weiteres siehe S. 166 f.

Weinlage
Großlage Herrlich (Bereich Südliche Weinstraße)
Mörzheimer Pfaffenberg (385 ha); Boden: Sand, Lehm / Höhe bis 235 m

... in Wollmesheim

Wollmesheim (zu Landau)
ca. 800 EW; Weinort im Tal des Birnbachs.

Wein & Sehenswert
Ev. Kirche (Landauer Str. 2; erbaut ab 1040): ältester Kirchturm der Pfalz

Weinfeste: *Weinfest der Weinjugend* (Mai) u.a.

Weingut
Weingut Vögeli: Wollmesheimer Hauptstr. 90

... Weiteres siehe S. 175 f.

Weinlage
Großlage Herrlich (Bereich Südliche Weinstraße)
Wollmesheimer Mütterle (201 ha); Boden: sandiger Lehm / Höhe bis 250 m

Ilbesheim (Verbandsgemeinde Landau-Land)
ca. 1.270 EW; Weinort an der Kleinen Kalmit.

Wein & Sehenswert
Rathaus (Leinsweiler Str. 1; erbaut 1558)

Kleine Kalmit (270 m): höchste Erhebung in der Vorderpfalz

Weinfeste: *Kalmitfest* (Juli) u.a.

Weingüter
Weingut Eck: Leinsweiler Str. 31

Vinothek Weingut Schmitt: Wildgasse 5-7

... Weiteres siehe S. 158 f.

Weinlagen
Großlage Herrlich (Bereich Südliche Weinstraße)
Ilbesheimer Rittersberg (310 ha); Boden: Lehm / Höhe bis 270 m

Ilbesheimer/Arzheimer Kalmit (112 ha); Boden: Landschneckenkalk, Mergel, Löss, Gehängelehm mit dünner Humusschicht (Lage 2010 geschaffen aus Seligmacher + Rittersberg)

Arzheim (zu Landau)
ca. 1.600 EW; Weinort an der Kleinen Kalmit.

Wein & Sehenswert
Alte Amtskellerei (Arzheimer Hauptstr. 42)

Weingut + Einkehren
Weinhaus Stein: Arzheimer Hauptstr. 117

Friesenstube: Rohrgasse 2

... Weiteres siehe S. 145 f.

Weinlagen
Großlage Königsgarten (Bereich Südliche Weinstr.)
Arzheimer Seligmacher (261 ha); Boden: sandiger Lehm / Höhe bis 340 m

Alte Kelter in Arzheim

Arzheimer Rosenberg (185 ha); Boden: Sand + Lehm / Höhe bis 230 m

Ilbesheimer/Arzheimer Kalmit siehe Ilbesheim

Siebeldingen (Verbandsgem. Landau-Land)
ca. 990 EW; Weindorf im Queichtal.

Weingut + Einkehren
Weingut SieneR – Dr. Wettstein: Bengertstr. 1

Villa Königsgarten: Bismarckstr. 1; mit Weinstube Zum Fassschlubber

... Weiteres siehe S. 174 f.

Weinlage
Großlage Königsgarten
(Bereich Südliche Weinstraße)

Siebeldinger Im Sonnenschein (100 ha); Boden: Sand + Ton, auch Muschelkalk u.a. / Höhe bis 230 m

Siebeldinger Mönchspfad (14 ha); Boden: sandiger Lehm / Höhe bis 230 m

siehe auch: *M. Goetze: Weinwege genießen in der Südpfalz. Bd. 1*

Godramstein
s. M. Goetze: Weinwege genießen in der Südpfalz. Bd. 1

Start: Queichheim, Alte Hintergasse / Zum Queichanger

Anfahrt: bis *Landau Hbf* mit Bahn (Neustadt – Edenkoben – Landau – Winden – Karlsruhe bzw. Wissembourg) oder (Landau – Godramstein – Siebeldingen – Annweiler – Pirmasens) + bis Queichheim; siehe *Wegverlauf – S. 98*

Ziel: Godramstein, Kapellenweg bzw. Bahnhof

Rückfahrt: Radtour Godramstein – Landau Hbf.; siehe *Wegverlauf – S. 104*

Etappenziel Wollmesheim (Wollmesheimer Hauptstr. / Ecke Mörzheimer Str.):

A. Wollmesheim – Landau Hbf. (4,6 km / 20 Min.); siehe *Wegverlauf – S. 101*
B. Landau Hbf. – Wollmesheim (4,4 km / 20 Min.); siehe *Wegverlauf – S. 101 f.*

ÖPNV unterwegs: *Insheim Bahnhof* mit Bahn (Neustadt/W. – Landau – Insheim – Winden ...) *Bahnhof Siebeldingen* bzw. *Godramstein* mit Bahn (Landau – Godramstein – Siebeldingen – Pirmasens)

Weglänge: rd. 28 km / rd. 3 Std.

+ Anfahrt: Landau Hbf. – Queichheim (gut 1 km / 10 Min.)
+ Abfahrt: Godramstein – Landau Hbf. (5,4 km / 30 Min.)

Markierung: Winzer-Rundtour Landau; auch: Tabaktour; Queichtal-Radweg; Fassboden 3 + 4 u.a. – Wegverlauf siehe S. 178 f.

Karte: Südpfalz. Wandern u. Radfahren ...; 1:40.000. – Pietruska-Verl., 2012

Anforderung: Von Landaus Hauptbahnhof aus ist Queichheim schnell erreicht. Von dort ab folgen wir den Schildern der Winzer-Rundtour Landau auf zunächst ebenen Wegen. Hinter Impflingen gibt es Steigungen zu überwinden. Die Tour kann auch erwandert werden (auch mit Kinderwagen). Damit dann der Weg nicht zu lang wird, ermöglichen Bushaltestellen An- und Abreise zu bzw. von jedem Ort.

Tipp: In Wollmesheim die Tour teilen; Wegbeschreibung siehe S. 101

km

Wegverlauf

Landau Hbf. – Queichheim (1 km): Den Hauptbahnhof **Landau** *auf seiner Rückseite verlassen. Am Wegende (nach 80 m) nach rechts biegen und der Kurve nach links folgen in die* **Woogstraße**. *Sie endet an der Straße Zum Queichanger (die letzten 30 m, Einbahnstraße, schieben über Kopfsteinpflaster).*
Start: In **Queichheim** (*1), bei Zum Queichanger, treffen sich Woogstraße (von Landau Hbf.) und Alte Hintergasse (>*Mörlheim*). Ehe wir losfahren, lohnt ein Abstecher:

→Abstecher zu **J. Birnbaum** (140 m)
Ab Woogstraße: Nach rechts auf **Zum Queichanger** zur **Queichheimer Hauptstraße** fahren (90 m). Hier nach rechts biegen zur Kirchhofmauer mit Gedenktafel für Johannes Birnbaum (*2).

Wir folgen **Alte Hintergasse**. An ihrem Ende (0,2 km) queren wir die Gänsegasse ...

→Abstecher **Weingut + Restaurant**
Auf der **Gänsegasse** nach rechts zur **Queichheimer Hauptstraße** fahren. Gegenüber liegt **Restaurant Provencal** (Nr. 136; 140 m) und nach rechts Weingut Andreashof (links/Nr. 116; 210 m).

... und fahren geradeaus weiter auf **Am Geisberg**. Wir queren Am Wiesental, dann knickt unsere Straße bald nach rechts zur **Queichheimer Hauptstraße** (0,5 km). Dieser nach links folgen. Immer geradeaus fahrend verlassen wir den Ort, vorbei am St. Paulusstift.
Bei der Ampelkreuzung (1,8 km) die Straße L 509 nach rechts überqueren. Wir folgen der **Mörlheimer Hauptstraße** in den Ort **Mörlheim**. Hinter dem Friedhof (nach 360 m) weist unser Radweg-Schild nach rechts: **An**

1,8

km

den Herrenäckern, nächste links (= **An den Thoräckern**), diese knickt später nach links und kehrt zurück zur Mörlheimer Hauptstraße (2,7 km). Hier erinnert ein Rastplatz an die Mörlheimer Mühle (*3).
Der **Mörlheimer Hauptstraße** nach rechts folgen, vorbei am **Gasthaus Zum Ochsen** (rechts/Nr. 82), an katholischer Kirche, ...

2,8

→Abstecher **Weingut Rothmeier**
Nach links führt der **Offenbacher Weg** zum Weingut (rechts/Nr. 8; 130 m).

... weiter vorbei an der **Wirtschaft Zum Bahnhof** (links/Nr. 93). Wir erreichen den Ortsrand beim alten Mörlheimer Bahnhof (3,1 km). Hier steht ein Ortsschild von Künstler Xaver Mayer!
Wir folgen geradeaus dem stillen Sträßchen (>*Herxheim 8 km*). Reben reifen hier keine, es ist flach. Doch blicken wir auf eine famose Landschaft. Schnell führt eine Anliegerstraße nach rechts (3,4 km). Hinter einem Aussiedlerhof erreichen wir eine Kreuzung (4 km) und fahren nach links hinauf durch einen Hohlweg. Oben (4,2 km) nach rechts wenden. Auf einem unbefestigten Weg (schwer befahrbar bei Nässe!) fahren wir vorbei an Reben (*Insheimer Schäfergarten; Großlage Herrlich*) zu einer Brücke über die Autobahn A 65.

5,3

→Abstecher **Ligusterhecke** (800 m)
Vor der Brücke nach rechts fahren, hinab und dann hinauf zu einer sehenswerten 180 m langen Ligusterhecke bei Reben!

Hinter der Brücke biegen wir nach links. Wir fahren neben Autobahn, Mais & Obstbäumen zur **Offenbacher Straße**. An ihr nach rechts wenden – **Insheim** begrüßt uns mit Reben.

km

Der Radweg führt auf die **Hauptstraße.** Doch biegen wir sogleich bei einer Kreuzung nach links in die **Bodelschwinghstraße.** Diese führt im Bogen zum **Bahnhof Insheim** (7,2 km).

7,2

→**Alternativweg zu Weingütern**
Nach rechts der **Bahnhofstraße** folgen bis zur **Zeppelinstraße** (*5)(410 m). Geradeaus auf der **Hauptstraße** weiterfahren mit Weingut Schaurer (links/Nr. 6), Weinstube Meyer (rechts/Nr. 5), Weingut Martin (links/Nr. 16) dem Glockenmuseum (Nr. 15) gegenüber. Dahinter nach links in die **Schustergasse** biegen. Am Quodbach nach rechts dem Sträßchen **Am Quodbach** folgen. Bei nächster Gelegenheit nach links (= **Kirchgasse**) zur Ketteler Straße fahren (960 m).

Ende des Alternativwegs, nach rechts geht es weiter; siehe unten.

Wir queren die Bahnhofstraße, folgen geradeaus der **Martin-Luther-Straße,** biegen aber schnell nach rechts hinab. Am Ende fahren wir nach links (= **Sandweg**) bis zur **Kandeler Straße,** folgen dieser nach rechts zur **Rohrbacher Straße** mit Zeppelinplatz (7,8 km).
Wir queren die Rohrbacher Straße und fahren im Prinzip geradeaus weiter in die **Halbengartenstraße,** sie heißt später **Ketteler Straße** (8,1 km; *alternativer Rundweg kehrt zurück*).

8,1

Wir kommen zur **Friedhofstraße** (8,3 km). Hier nach rechts abbiegen, sogleich nach links der **Sportplatzstraße** folgen. Neben dem Quodbach geht es zum Ortsrand und weiter geradeaus. Wo der Weg endet (9,4 km), fahren wir nach links über den Quodbach und biegen nach 120 m nach rechts.
Wir erreichen **Impflingen** (*6), kommen

km

hier zur Kreuzung und wählen nach rechts die **Bruchgasse**. Wie erreichen die Wiesenstraße.

10,4

→Abstecher **Weingut Pfaffmann**
Der **Wiesenstraße** nach rechts folgen. An ihrem Ende (220 m) am ehemaligen Weingut Ohmer geradeaus vorbeifahren und dann am Ende nach rechts neben der **Bundesstraße** B 38 zum außerhalb liegenden Weingut fahren (1,3 km).

Wir folgen weiter der **Bruchgasse** bis zur stark befahrenen Hauptstraße B 38 (10,7 km). An der Ecke liegt das Weingut Kaufmann mit Straußwirtschaft (links/Nr. 13).

10,7

Tipp: Hier bietet sich ein Abstecher und/oder ein Alternativweg über den Impflinger Abtsberg an.

→Abstecher **Weingut Petzold** (90 m)
An der **Hauptstraße** nach links wenden zum Weingut mit Weinstube Hoppeditzel (rechts/Nr. 26).

→**Alternativweg Abtsberg**
(600 m länger)
Lässt sich auch als Spaziergang genießen.
In die **Hauptstraße** nach rechts biegen. Gleich hinter **Zum Lamm Impflingen** (Nr. 16; 50 m) startet nach links ein Weinbergswanderweg (*7).
Schnell wird es still. Zu erleben ist ein Pfälzer Dorf *von hinten*: Hühner, Bach und Bauerngärten. Bei einer Kreuzung weist der Weg nach rechts und nach 60 m, bei einem Rastplatz, geht es hinauf auf den Abtsberg mit Reben. Oben biegt der Weg nach links. Bezeichnet sind *Scheurebe, Müller-Thurgau* u.a., es gibt Informationen zur Geschichte, eine Hütte mit Schautafel *Impflingen* (*8). Am Wegende (1,6 km) geht es nach links hinab, nach 50 m endet der Alternativweg. *Es geht weiter nach rechts; siehe unten.*

km

Wir überqueren die Hauptstraße, folgen geradeaus der **Obergasse**. Hier lohnen sehr einen Besuch die Weingüter Kuntz (links/ Nr. 9; 10,8 km) und Damian (links/Nr. 21). Am Straßenende nach rechts der **Herrlichstraße** folgen. Bei nächster Gelegenheit nach links biegen (>*Mörzheim 4,1 km*). Neben dem Bach fahren wir zum Ortsrand, hier liegt fein das moderne Weingut Junker (rechts; 11,1 km). Der Weg führt leicht ansteigend geradeaus weiter. Nach 590 m biegen wir nach rechts, fahren 100 m bergauf, dann nach links weiter. *(Hier kehrt der Alternativweg zurück.)* Wir tauchen nun ein in ein Rebenmeer (*Impflinger Abtsberg; Großlage Herrlich*). Die Weinlage zeigt wahrhaft herrliche Seiten. Still ist es und märchenschön! Das können wir beim langsamen Hinauffahren genießen. Hinter dem Gipfel endet der Weg (13,1 km). Hier nach rechts biegen, auf **Mörzheim** zufahren. Sogleich geht es wiederum nach rechts. Hier sind alte Panzersperren des ehemaligen Westwalls zu entdecken (links). Hinter Weingut Joachim erreichen wir die Impflinger Straße (13,5 km), überqueren diese, fahren geradeaus noch 220 m, folgen dann nach links einem Wirtschaftsweg (= **Augarten**). Im Ort (14,2 km) biegen wir in die **Brühlstraße** nach rechts. Bei 1. Gelegenheit, hinter dem Hirtenhaus des NABU, fahren wir nach links in die **Unterstraße**. An ihrem Ende folgen wir nach links der **Herrenstraße** zur Mörzheimer Hauptstraße. Hier stehen Rathaus (*9) und protestantische Kirche.

14,2

14,6

Wir biegen in die **Mörzheimer Hauptstraße** nach links, fahren zur Ecke mit **Ponaths Restaurant** (rechts/ Nr. 36; 14,7 km).

km

Tipp: Geradeaus zu sehen ist das Weingut Stentz (links/Nr. 47) und verlockt zu einem Abstecher!

→**Abstecher Weingut + Einkehren**
Nach links der **Haufenstraße** folgen. Die knickt vor dem sehenswerten Haus Nr. 11 nach rechts zu Weingut Sommer (links/ Nr. 15-19) und **Weinstube Alte Kelter** (rechts/Nr. 22; 180 m).

Wir biegen hinter Ponaths nach rechts in die **Johann-Thomas-Schley-Straße**, fahren bei der Kreuzung nach links in die **Pfaffenbergstraße**, bei nächster Gelegenheit nach rechts (= **Raiffeisenstraße**). Hier liegt das Bioland-Weingut Kuntz (links/Nr. 13; 15,1 km).
Daran vorbei, geradeaus auf dem **Göcklinger Weg** geht es hinaus aus dem Ort. Der Weg steigt stetig an. Kurz hinter der Kuppe erreichen wir eine Kreuzung (16,1 km). Wir biegen nach rechts (>*Eschbach 4,7 km*). Nach 700 m fahren wir bei einer Kreuzung mit Baum (16,8 km) nach rechts (>*Wollmesheim 3,5 km*; Landau 7,8 km). Rechter Hand liegt Mörzheim im Rebental (*10).

16,8

Bald sausen wir hinab, queren die Straße aus Mörzheim, kreuzen dann ein Sträßchen. Bei der nächsten Kreuzung biegen wir nach links in den bergauf führenden Weg, der *Mörzheimer Pfaffenberg* wird überquert. Noch vor **Wollmesheim** biegen wir nach rechts (18,7 km). Unser Weg wird bald schottrig, er endet an der **Mörzheimer Straße** (19,2 km). Auf der geht es nach links ...

km

→Abstecher **Weingut Marzolph**
... sogleich führt nach rechts die **Dörstel-
straße**, sie biegt nach rechts zu dem Weingut mit Grasdach (Nr. 20; 170 m).

... hinab. Hinter Weinstube Mütterle (links/
Nr. 9) und *Haltestelle Mörzheimer Straße*
(Bus 543) führt nach links die Wollmesheimer
Hauptstraße.

19,3

*Tipp: Hier die Tour unterbrechen, direkt nach
Landau zurückfahren:*

Etappenziel **Wollmesheim**

A. Wollmesheim – Landau Hbf. *(4,6 km):*
*Nach links führt die Wollmesheimer Hauptstra-
ße, hier nach rechts aus Wollmesheim hinausfah-
ren. Bald endet der Weg. Es geht nach rechts und
hinter dem Birnbach nach links am Bach weiter.
Bei der 2. Brücke über den Bach, auf der anderen Bachseite weiterfahren. Am Wegende nach
links biegen zum Quartier Vauban der Kernstadt*
2,2
Landau *(*11) (2,2 km).*
Hier der **Dörrenbergstraße** *nach rechts folgen,
die Weißenburger Straße queren, geradeaus der*
Eutzinger Straße *folgen.*
Bei 2. Gelegenheit nach links biegen in die
Merowingerstraße. *Gleich führt eine Fußgän-
gerbrücke über die Bahn. Dahinter geradeaus
der* **Hartmannstraße** *folgen, rechts liegt das
Landesgartenschaugelände 2015
mit Vinothek Landau (Georg-
Friedr.-Dentzel-Str. 11).*
Dann der **Cornichonstraße**
*(3,1 km) nach rechts folgen. Bei
3. Gelegenheit nach links in den* **Wolfsweg**
biegen, an seinem Ende nach rechts (= **Mozart-
straße**), *bei nächster Gelegenheit nach links
(=* **Moltkestraße**), *bei der nächsten Kreuzung
nach rechts in die* **Vogesenstraße**. *Diese endet*

km

an der breiten **Rheinstraße**. *An ihr kurz nach
rechts fahren, dann führt ein stiller Straßenteil*
4,6
hinab zur Bahn, wo nach links die **Maximilianstraße** *zum* **Hauptbahnhof Landau** *führt.*

B. Landau Hbf – Wollmesheim *(4,4 km):*
Den Hauptbahnhof im Rücken über die breite
Maximilianstraße *fahren, an ihr nach links,*

doch sogleich nach rechts in die **Linien-
straße**. *Am Ende vor dem Ostpark nach
links biegen (=* **Ludowicistraße**) *zur
breiten* **Rheinstraße**. *Hier nach rechts
wenden. Die Straße heißt
später* **Marienring** *und hinter der
mächtigen Marienkirche* **Schlossstraße**. *Gleich hinter der Bahn,
an der* **Zweibrücker Straße**, *nach
links, bei nächster Gelegenheit nach rechts in die*
Virchowstraße *biegen. Am Ende nach rechts
in die* **Lazarettstraße** *fahren. Diese endet an
der* **Wollmesheimer Straße** *(2,5 km). An ihr*
3,1
*nach links weiterfahren (Radweg), es geht leicht
bergauf. Fast oben liegt das* **Weingut Bach** *(*12)
(rechts/Nr. 44). Geradeaus weiterfahren, die
Straße heißt sogleich* **Wollmesheimer Höhe**.
Hier am Stadtrand (Straßenseite wechseln) lädt
Landhaus Lang *mit Garten (links/Nr. 5) zur
Rast.*
*Dem Radweg neben der Straße folgen (>Wollmes-
heim 1 km). Wo*

*er endet, in den
schmalen Weg
biegen, dann nach
links hinab auf der*
Landauer Straße
fahren (rechts thront
Wollmesheims
*Kirche auf dem
Berg) zur Wollmes-*
4,4
heimer Hauptstraße.

km

Neustart:

In **Wollmesheim**, Ecke Mörzheimer Straße / Wollmesheimer Hauptstraße, steht ein altes Gasthaus. Ein Foto an der Fassade zeigt, wie es einmal ausgesehen hat. Weitere Foto-Tafeln sind im Ort zu entdecken.

Wir folgen der **Wollmesheimer Hauptstraße**. Hinter dem alten Rathaus mit roter Fassade (*13) steht das Weingut Altschuh (links, Nr. 37/39; 0,2 km). Es folgen Weingüter aufgereiht wie Perlen an einer Kette, so Bernd Dicker im alten Zehntkeller (Nr. 58), Willi Altschuh (Nr. 60), Pfirmann (Nr. 84), Vögeli (Nr. 90). Dahinter liegt der kleine Gänseplatz mit Brunnen (0,6 km).

0,6

→Abstecher **Weingut Leiner** (160 m)

Nach rechts auf **Zum Mütterle** zum Weingut am Ortsrand (rechts/Nr. 20).

Wir fahren weiter auf der **Wollmesheimer Hauptstraße** zum Ortsrand (1 km). Hier biegt

der Radweg nach links (>Leinsweiler 1 km). Es beginnt ein Teerweg neben dem Birnbach. Bald jedoch fahren wir hinauf und zwischen Reben auf **Ilbesheim** zu. Rechter Hand erhebt sich die Kleine Kalmit (*14).

Nach 850 m erreichen wir die **Mörzheimer Straße** vor einem Rastplatz mit Napoleonsbank (*15).

In die **Mörzheimer Straße** rechts einbiegen zu Weingut Bosch (rechts/Nr. 5) und Weingut Kranz (links/Nr. 2; 2 km). Wir überqueren die Landauer Straße und folgen geradeaus der **Hauptstraße**.

Hinter Weingut Seebach (links/Nr. 30; 2,2 km) …

2,2

km

→Abstecher **Vinothek Weingut Schmitt** (90 m)

… führt nach links die **Wildgasse** zur **Weinstube Zum Brennofen** mit Weinguts-Vinothek (links/Nr. 14).

… biegt die Hauptstraße nach rechts. Wir erreichen die Kreuzung mit Rathaus (*16) (2,4 km). Gegenüber liegen das Weingut Altschuh Erben (rechts/Nr. 1) und **Restaurant Zum Prinz** (Kalmitgasse 1).

→Abstecher **Weingüter**

Nach links führt die **Leinsweiler Straße**. (Abstecher: Gegenüber Nr. 6 nach links und 30 m auf **Alte Schulgasse** zum Weingut Hechtmann (Nr. 4).)

Der **Leinsweiler Straße** weiter folgen, … (Abstecher: Nach links 30 m auf der **Zittergasse** zu Weingut Silbernagel (Nr. 4 + 6); oder nach links auf der **Oberdorfstraße** 370 m zu den Weingütern Ackermann (Nr. 40) & Kaiserberghof (Nr. 47).)

… dann liegt an der **Leinsweiler Straße** das Weingut Eck (links/Nr. 31; 220 m) und **Sawary's Café** (Nr. 33; 240 m).

Wir fahren geradeaus weiter, die Straße heißt nun **Arzheimer Straße**, hier liegt der **Gasthof St. Hubertushof** (*17)(links/Nr. 5). 100 m weiter, hinter Weingut Jürgen Leiner (rechts/Nr. 14), biegt die Straße nach links zu Weingut Röhm (rechts/Nr. 16) und weiter vorbei an Kirche und Museumsscheune (*18)(rechts/Nr. 30-32).

2,7

Die Straße biegt nach rechts, bekommt einen Radweg. Wir fahren aus dem Ort hinaus und hinauf zum Kalmitwingert (*19)(3,3 km). Dahinter queren wir die Straße, fahren auf dem Radweg neben ihr weiter und kommen

km

unmerklich in die *Großlage Königsgarten*.
Der Radweg endet kurz vor **Arzheim**. Auf
der Straße fahren wir in den Ort. Hinter der
Bushaltestelle Fernblick (Bus 521) folgen wir
nach rechts der **Erzabt-Josef-Koch-Straße**
(3,9 km). Wir fahren nach 180 m nach links
zur **Kapellenstraße**, folgen ihr nach rechts bis
zu einer Kreuzung mit Kelter (4,5 km).

→**Abstecher Einkehren** (700 m)
Geradeaus der **Schwarzkreuzstraße** folgen.
Kurz vor ihrem Ende (220 m) nach links

auf der **Engelsgasse** zur Arzheimer
Hauptstraße fahren; links gegenüber
liegt das Rathaus (*20) (Nr. 58). Der
Arzheimer Hauptstraße nach rechts
folgen. Hinter **Weinstube Hahn**

(links/Nr. 50) findet sich die
ehemalige Amtskellerei (links/
Nr. 42), ein Stück weiter die
schmucke **Friesenstube** (rechts/
Rohrgasse 2).

Wir biegen nach links in die **Kalmitstraße**, erreichen die **Arzheimer Hauptstraße** (4,7 km).

4,7

→**Abstecher Weinhaus Stein** (100 m)
An der **Arzheimer Hauptstraße** nach links
liegt das Weinhaus (links/Nr. 117).

An der **Arzheimer Hauptstraße** nach rechts
wenden, doch schnell nach links in den
Nauweg einbiegen. Es geht rasant hinab ins
Ranschbachtal, dann hinauf durch einen
Hohlweg. Oben auf dem Teerweg nach links
fahren wir weiter neben Reben *(Arzheimer
Rosenberg)*. Bei nächster Gelegenheit geht
es nach rechts hinab, hinter einer Kreuzung
wieder hinauf. Schnell verzweigt sich der Weg,
hier nach rechts wieder hinabfahren. Der Weg
knickt nach rechts, links, rechts, links, wir

km

überqueren Bundesstraße B 10 & Bahn, fahren
dann neben der Queich nach **Siebeldingen**
6,9 bis zu einer Brücke (6,9 km).

→**Abstecher Bhf Siebeldingen** (900 m)
 Geradeaus führt die **Queichstraße**
vorbei am **Weingut Wilhelmshof**
(links/Nr. 1; 270 m) zur **Weinstraße**
(Bushaltestelle Siebeldingen, Waage);
nach links geht es zum Bahnhof.

Wir fahren nach rechts über die Queich, kommen in die **Wiesenstraße** (>*Queichtal-Radweg
– Landau 7 km*). Nach 140 m biegen wir nach
links, erreichen die **Bismarckstraße** (7,3 km).

→**Abstecher Villa Königsgarten**
An der **Bismarckstraße** nach
links zum Hotel mit **Weinstube**
Zum Faßschlubber (rechts/
Nr. 1; 100 m).

Wir queren die **Bismarckstraße**
und fahren auf dem Radweg nach rechts.

→**Abstecher Weingüter**
Nach 70 m nach links geht es zu **Weingut
SieneR** (links/Bengertstr. 1; 110 m) und
Marienfelder Hof (rechts; 140 m).

8,2 Wir erreichen **Godramstein**. Am Ortseingang wechseln wir die Straßenseite. Hier führt
sogleich nach links der Kapellenweg.
Damit endet unser Weinweg 19.

In Godramstein malte schon Max Slevogt

km

Rückfahrt nach **Landau**

Godramstein, *Godramsteiner Hauptstr. / Kapellenweg –* **Landau Hbf** *(5,4 km):*
Wir folgen geradeaus der **Godramsteiner Hauptstraße** *(M: Queichtal-Radweg). Am Radweg-Ende geht es nach rechts über den Supermarkt-Parkplatz, dann über die Queich. An ihr biegt der Weg nach links. Wir erreichen die Bahnhofstraße (0,7 km).*

0,7

→Abstecher **Bahnhof Godramstein**
Nach rechts 300 m der **Bahnhofstraße** *folgen.*

Wir fahren auf der **Bahnhofstraße** *nach links, biegen sogleich nach rechts und fahren neben der Queich weiter. Nach 2 km führt eine Brücke über einen Zulauf zu ihr. Wir fahren geradeaus weiter. Wenig später geht es auf der anderen Uferseite weiter – nun bald in bebautem Gebiet (=* **Am Lohgraben***) der Kernstadt* **Landau.**

km

Wir fahren nach links in die **Friesenstraße** *und zu einer Kreuzung (3,4 km). Hier biegen wir nach rechts in die* **Löhlstraße** *mit Striefflerhaus. Die Straße knickt unten nach links zu einer Kreuzung. Hier fahren wir nach rechts (=* **Nordring***) bis zur Marktstraße (4,1 km; bis hierhin führt der Queichtal-Radweg).*
Wir fahren geradeaus weiter. Hinter dem Deutschen Tor biegen wir nach rechts in die **Weißquartierstraße***, bei 2. Gelegenheit nach links in die* **Industriestraße***, hier vorbei an der* **Weinstube Raddegaggl-Stubb'** *(links/Nr. 9; 4,8 km). Dahinter bei 2. Gelegenheit fahren wir nach rechts in die* **Schlachthofstraße** *(4,9 km). Wir erreichen die* **Ostbahnstraße** *(5,1 km) und folgen dieser nach links zum* **Hauptbahnhof Landau.**

Deutsches Tor

Französ. Tor

5,4

104

Geschichte (n)

*1. Queichheim geschichtlich

In Queichheim hat in alter Zeit das Kloster Hördt Besitz. Dieses liegt bei Germersheim am Rhein und zählt zur Kurpfalz. Irgendwann baut ein Diether von Queichheim im Ort eine Burg.

Queichheim ist bis 1274 bedeutender als Landau, zählt dann aber ab 1300 bis zur Französischen Revolution zu Landau und wird auch 1937 wieder Teil von Landau. 1967 gibt es hier noch 21 Bauernhöfe, doch sind es 1991 nur noch 9 und heute lebt in Queichheim kein einziges *Rindvieh* mehr.

Queichheim

ehemals hat das Kloster Hördt Besitz

1300-1789: zu Landau
1789: zu Frankreich
1937: Eingemeindung nach Landau

In Queichheim stehen diese schönen Häuser

*2. Friedensrichter anno 1795

Johannes Birnbaum (1763-1832) aus Queichheim erlebt Erstaunliches in seinem Leben. Er wird Friedensrichter, wird Präfekt in Luxemburg, wird in den Adelsstand erhoben. Er bringt es gar zum Vorsitzenden des Zweibrücker Oberlandesgerichts. Wo einst sein Geburtshaus steht, gibt es heute eine Gedenktafel. 30-jährig erlebt Johannes Birnbaum die Französische Revolution und schreibt in seiner Biografie (gekürzt): *Während der Blockade von 1793 befand ich mich mit meiner Familie in Landau. Von Natur nicht zum Helden geschaffen, hielt ich mich während des Bombardements im Keller auf. Wie froh und glücklich war ich, als die Feinde abzogen. Doch die mit der Rückkehr der Armee einreißende Willkür sagte mir wenig zu. Ich verlor alle Lust in einer Festung zu wohnen. ...*

1795 wird Johannes Birnbaum Friedensrichter: *Im Mai 1796 zog ich nach Queichheim. Mein Kanton war sehr bevölkert, es zählten dazu Arzheim, Altdorf, Dammheim, Eschbach, Ingenheim, Niederhochstadt, Nußdorf, Oberhochstadt, Queichheim und andere Dörfer. Das Ansehen meines Amtes half, doch besonders nützlich war es, dass ich mit den Franzosen in ihrer Sprache sprechen konnte. Einmal wollten 5-6 Fußgänger dem Melackwirt, meinem Nachbarn, die Pferde aus dem Stall nehmen. Sie drangen mit aufgepflanzten Bajonetten auf ihn ein, als er sich ihrem Vorhaben widersetzte. Schnell entfloh er und verkroch sich in seinem Keller. Da erhob seine Frau ein Zetergeschrei und ich lief hinzu. Nun jammerte meine Frau nicht weniger, sie fürchtete, die Soldaten würden mich in ihrer Wut töten. Es gelang mir jedoch sie zu besänftigen. Da kroch der Wirt aus seinem Schlupfwinkel hervor, und unter Scherz und Lachen über den Vorfall wurde bei einigen Flaschen Wein Friede gemacht. Die Pferde jedenfalls blieben im Stall.*

Mörlheim erinnert an eine Mühle

*3. Mörlheim geschichtlich

Mörlheim ist eine fränkische Siedlung und ehemals im Besitz des Klosters Fulda. 1148 gründet Ritter Stefan von Merlheim das Kloster Eußerthal, nun fällt nach und nach das ganze Dorf an dieses Zisterzienserkloster. Dieses aber lässt Kurfürst Friedrich III. (1515-76) zu Reformationszeiten aufheben (1561).

In Mörlheim herrscht nun die Kurpfalz. Im Februar 1617 kommt Kurfürst Friedrich V. (1596-1632) persönlich angereist. 21 Jahre zählt er und sucht einen Platz für sein Lustschloss. Das Schloss aber wird nie gebaut, denn 1618 beginnt der 30-jährige Krieg.

Nach dem Krieg finden Waldenser aus Piemont in Mörlheim eine neue Heimat, später auch Wallonen.

Mörlheim

ehemals ein Besitz des Klosters Fulda

ab 1148: zum Kloster Eußerthal, später zur Kurpfalz

seit 1937: zu Landau

---

*4. Insheim geschichtlich

Ehemals zählt Insheim zum Kloster Weißenburg, gelangt aber mit dem Salischen Kirchenraub an die Herrschaft Landeck (985). Doch am Beginn des 13. Jahrhunderts gehört fast das halbe Dorf dem Kloster Klingenmünster. Als König Rudolf von Habsburg (1218-91) 1290 dem Neffen Otto von Ochsenstein seinen Anteil an der Herrschaft Landeck schenkt, herrschen diese zusammen mit den Grafen von Zweibrücken-Bitsch. Doch beide Herrschaften verpfänden ihr Land wiederholt, auch hat das Kloster Klingenmünster weiterhin Besitz in Insheim.

Im 30-jährigen Krieg übernimmt das Hochstift Speyer die Herrschaft. Fürstbischof von Sötern (1567-1652) unterstützt in diesem Krieg den französischen Kanzler Kardinal Richelieu (1585-1642) und die Schweden. Als letztere 1632 den Rhein erreichen, fliehen die Insheimer in die Wälder oder nach Landau.

Der Krieg ist vorüber, da grassiert in Insheim die Pest (1664/66). Es ziehen dann Siedler aus der Schweiz in das leere Dorf. Dies besetzen jedoch schon 1680 die Franzosen und bleiben fast 20 Jahre lang. Im Zuge der Französischen Revolution kommt auch Insheim zu Frankreich (1801) und 1816 zu Bayern.

Insheim

ehemals zum Kloster Weißenburg

985: Salischer Kirchenraub, dann Herrschaft Landeck

1290: von Ochsenstein – halbe Herrschaft Landeck

1404/05: Hochstift Speyer erlangt Anteile

1680/82-97: besetzt von Franzosen

ab 1697: Kurpfalz & Hochstift Speyer herrschen

1709-93: zur Kurpfalz (Oberamt Germersheim)

1816: nach französischer Zeit zu Bayern

2007: feiert 1.225 Jahre Insheim

Ende April die „Vino"

Impflingen, Rathaus von hinten; hier feiert man

*5. „Isemer Stecher"

In der Zeit vor dem 1. Weltkrieg haben alle Dörfer ihre Uznamen. Die Insheimer sind damals wenig schmeichelhaft die *Stecher*.

Insheim liegt nah bei Landau. Als die Festung geschleift ist, wird dort viel gebaut, nicht wenige Insheimer verdingen sich als Maurer oder Zimmerer und schuften hart. Wird ihnen am Samstag der Wochenlohn ausbezahlt, steuern viele eine Wirtschaft an. Einige zechen am Sonntag gleich weiter. Ein *echter* Insheimer Bauhandwerker beginnt sogar erst am Dienstag wieder mit der Schufterei auf dem Bau.

Die Wirtschaften florieren in diesen Jahren in Insheim. Der Alkoholkonsum ist wahrlich nicht gering. Mit Alkohol im Blut aber kommt es immer wieder zu Schlägereien. Oft werden auch die Messer gezückt, dann kann es sogar Tote geben. Schlägereien gibt es auch andernorts, aber nirgendwo sonst wird so oft das Messer benutzt wie in Insheim. Kein Wunder, dass die *Isemer* damals als *Stecher* gelten.

*6. Impflingen geschichtlich

Impflingen zählt ehemals zum Speyergau und kommt 1361 an die Kurpfalz.

Bald nach dem 30-jährigen Krieg wird Impflingen von Frankreich verwaltet (1682-97), wenngleich offiziell weiterhin die Kurpfalz bis zur Französischen Revolution als Ortsherr gilt. Die nahe Landesgrenze lässt das Leben hier damals sehr unruhig sein.

> **Impflingen**
> zählt ehemals zum Speyergau
> **1361-1792**: zur Kurpfalz
> **1798-1814**: zu Frankreich
> **1816-1945**: zu Bayern

*7. Ein Rathaus – ganz pfälzisch

Als das Rathaus von Impflingen ab 1724 erbaut wird, sind die Kriege vorüber. Im Erdgeschoss, in der zu drei Seiten offenen Halle, steht die Waage. Lohrinde, Tabak und Flachs werden hier gewogen. Ins Obergeschoss führt eine Stiege zu Sitzungszimmer und zwei kleineren Räumen. Später wird an den Ostgiebel das *Wachthäusel* angebaut. Aus diesem heraus wacht ab 1736 der Nachtwächter auch über den an die Kirche angebauten Gefängnisturm.

Als das Rathaus renoviert werden muss (1860), baut man das Obergeschoss zur Straße massiv auf. Die alten Fachwerk-Hölzer nimmt man für die Rückseite zur Kirche. Und den Dachstuhl baut man mit dem Türmchen auf, ganz wie in alter Zeit.

*8. Dörfliches Vereinsvergnügen

Im Impflingen gibt es bei etwa 800 Einwohnern weit mehr als 10 Weingüter. Würden die Impflinger all ihren Wein allein trinken, wäre das Dorfleben sehr lustig! Doch *großzügig* locken sie zum Mittrinken immer wieder Gäste ins Dorf. Einen großen Einfallsreichtum zeigen dabei die vielen Vereine.

Es kommt hierzulande auf je 100 ländliche Einwohner/innen mindestens ein Verein. In Impflingen finden sich Bauern- und Winzerverband, Carnevalverein, Kindergartenförderverein, Klanghof, Landfrauen, Männergesang, Schützen, Sport, Theater, Touristik und Wein und mehr. Die Feste der Vereine haben im Jahreslauf des Dorfes ihren festen Platz.

Im Januar und Februar zeigt sich der Carnevalverein, dessen Heringsessen am Aschermittwoch beendet die Zeit der Narren. Es naht Ostern, da bietet der Schützenverein sein traditionelles Ostereierschießen und schon steht Touristik und Wein in den Startlöchern für seine *Vino* – die Vino Kulinaria. Die lockt mit Wein und Leckereien Ende April für zwei Festtage auch viele Auswärtige ins Dorf. Alle genießen bei Sonnenschein ein altes Winzeranwesen bei Rathaus und Kirche mit Weinständen, Kultur, Rätseln, leckeren Speisen, Kaffee und Kuchen. Die einen lagern auf der Wiese vor der Kirche, andere schlendern mit ihrem Weinpass von Stand zu Stand.

Impflingen, Rasplatz am Abtsberg

Die *Vino* ist vorbei, es beginnt der Mai. Der Reigen der Sommerfeste zieht ins Dorf, sogar ein Waldfest gibt es darunter. Obwohl nur Reben zu sehen sind, gibt es tatsächlich einen Impflinger Wald! Der liegt östlich der Autobahn A 65 und ist Teil des Waldes zwischen Herxheim und Steinweiler.

Die Weinberge verlocken zu allen Zeiten zu einem Spaziergang, dort wird natürlich auch gefeiert. Da gibt es im Juni einen Weinbergswandergottesdienst und Anfang Juli lockt Touristik und Wein mit dem Hoppeditzelfest. *Hoppeditzel* – was immer es heißen mag, verheißungsvoll klingt es. Zu erleben ist bei dem Fest ein Lagerfeuer aus Rebenholz, zünftig Gegrilltes und ausgesuchte Impflinger Weine.

Kaum sind die Sommerferien vorüber, zieren in Impflingen die Winzer ihre Höfe liebevoll mit Blumen für ihr traditionsreiches Weinfest im August. Bei diesem bieten die Vereine in Winzerhöfen entlang von Obergasse und Bruchgasse Musik und Pfälzer Gastlichkeit. Zur Eröffnung am Freitagabend sollen die ersten 100 Schoppen gratis sein, heißt es. Ein Pfälzer Schoppen misst bekanntlich einen halben Liter!

Im September beginnen Touristen in Scharen in die Südpfalz zu strömen. Parallel fordert die Weinlese ihren Einsatz, dabei packt (fast) das ganze Dorf mit an. Anfang Oktober wird noch immer jede Hand gebraucht. Dennoch stellt Touristik und Wein die Tage der Offenen Weinkeller auf die Beine. *„Wo eine Traube hängt, wird ausgeschenkt!"* Probierfreudige erwerben ein Glas und erobern Weingut um Weingut. Rätsel mit Gewinnaussicht verlocken alle, kein Weingut auszulassen.

Das ganze Jahr über hat der Theaterverein geprobt. Wenn dann im November die Tage kürzer werden, präsentieren sich die Mitglieder auf der Bühne. Das Dorf amüsiert sich köstlich, wenn da ein Winzer als Gauner auftritt.

Feste und Vereinsleben, freundliche bunte Farbtupfer malen sie in den Alltag. In Impflingen malen sie ihn ganz besonders bunt.

*9. Mörzheim geschichtlich

Mörzheim ist im 7. Jahrhundert ein Lehen des Klosters Weißenburg und zählt ab 1205 zum Speyergau. Es herrschen die Grafen von Leiningen. Im 14. Jahrhundert zählt Mörzheim zur Herrschaft Landeck und kommt mit ihr 1507 zur Kurpfalz. 200 Jahre lang teilen sich Kurpfalz und Hochstift Speyer

In Mörzheim

das Dorf, ehe es 1709 gänzlich an die Kurpfalz fällt.

1793, im Zuge der Französischen Revolution, unterschreiben einhellig alle 117 Mörzheimer Männer den Antrag, in die Französische Republik aufgenommen zu werden. Die Frauen werden nicht gefragt. Als in den französischen Jahren Kirche und Adel enteignet werden, ersteigern in Mörzheim reiche Landauer über 10 Prozent der Gemarkung.

Mörzheim

ehemals im Besitz des Klosters Weißenburg
ab 1205: zum Speyergau
ab 14. Jh.: zur Herrschaft Landeck
1507-1793: Ortsherr zuvorderst – die Kurpfalz
1793-1815: zu Frankreich, danach zu Bayern
1974: feiert 1.250 jähriges Jubiläum

*10. „Rewehäsel"

Rebschnitt in alter Zeit – im Akkord werden die Reben beschnitten, das Holz bleibt in den Furchen liegen. Später wird es eingesammelt und die Frauen verarbeiten es durch Zerbrechen und Zerdrücken zu Bündeln. Diese verschnüren sie mit einem biegsamen Weidezweig. Diese *Rewehäsel* liegen beim häuslichen Herd, der damals noch mit Feuer erhitzt wird.

Als die „Rewehäsel" noch allen vertraut sind, erzählen in Landau und in den Dörfern rundum Mutter und Vater ihren Kindern bei Nacht und Vollmond gern diese Schauergeschichte: „Seht ihr droben am dunklen Himmel den Mond? Erkennt ihr bei ihm den Mann im Mond? Schaut genau, unter seinem Arm klemmt ein „Rewehäsel". Das hat er gestohlen und ist zur Strafe in den Mond verbannt! Wehe euch, nascht ihr im Wingert von den Trauben. Es wird euch dann ebenso ergehen wie ihm!"

*11. Landau geschichtlich

Landau, spät gegründet, gelangt 1254 in den Besitz der Grafen von Leiningen, erhält bald die Stadtrechte und wird 1291 gar Reichsstadt. Das nützt den Landauern wenig, ihre Stadt wird 1324 an das Hochstift Speyer verpfändet und erst 1511 wieder ausgelöst. Kaiser Maximilian I. (1459-1519) unterstellt Landau nun seiner Vogtei Hagenau und die Stadt tritt dem Elsässischen Zehnstädtebund bei.

Den 30-jährigen Krieg übersteht Landau fast unversehrt, zählt danach jedoch faktisch ab 1680 zu Frankreich. Die Stadt wird die *größte Festung der Christenheit*. Um diese toben im Spanischen Erbfolgekrieg wilde Kämpfe, am Ende siegen die Franzosen (1713). Daher beginnt in Landau die Französische Revolution wie in Frankreich schon 1789.

Doch 1816 kommt die Stadt mit der Pfalz zu Bayern. Die bayrische Garnison nutzt die Festung, doch die Mauern sind veraltet, sie verschwinden bald.

Nach dem 1. Weltkrieg ist Landau wieder französische Garnisonsstadt, ebenso nach dem 2. Weltkrieg. Letzte französische Soldaten ziehen erst 1999 ab.

Landau

ab 1291: Reichsstadt
1324-1511: zum Hochstift Speyer
ab 1511: zur Vogtei Hagenau
ab 1521: im Elsässischen Zehnstädtebund
ab 1648: unter französischer Oberhoheit (mit Nußdorf, Queichheim, Dammheim)
1688-91: Ausbau zur Festung
1702-13: Spanischer Erbfolgekrieg, Belagerungen
ab 1789: Französische Revolution
1816: zu Bayern (Festungsmauern fallen ab 1867)
1944-45: Zerstörung im 2. Weltkrieg
1972: Eingemeindung von Arzheim, Dammheim, Godramstein, Mörzheim, Nußdorf, Wollmesheim

Geschichte (n)

*12. Eichmeister & Weinrufer

Ins Ratsbuch der Stadt Landau wird 1482 ein Eichmeister-Eid notiert. Der Eichmeister schwört, über den Weinhandel zu wachen und darauf zu achten, dass die Gastwirte ihr Ungeld zahlen. Gehilfe des Eichmeisters ist der Weinrufer. Der stellt sich vor die Gasthäuser und ruft: *„N. hat aufgetan einen guten Wein, die Maß gibt es um X Pfennige!"*

Mit Beginn des 16. Jahrhunderts nimmt der Weinhandel zu. Es wenden sich nun auch Bürger, die Wein verkaufen wollen, an den Weinrufer. Dieser entnimmt ihrem Fass einen Schoppen, versiegelt es hernach und lässt jeden Interessenten probieren. Der Weinrufer schaut auch bei den Wirten nach dem Rechten. Stolz trägt er eine Uniform in des *Rats Farb* (schwarz, weiß, rot), doch kärglich ist sein Lohn. Kein Wunder, dass er *Geschenke* nicht ablehnt. 1561 wird das Salär endlich erhöht. Im Gegenzug soll er nun auch dafür sorgen, dass an Markttagen die Wagen ordentlich stehen. Doch ist die neue Vergütung noch immer knapp bemessen, die Fuhrleute jedenfalls klagen: *„Die Weinrufer fordern reinweg nach Belieben Lohn von uns!"* Daher legt der Rat 1597 die Entlohnung ganz neu fest und droht nun mit Strafen.

Der städtische Weinhandel nimmt weiter zu, neue Hilfskräfte sind vonnöten. Da spannen dann die *Spenner* die Fässer mit Seilen auf die Wagen, so dass sich kein Fass während der Fahrt lösen kann. Und *Mulder* stellen auf der Ladefläche eine Mulde her zum sicheren Verankern der Fässer.

*13. Wollmesheim geschichtlich

Das *Wollmesheimer Fürstengrab* aus der Steinzeit, gefunden 1909, belegt die uralte Siedlungsgeschichte der Pfalz.

Die Siedlung Wollmesheim zählt zunächst zum Kloster Weißenburg. Im 12. Jahrhundert wird neuer Ortsherr das Kloster Klingenmünster. Das lässt auf dem Hügel bei dem Dorf eine Kirche errichten. Jedoch verliert das Kloster alsbald an Einfluss.

Die Lehnsherren, die Ritter von Wollmesheim, schenken ihre Güter 1277 dem Kloster Eußerthal. Doch zählt Wollmesheim auch zur Herrschaft Landeck und diese überträgt König Rudolf I. von Habsburg (1218-91) seinem Neffen Otto von Ochsenstein. 1404 erwirbt das Hochstift Speyer die Weinbergrechte und herrscht dann über die Nordhälfte des Dorfes. Die Hauptstraße bildet die Grenze. Als 80 Jahre später der letzte Ochsensteiner stirbt (1485), erbt die Kurpfalz deren Süd-Dorf.

Im 30-jährigen Krieg und auch danach bei den Belagerungen Landaus leiden die Wollmesheimer große Not. 1709 erlangt die Kurpfalz auch den Norden des Dorfes. Der Kurfürst herrscht im Dorf nun gut 80 Jahre lang allein. Doch mit der Französischen Revolution kommt Wollmesheim zu Frankreich und gelangt 1816 unter bayerische Verwaltung.

Wollmesheim

ehemals im Besitz des Klosters Weißenburg

12. Jh.: Ortsherr – Kloster Klingenmünster

1404-1709: Nordteil – Hochstift Speyer

ab 1485: Südteil – Kurpfalz

ab 1709: komplett zur Kurpfalz

1792: bittet Frankreich um Aufnahme

1816: zu Bayern

2006: 1.000 Jahre Wollmesheim

Landau, Weinfest

*14. Bei der Kleinen Kalmit

Ilbesheim schmiegt sich in die Erdfalte hinter der steil abfallenden Kleinen Kalmit. Die Häuser mit ihren hohen steilen Dächern stammen noch aus der Zeit vor dem 30-jährigen Krieg, das schöne Fachwerk-Rathaus zeigt sich mit offener Halle und mächtiger Giebelfront – seit 1558!

Die Kleine Kalmit (*kahler Berg*) ist 271 Meter hoch und gespickt mit Kalkablagerungen. Von dem Gipfel mit Kapelle bietet sich ein fantastischer Rundblick. In einem Naturschutzgebiet wachsen die seltene Küchenschelle, Enzian, Silberdistel und auch Orchideen.

In alter Zeit glauben die Menschen, auf dem Berg würden die Wetterdämonen hausen. Immer wieder entladen sich dort Gewitter. Die Gewitter wollen sie bannen, daher stellen sie eines Tages auf den Gipfel ein Wetterkreuz und ziehen in Prozessionen auf diesen *Wetterberg*. 1851 erbauen sie droben dazu eine Kapelle und weihen sie dem Heiligen Michael und dem Gewitterheiligen Donatus.

*15. Alte Napoleonsbank

Im nördlichen Elsass und in der südlichen Pfalz steht an den Wegen hier und da eine Napoleonsbank. 1811, die Pfalz zählt zu Frankreich, ordnet Kaiser Napoleon I. (1769-1821) anlässlich der Taufe seines ersehnten Sohnes an, diese Bänke aufzustellen. Der Name *banc Napoléon* verbreitet sich im Elsass zügig, in der Pfalz geschieht das erst mit der Hochzeit von

Napoleon III. (1854). Doch hat es ähnliche Bänke als *Ruhen* zuvor schon gegeben. Die Landmenschen können auf dem oberen Sturz ihre schwere Last, die sie auf dem Kopf

Ilbesheim, Napoleonsbank

tragen, abstellen. So müssen sie diese beim Weitergehen nicht mühsam wieder vom Boden hochheben.

Bei Ilbesheim lädt bis heute eine Napoleonsbank zur Rast, sie steht an der Straße nach Mörzheim etwa 50 Meter von ihrem alten Standort entfernt. Auch anderswo sind die alten Bänke noch zu finden. Bei Niederhorbach gibt es eine Bank, die den Napoleonsbänken nachempfunden ist, aber sie erinnert als Denkmal an die Flurbereinigung.

*16. Ilbesheim geschichtlich

Ilbesheim, ehemals ein Lehen des Klosters Weißenburg, kommt 1148 zum Kloster Eußerthal. Das Dorf gehört ab 1410 zum Herzogtum Pfalz-Zweibrücken, es wächst und gedeiht. Doch wird es im 30-jährigen Krieg stark gebeutelt. Ab 1635 ist Ilbesheim verlassen. Und ist nach dem Krieg, als Landau immer wieder belagert wird, jedesmal betroffen. Bei der Belagerung 1704 quartiert sich im Dorf gar Kaiser Joseph I. von Habsburg (1678-1711) ein.

Keine 90 Jahre später beginnt die Französische Revolution. Als die Revolutionäre Ilbesheim Ende 1792 erstürmen, rollen sie ein Fass Wein aus dem Zehntkeller zum Rathaus. Es beginnt ein wildes Zechgelage. Die Obrigkeit versucht erfolglos den Zechern Einhalt zu gebieten. Die Ilbesheimer aber beantragen einhellig die Aufnahme in die französische Republik.

Gut 20 Jahre lang zählt Ilbesheim zu Frankreich, kommt dann zu Bayern und nach dem 2. Weltkrieg zu dem neuen Bundesland Rheinland-Pfalz.

> **Ilbesheim**
> ehemals zum Kloster Weißenburg
> **ab 1148:** Kloster Eußerthal, später Pfalzgrafschaft
> **ab 1410:** zu Pfalz-Zweibrücken (Amt Neukastel)
> **1792:** bittet um Aufnahme in die frz. Republik
> **1816:** zu Bayern

Geschichte (n)

*17. Ein Präsident im Storchennest

Die Französische Revolution wirbelt auch die Pfalz durcheinander. Die Dörfer bei Ilbesheim zählen 1795 zu Frankreich und werden ausschließlich von ehemaligen Revolutionären verwaltet. Diese amtieren in Billigheim. Ihr Präsident aber stammt aus Ilbesheim und als Friedensrichter kann sich 1798 einer aus Mühlhofen durchsetzen.

Eines Tages kommen die Österreicher und suchen nach Präsident und Friedensrichter. Der Friedensrichter kann gerade noch nach Weißenburg entwischen. Der Präsident hingegen verkriecht sich still im Dorf. Die Ilbesheimer munkeln, seine Frau habe ihn ins Storchennest droben auf dem Rathausdach gesteckt.

Beide Männer entgehen ihrer Festnahme. Im Oktober spazieren sie wieder durch die Gegend. Georg Keller, den Präsidenten, nennen bald alle den *Ilbesheimer Keller*. Kommt einer zu ihm, so holt er gern seinen Revolutionshut und seine Schärpe hervor. Und manch einer wundert sich: Dieser nette *Papa Keller* will einmal ein kämpferischer Republikaner gewesen sein?

Ilbesheim, prachtvolles Fachwerk-Rathaus von hinten

*18. Kaiser Joseph in Ilbesheim

Als König Karl II. von Spanien (1661-1700) stirbt, erheben seine Schwäger, der französische König Ludwig XIV. (1638-1715) und Kaiser Leopold I. von Habsburg (1640-1705), Anspruch auf den Thron. Es beginnt der Spanische Erbfolgekrieg, in dessen Verlauf die Festung Landau viermal die Besatzung wechselt (1702, 1703, 1704, 1713).

Franzosen leben 1702 in der Festung, sie sehen, wie die Habsburger ein Zeltlager bei Impflingen aufbauen. Schnell lässt Festungskommandant General Melac († 1704) Essbares aus den Dörfern herbeischaffen. Der Habsburger Kaiser Joseph I. (1678-1711) trifft Ende Juli ein, Anfang September hat er die Festung erobert. Die Franzosen ziehen ab, ihre Gewehre dürfen sie mitnehmen.

Die Eroberer setzen die Festung instand und decken sich mit Lebensmitteln ein. Es dauert etwa ein Jahr, dann rücken Ende September 1703 die Franzosen an, sie lagern in Wollmesheim. Mitte November müssen *die Kaiserlichen* kapitulieren. Sie dürfen, wie die Franzosen im Jahr zuvor, frei abziehen.

1704 wollen *die Kaiserlichen* die Franzosen endgültig vertreiben. Doch die Franzosen sind wachsam. Von den Höhen bei Billigheim erspähen sie am 9. September eine Vorhut. Als sie schnell ihre Schätze nach Weißenburg bringen wollen, geraten sie in einen Hinterhalt. Sporenstreichs kutschieren sie den Wagen mit dem Geld zurück in die Festung. *Die Kaiserlichen* hätten sie einholen können, doch die verfolgen den größeren Trupp, der Richtung Kandel flieht.

Der Anführer *der Kaiserlichen* ist wiederum Joseph I. Der lässt sich diesmal bei Ilbesheim auf den Ausläufern der Kleinen Kalmit eine Schanze errichten. Sein Hauptquartier wird Ilbesheims Rathaus. Gegenüber, in der späteren Wirtschaft *Zum Schwanen*, will er mit seinen Dienern nächtigen. Das Obergeschoss des Rathauses ist aber nur über eine enge Wendeltreppe zu erreichen. So wird kurzerhand vom Gasthaus eine Brücke dorthin gebaut. Der Kaiser kommt am 22. September aus Wien angereist. In seinem Wagen lässt sich das Verdeck öffnen, derartige Wagen heißen seitdem *Landauer*. Es regnet in diesen Herbstwochen, Kaiser Joseph lässt Bittgottesdienste um schönes Wetter abhalten. Ende November geben sich die Franzosen in der Festung geschlagen. Der Frieden wird mit dem *Ilbesheimer Vertrag* im Rathaus zu Ilbesheim besiegelt.

Es leben danach *die Kaiserlichen* 9 Jahre lang in Landau. 1713 rücken wieder Franzosen an. Diese greifen sich Ende Mai zunächst Geiseln in den Dörfern, Ende Juni beginnen sie die Belagerung. Nach 2 Monaten kapituliert die Festungs-Besatzung.

Im März 1714 wird der Friedensvertrag unterschrieben. Landau bleibt im Besitz der Franzosen.

*19. Weingenuss in Ilbesheim

Schon in alter Zeit wissen auch die jungen Burschen in Ilbesheim den Wein zu genießen. Der Pfarrer klagt 1605, sie würden am Samstag und Sonntag *„zu Nacht auf den Gassen herumblauffen"*, würden jauchzen und fluchen und hernach im Wirtshaus *„fressen, sauffen, spielen biß an den hellen Tag"*!

Der Wein mundet auch Kaiser Joseph I., als er 1704 während Landaus Belagerung in Ilbesheim haust. Dem Bürgermeister, zugleich Winzer, verleiht er anerkennend ein Wappen. Doch in der Regel hat kein Winzer ein Wappen und lässt daher an seinem Haus sein Werkzeug, Sesel und Karst, einmeißeln.

Heute reift bei Ilbesheim an der Kleinen Kalmit besonders der Weißburgunder. Daher vergibt man hier einen Weißburgunderpreis, rund 150 Weine werden dafür verkostet! Und im *Kalmitwingert*, einem historischen Weinberg, lassen sich 19 Erziehungsformen für Reben erkunden. Dort zeigt die Anlage Nr. 6 die gebräuchlichsten Rebsorten der Pfalz.

Arzheim, mächtiger alter Zehnthof

*20. Arzheim geschichtlich

In Arzheim steht um das Jahr 1000 eine Burg. Etwa 200 Jahre später zählt die Siedlung zur Herrschaft Madenburg mit den Grafen von Leiningen. Die Herrscher jedoch wechseln und schließlich besitzt das Hochstift Speyer die Herrschaft Madenburg. Nach Zerstörung der Burg ziehen die Amtsleute ins Schloss zu Arzheim. Im Rathaus halten sie Gericht, in der *Petzenkammer* liegt ihr Folterwerkzeug bereit.

Im 30-jährigen Krieg wird Arzheim schwer verwüstet und im Pfälzer Erbfolgekrieg erneut zerstört (1688/89). Bald danach folgt der Spanische Erbfolgekrieg um Landau. In den Kämpfen wird Louis Thomas von Savoyen (1657-1702), der Bruder von Prinz Eugen (1663-1736), verwundet. Man bringt ihn nach Arzheim, wo er stirbt.

Nach der Französischen Revolution zählt Arzheim zu Frankreich und wird 1815 Bayern zugeteilt.

> **Arzheim**
> zählt früh als fränkisches Reichsgut zum Speyergau
> **ab etwa 1200**: zur Herrschaft Madenburg
> **ab 1361/1516-1794**: zum Hochstift Speyer
> **1815**: wird bayrisch nach französischer Zeit

Weinweg 20:
Wanderweg Deutsche Weinstraße
Von Rechtenbach
nach Birkweiler

Markierung

Etappe 1 *siehe S. 116 ff*

- B 427
- Anschluss Etappe 2
- ZIEL
- Schloss
- Kurpark
- **Bad Bergzabern**
- **Dörrenbach**
- B 38
- Deutsche Weinstraße
- B 38
- Dierbach
- Westwallweg
- Waldgeisterweg
- Otterbach
- **Oberotterbach**
- Pfälzerwald
- **Großlage Guttenberg**
- Landschafts-weiher
- Weinlehr-pfad
- Weintor
- **Rechtenbach**
- START
- **Schweigen**

Etappe 2 *siehe S. 124 ff*

- Burg Landeck
- ZIEL
- Anschluss Etappe 3
- Dierbach
- Mühlbach
- Kloster
- **Klingen-münster**
- B 48
- Dierbach
- Muska-teller-Rundweg
- St. Diony-sus
- **Gleishorbach**
- **Ober-hofen**
- Hirtenbach
- Pfälzerwald
- Wappen-schmiede
- **Pleisweiler**
- Großlage Liebfrauen-berg
- Kloster Liebfrauen-berg
- Villa Pistoria
- B 38
- Schloss
- START
- B 427
- B 427
- **Bad Bergzabern**
- Anschluss Etappe 1

Etappe 3 siehe S. 132 ff

Anschluss s. Bd. 1
B 10
Birkenweiler
Baum-des-Jahres-Hain
Großlage Königsgarten
Ranschbach
Ranschbach
Quelle
L 508
Deutsche Weinstraße
Slevogthof
Leinsweiler
Birnbach
Leinsweilerhof
Eschbach
L 508
Madenburg
B 48
Göcklingen
Großlage Herrlich
Kaiserbach-Lehrpfad
Pfalz-klinikum
Pfälzerwald
Niko-laus-Kapelle
B 48
Klingenmünster
Großlage Liebfrauenberg
Burg Landeck
START
Anschluss Etappe 2
Kloster

Wegverlauf:
Rechtenbach – Bad Bergzabern – Klingenmünster – Birkweiler

Auf ruhigen Wegen durch Wald, Weinberge und Weinorte begleitet der Wanderweg Deutsche Weinstraße seit 1974/75 die Deutsche Weinstraße von Schweigen-Rechtenbach im Süden bis Bockenheim im Norden (Gesamt-Länge: 96,3 km). Wir folgen diesem markierten Wanderweg von Schweigen-Rechtenbach bis nach Birkweiler in 3 Etappen. Wer will, kann sich seine Weg-Etappen natürlich auch nach Lust und Laune einteilen. Für die Rückfahrt bieten sich Bus und Bahn an. Man kann auch auf demselben Weg zurückgehen oder folgt Weinweg 18, der parallel verläuft und in diesem Buch von Nord nach Süd beschrieben ist *(siehe S. 72)*.

Etappe 1: Rechtenbach – Oberotterbach – Dörrenbach – Bad Bergzabern (rd. 10 km) ... S. 116

Etappe 2: Bad Bergzabern – Pleisweiler – Gleishorbach – Klingenmünster (rd. 8 km) ... S. 124

Etappe 3: Klingenmünster – Eschbach – Leinsweiler – Birkweiler (rd. 14 km) ... S. 132

Fortsetzung bis St. Martin siehe M. Goetze: Weinwege genießen in der Südpfalz. Bd. 1

Bad
Bergzabern

Von Rechtenbach nach Bad Bergzabern

Kurzinformation zu den Orten

Schweigen-Rechtenbach

siehe Weinweg 17 .... S. 61

Oberotterbach

siehe Weinweg 17 .... S. 61

Dörrenbach

(Verbandsgemeinde Bad Bergzabern)

ca. 920 EW; das *Dornröschen der Pfalz* liegt in einem geschützten Talkessel im Wald.

Im „Märchenwald" bei Dörrenbach

Wein & Sehenswert

Jesuitenkeller (Übergasse): Zehntkeller der Jesuiten aus Straßburg, das Tonnengewölbe dient heute als Weinkeller

Rathaus (Hauptstr. 87; von 1590): war Amtshaus der Herzöge; mit Verkehrsverein

Simultankirche (Hauptstr. 36; erbaut um 1300 aus alten Fundamenten): Wehrkirche mit Treppentürmchen

Weingut + Einkehren am Weg

Altdeutsche Weinstube: Hauptstr. 14

Weingut Rapp: Hauptstr. 81- 83; mit Weinstube Zum Wachthäusel

... Weiteres siehe S. 151 f.

Weinlage

Großlage Guttenberg (Bereich Südliche Weinstraße)
Wonneberg - zu Bad Bergzabern

Bad Bergzabern

(Verbandsgemeinde Bad Bergzabern)

ca. 7.760 EW; Kur-Stadt mit Schloss am Austritt des Erlenbachs aus dem Wasgau in die Rheinebene.

Wein & Sehenswert

Schloss Bergzabern (Königstr. 61)

Südpfalz-Therme (Kurtalstr. 27)

Kneipp-Lehrpfad (Start: Kurtalstr.)

Zinnfigurenmuseum (Marktstr. 14)

Weingüter

Vinothek im Culinarium: Rötzweg 9

... Weiteres siehe S. 146 f.

Weinlage

Großlage Guttenberg (Bereich Südliche Weinstraße)
Bad Bergzaberner Wonneberg (150 ha); sandiger Lehm / Höhe bis 300 m

Start: Schweigen-Rechtenbach, Weinstraße / Ecke Kirchstraße

Anfahrt: bis *Schweigen, Weintor* mit Bus 543 (Wissembourg – Schweigen-Rechtenbach – Oberotterbach – Bad Bergzabern)

Ziel: Bad Bergzabern, Bahnhof

Rückfahrt: mit der Bahn (Bad Bergzabern – Winden); Bus 540 (Bad Bergzabern – Klingenmünster – Göcklingen – Landau Hbf), Bus 541 (Bad Bergzabern – Billigheim-Ingenheim – Impflingen – Landau Hbf), Bus 543 (s.o.) u.a.

Weglänge: rd. 10 km / 2,5 Stunden Abstecher zum Bahnhof Bad Bergzabern: 1 km / 15 Minuten

Markierung: grüne Traube auf weiß; auch: Pfälzer Weinsteig; Bad Bergzaberner Landweg; Radweg Deutsche Weinstraße u.a. – Wegverlauf siehe auch S. 178 f.

Karte: Südpfalz. Wandern u. Radfahren zwischen Rhein & Reben; 1:40.000. – Pietruska-Verl., 2012

Anforderung: Der Weg ist eine Streckenwanderung, kein Rundweg. Er windet sich durch die Weinberge, führt auch in den Wald. Er lässt die Wein-Großlage Guttenberg erleben. Diese Etappe ist nicht als Radtour oder zum Mitführen von Kinderwagen geeignet.

km

Wegverlauf

In **Schweigen-Rechtenbach** (*1), *Bushaltestelle Deutsches Weintor (s. a. Weinweg 17 – S. 63)* beginnt der Wanderweg Deutsche Weinstraße.

Wir wenden dem Deutschen Weintor (*2) den Rücken zu und folgen der **Kirchstraße** *(160 m parallel mit Weinweg 18 – S. 83)*, linker Hand liegt der St. Urban-Platz. Schnell folgen wir nach links der **Guttenbergstraße** (0,2 km), sie endet am Ortsrand (0,4 km). Hier wenden wir uns nach rechts, gehen neben Reben *(Schweigener Sonnenberg; Großlage Guttenberg)*, gehen geradeaus weiter. Hinter dem Friedhof *(>Bergzabern 13,8 km)*

 biegt die Straße (= **Am Weiher**) nach links hinab ins Tal. Eine Kurve führt nach rechts, vorbei am Landschaftsweiher erreichen wir das Wegende an der Talstraße (0,9 km).

Wir verlassen nun Rechtenbach, es geht geradeaus hinauf auf einem Wanderweg *(>Dörrenbach)*, dann nach rechts *(>Oberotterbach)* und in Serpentinen hoch hinauf.

1,1 Oben (1,1 km) nach rechts weitergehen, der Weg knickt am Waldrand nach links, führt wieder in den Wald, endet an einem Teerweg (1,4 km). Hier nach links wenden und 80 m weiter hinaufgehen. Dann führt ein schmaler Weg nach rechts in den Wald.

Im Wald endet der Weg (1,6 km). Wir wenden uns nach rechts hinab und halten uns sogleich bei einer Wegverzweigung rechts. So kommen wir in die Weinberge zu einem Wiesenweg. Wir folgen ihm geradeaus bis zu einem Strä-

1,9 chen (1,9 km), gehen hier nach links *(für 1 km mit Weinweg 18 – S. 82 f.)*.

km

Schnell geht es nach rechts, dann nach links hinab. Hinter einem Kneippbecken erreichen wir **Oberotterbach** (2,6 km; *Schild nach links: Burgruine Guttenberg 5,2 km* (*3)).

Auf der **Oberdorfstraße** nach rechts gehen. Hinter Weingut Gebr. Schulz (Nr. 28) folgen wir nach links der **Handwerksgasse** (2,8 km), gehen am Ende nach rechts hinab (= **Guttenbergstraße**), bei nächster Gelegenheit (3,1 km) nach links hinauf (= **Lenkerweg**), bald in die Weinberge *(Schweigener Sonnenberg)*.

Es geht kurz hinab, dann endet der Weg (3,6 km). Hier folgen wir nach rechts einem Teerweg. Schnell geht es nach links durch das romantische Dierbachtal. Eine Holzbrücke führt über den Bach, dahinter gehen wir eine Treppe hinauf zu einem breiten Weg (3,8 km). Wir wenden uns nach links, doch sogleich nach rechts, es geht weiter hinauf zu Reben *(Bad Bergzaberner Wonneberg; Großlage Guttenberg)*. Der Weg wird zu einem Wiesenweg, es geht steil bergauf, auch kurz in den Wald. Der Weg knickt nach links, bleibt am Waldrand, biegt dann aber nach links in den Wald.

Dörrenbach, Hoftor mit Neidköpfen

km

Am Wegende (4,8 km) nach rechts hinabgehen. Dann am Wegende (5 km) geradeaus hinaufgehen, aus dem Wald hinaus (>*Dörrenbach*). Weiter oben biegt der Weg nach links. Am Wegende geht es nach links weiter hinauf. Bei dem Sportplatz von **Dörrenbach** ist die Höhe erreicht (5,5 km). Geradeaus gehen wir weiter, in den Wald, dann erreichen wir ein 1. Haus (5,9 km) und gehen hinab auf der **Übergasse**, vorbei an altem Zehntkeller (links) und Kinnelsbrunnen (6,1 km; *hier kreuzen wir Weinweg 17 – S. 62*) bis zur Hauptstraße. An dieser Ecke liegt das **Weingut Rapp** (links/Nr. 81-83) und vor uns die Wehrkirche.

(Nach links zu sehen: Rathaus (*4).)* Wir folgen der **Hauptstraße** nach rechts, gehen vorbei an der **Altdeutschen Weinstube** (links/Nr. 14; 6,4 km), bei nächster Gelegenheit nach links. Wir folgen der **Wiesenstraße**, sie heißt später **Kastanienstraße**. Am Weg steht ein Gedenkstein *1.000 Jahre Dörrenbach 1992*. Gleich dahinter führt ein schmaler Weg nach rechts hinab (6,6 km). Dies ist ein wunderschöner Wanderweg!

Bei einer Wegverzweigung (7,2 km) rechts halten. Bei einer nächsten Wegverzweigung (mit Bank *Kastanienhof*) links halten und nun in den Wald gehen. Der gleicht bald einem *echten Märchenwald*. Oben verzweigt sich der Weg, hier links halten und hinaufgehen. Am Waldrand (7,7 km) nach links wenden. Wir kommen zu ersten Reben *(Bad Bergzaberner Wonneberg)* und blicken darüber hinweg auf Bad Bergzabern. Auf einem Wiesenweg gehen wir zu einer Kreuzung. Hier wenden wir uns nach rechts hinab (Teerweg). Bei einer

km

nächsten Kreuzung (8,3 km; *mit Weinweg 18 – S. 82; für 230 m*) biegen wir nach links und gehen zwischen Reben geradeaus hinab nach **Bad Bergzabern**.

9,0

Unten bei einem Parkplatz (9 km) gehen wir nach rechts und wieder nach rechts in den Kurpark. Hinter einer Station des Kneipp-lehrpfads (*Wasserheilkunde*), Baumelbänke stehen hier auch, endet der Weg. Hier liegt rechts das Kurhaus mit **Vinothek** im **Culinarium** (Rötzweg 9).

Wir halten uns links, gelangen zur **Kurtalstra-ße**. Diese überqueren wir und folgen ihr dann nach rechts. Beim **Restaurant Weinschlössel** (links/Nr. 10) gibt es einen kleinen Platz mit

9,6

Böhämmer-Brunnen (*5) vor der Bismarck-straße.

km

Hier endet Weinweg 20, Etappe 1. Wer weiter-wandern will, folgt Etappe 2; siehe S. 124 ff.

→ **Abstecher Bahnhof Bad Berg-zabern** (1 km)

*Noch 200 m geradeaus der **Kurtalstraße**/ später **Weinstraße** folgen.*

*Auf Höhe des Ludwigsplatzes geradeaus auf der **Marktstraße** zum Markt-platz (360 m) gehen und weiter geradeaus (Fußgängerbereich). Hinter **Confiserie Herzog** (Nr. 48; 610 m) nach links in die **Bärengasse** biegen zur **Königstraße** mit **Schlosshotel Bergzaberner Hof** (680 m). Es geht nach rechts, vorbei am Schloss zur **Weinstraße**. Auf der anderen Seite liegt der **Bahnhof Bad Bergzabern**.*

Im Hof des Bad Bergzaberner Schlosses

Geschichte (n)

*1. Schweigen wird getauft

In uralter Zeit geschieht es, da reitet der Vogt durch sein Land und schaut überall nach dem Rechten. Im Galopp erreicht er eine namenlose Siedlung. Dort sieht er unter der Dorflinde einen Haufen Bauern stehen, wild schreien sie durcheinander. Der Vogt zügelt sein Pferd, gleich sind alle still. „Was geht hier vor?", fragt er streng.

Einer ruft: „Unser Dorf braucht einen Namen!"

Schon beginnt erneut ein spektakelndes Geschrei. Jeder will dem Vogt seinen Namensvorschlag zu Gehör bringen.

Dem Vogt ist diese Schreierei schnell zu bunt. Energisch spricht er: „Schweigen!"

Alle halten verblüfft inne. Und rufen nach einer Minute unisono: „Schweigen! Das ist der rechte Name für unser Dorf!"

Und tatsächlich – fortan nennen die Menschen ihr Dorf Schweigen.

*2. Deutsche Weinstraße & Weintor

In Schweigen beginnt die Deutsche Weinstraße, unübersehbar zeigt dies das Deutsche Weintor. Ob es schön ist, darüber mag man streiten. Immerhin – imposant ist es, nützlich zum Lagern von Wein und es bietet eine grandiose Aussicht.

Die Idee für die Deutsche Weinstraße kommt einem Volksschullehrer in der Zeit, da in Deutschland die Nationalsozialisten herrschen. Dieser Lehrer, damals Gauleiter, will die Pfalz von Bayern lösen. Er prahlt auch gern: *„Mein Gau ist als erster judenfrei!"* So reden damals Viele – leider. Die jüdischen Weinhändler haben sie schon vertrieben. Das aber stellt die Winzer vor ein Problem: Wie sollen sie fortan ihren Wein loswerden?

Da kommt diesem Gauleiter beim Gespräch mit Winzern im Schweigener Gasthaus *Zum Bayrischen Jäger* die Idee der Weinstraße: *„Fremdenverkehr wird euren Weinabsatz steigern!"*

Schweigen, Deutsches Weintor

Schon 1 Jahr später, im Herbst 1935, wird festlich die Weinstraße eröffnet. Sie führt durch die Pfalz von Weindorf zu Weindorf bis nach Bockenheim im Norden. Bei ihrer feierlichen Eröffnung zeigt in Schweigen ein Holztor symbolisch den Eingang.

Ein Tor aus Stein mit Gaststätte – das wäre der Clou, beginnen einige zu träumen. Bald wird in 3 Schichten rund um die Uhr gebaut. Die Schweigener schaffen mit Pferde- und Kuhfuhrwerken Baumaterialien herbei, Rechtenbach stellt Sand und Kalk, Oberotterbach liefert die Sandsteine, Dörrenbach das Holz für die Eichenbalken. Nach 8 Wochen steht das Tor fertig da! Es fehlt nur noch ein Keller, befinden die Winzer – schon im Herbst 1936 wird erstmals Wein dort eingelagert. Schnell kommen Tag für Tag 600-700 Besucher und Besucherinnen.

Doch 3 Jahre nach der Einweihung beginnt der 2. Weltkrieg. Nach dem Krieg ist in Schweigen vieles zerstört, vom Weintor aber ist nur der Ostflügel mit der Gaststätte schwer beschädigt.

Erinnerung verlangt Wahrheit. Als Weintor und Weinstraße entstehen, durchleben Viele in und durch Deutschland böse Zeiten. Doch ist es heute schön zu erleben, wie dieses Weintor jeden Tag eine bunte Schar von Ausflüglern anzieht. Auch erinnert heute bei ihm ein *Walk of fame* an Menschen, die sich hervorragend für den Weinbau eingesetzt haben. Man findet ein Restaurant mit Festsaal (1960 angebaut) und auch die Vinothek der Winzergenossenschaft Deutsches Weintor. Besonders viel Trubel lässt sich jedes Jahr am letzten Sonntag im August erleben, wenn am Erlebnistag Deutsche Weinstraße die Straße 8 Stunden lang von Autos frei ist, zum Feiern, Radeln und Wandern.

Beim Deutschen Weintor

1935: Eröffnung Deutsche Weinstraße
1936: Bau des Weintors
seit 1986: Erlebnistag Deutsche Weinstraße

Dörrenbach, Schild mit Bacchus

*3. Burg Guttenberg

Die Burg Guttenberg, eine Ruine, thront auf dem Schlossberg bei Oberotterbach. Einst ist die Burg eine der Reichsburgen um den Trifels. Es herrschen von dort aus die Fleckensteiner. Noch vor 1292 kommen die Grafen von Leiningen hinzu und herrschen bis 1375 gemeinsam mit den Fleckensteinern und den Otterbachern. Ab etwa 1380 besitzen Kurpfalz und Leiningen die Burg. Als die Kurpfalz 1410 aufgeteilt wird, fällt ihr Anteil Pfalz-Zweibrücken zu. In der Burg leben damals lediglich Amtmann, Keller, Viehmagd und zwei Torwächter. Im Bauernkrieg 1525 wird die Burg zerstört und nicht wieder aufgebaut. Regiert wird fortan von Dörrenbach aus.

Nach dem 2. Weltkrieg liegt die Burg in dem von Frankreich beanspruchten Mundatwald, erst 1985 wird sie dem Bundesland Rheinland-Pfalz übergeben.

Oberotterbach

Burg Guttenberg (siehe auch S. 178)
12. Jh.: Bau als Reichsburg
ab etwa 1380: Besitz von Kurpfalz + Leiningen
ab 1463: zu Kurpfalz + Pfalz-Zweibrücken
1525: Zerstörung

*4. „En scheene Dach"

In dem Weindorf Dörrenbach ist viel Fachwerk zu entdecken und Schnitzwerk am Rathaus stammt aus der Zeit der Renaissance (1590). Im Dorf finden sich auch einige Weingüter, doch eine Weinprinzessin wie anderswo gibt es nicht. Stattdessen wird jedes Jahr im Juni ein Dornröschen wachgeküsst. *„Macht eich emol en scheene Dach, un kummt zu uns uff Dörrebach"*, erzählen die 7 Zwerge, die es dabei natürlich auch gibt.

*5. Böhämmer jagen

Ein Auswärtiger, der in Bad Bergzabern Böhämmerweg und Böhämmerskulptur sieht, fragt sich vielleicht, was Böhämmer wohl meint. Böhämmer sind Bergfinken, also kleine Vögel. Diese sind nah verwandt mit dem Buchfink, nisten in Skandinavien, sind auch in Sibirien anzutreffen. Über den Winter kommen sie, auf der Suche nach einem warmen Platz, auch in die Südpfalz. Der Bergfink ist wahrscheinlich eine Ammergattung, aus Buchammer ist Böhämmer geworden.

Die Südpfälzer in alter Zeit empfinden die Böhämmer als eine arge Plage. Die Vögel kommen in ungeheuren Scharen in ihre Wälder und fabrizieren dabei ein Riesengeschrei. Viele beginnen, die Vögel mit Blasrohr und Tonkugeln zu jagen. Das Jagdfieber wächst. Der Stadtwachtmeister hat 1777 nach dem abendlichen Schließen der Stadttore von jedem Schützen 1 Kreuzer zu fordern. Es wird aber auch geklagt, dass die *„Mannsleut mit dem Vogelrohr auf dem Feld herum laufen und die Kirche versäumen"*.

Das Blasrohr für die Jagd ist an die 2 Meter lang. Die Männer fertigen es aus Tannen- oder Fichtenholz und verschönern es mit Ringen aus junger Kirschbaumrinde. Neben dem Blasrohr braucht der Jäger einen Rückkorb für die geschossenen Finken, darin bewahrt er ebenso seine *Schlotterkrüge* auf, gefüllt mit köstlichem Wein. Der Wein versüßt ihm die oft mehrere Nächte andauernde Jagd. Ein wichtiges Jagdutensil ist auch die Zündpfanne, eine eiserne, durchlöcherte Pfanne mit einem langen Holzstiel.

Die Nacht bricht an, stockduster ist's im Wald. Mit Bedacht zündet der Jäger sein Kienholz in der Pfanne an. Gespenstisch beleuchtet der Feuerschein die Bäume. Der Jäger entdeckt schlafende Böhämmer, er nähert sich ihnen geräuschlos. Steht er unter dem Baum, setzt er sein Blasrohr an die Lippen und pustet. Ein Vogel fällt tot zur Erde. Die anderen Vögel fühlen im Schlaf die Lücke und rücken zusammen. Wieder bläst der Jäger, wieder fällt ein Vogel, wieder rücken die anderen Vögel zusammen. Wehe aber, der Jäger macht ein Geräusch. Dann fliegen die Vögel alle auf einmal davon.

Erst 1906 wird diese Jagd verboten. Heute gibt es in Bergzabern einen Böhämmer Jagdclub. Die Schützen aber schießen nicht auf Vögel, sondern nur auf Glaskörper.

Schön ist's im Kurpark von Bad Bergzabern

Pleisweiler

Bei der alten Wappenschmiede

Von Bergzabern nach Klingenmünster

Kurzinformation zu den Orten

Bad Bergzabern

siehe Weinweg 20, Etappe 1 .... S. 117

Pleisweiler-Oberhofen

siehe Weinweg 18 .... S. 76

Einkehren am Weg

Restaurant Wappenschmiede: Wappenschmiedstr.

Gleiszellen-Gleishorbach

(Verbandsgemeinde Bad Bergzabern)

ca. 760 EW; Wein- und Fremdenverkehrs-
gemeinde im hügeligen Rebgelände vor dem
Pfälzerwald.

Wein & Sehenswert

Kath. Kirche (St. Dionysius; erbaut 1746-48):
Dionysius ist ein alter Weingott

Weinfeste: *Kirchberg in Flammen* (Juni) u.a.

Weingut am Weg

Weingut Hans-Jürgen Doll: Hauptstr. 34

... Weiteres siehe S. 154 f.

Weinlagen

Großlage Kloster Liebfrauenberg

(Bereich Südliche Weinstraße)

Gleiszeller Gleishorbacher Frühmess (46 ha);
Boden: Kalk + Kies / Höhe bis 280 m

Gleiszeller Kirchberg (66 ha); Boden: sandiger
Lehm / Höhe bis 280 m

Bad Bergzabern, Gasthaus zum Engel

Klingenmünster

siehe Weinweg 20, Etappe 3 .... S. 133

Weingut am Weg

Weingut Porzelt: Steinstr. 91

Start: Bad Bergzabern, Bismarckstr. / Ecke Kurtalstr.

Anfahrt: bis *Bahnhof Bad Bergzabern* mit Bahn (Winden – Bergzabern) oder Bus 543 u.a.

... oder bis *Bad Bergzabern, Marktplatz* mit Bus 543 (Bergzabern – Wissembourg); Bus 546 (Böllenborn – Bergzabern – Winden). – Zu Fuß der **Weinstraße** weiter folgen, sie heißt später **Kurtalstraße**. Start ist, wo die **Bismarckstraße** nach rechts führt (gut 200 m).

Ziel: Klingenmünster, Rathaus (Weinstraße)

Rückfahrt: Bus 540 (Landau – Bad Bergzabern); Bus 531 (Landau – Annweiler)

Weglänge: rd. 8 km / 2,5 Std.
+ Weg vom Bhf. Bad Bergzabern zum Start: 1 km / 15 Min.

Markierung: Wanderweg Deutsche Weinstraße; auch: Bad Bergzaberner Landweg; Pfälzer Weinsteig u.a. – Wegverlauf siehe S. 179

Karte: Südpfalz. Wandern u. Radfahren zwischen Rhein & Reben; 1:40.000. – Pietruska-Verl., 2012

Anforderung: Vom Bahnhof Bad Bergzabern geht es 1 km durch die Altstadt zum eigentlichen Start dieser 2. Etappe des Weinwegs 20. Zu genießen ist eine Wanderung durch die Großlage Kloster Liebfrauenberg. Der Weg führt schnell hinauf in die Weinberge nördlich von Bad Bergzabern, streift Pleisweiler am Westrand, Gleishorbach wird in voller Schönheit durchwandert. Hernach geht es hoch hinauf, ehe es in Serpentinen hinabgeht nach Klingenmünster. Als Radtour oder mit Kinderwagen ist diese Etappe nicht geeignet!

Streckenverlauf: siehe S. 114

km

Wegverlauf

Bergzabern, Bahnhof – Start (1 km): Beim Bahnhof **Bad Bergzabern** *verläuft die* **Weinstraße**, *wir gehen über sie hinweg, auf der anderen Straßenseite nach links, folgen beim Kreisel nach rechts der* **Königstraße**. *Am Weg liegt die Weinstube zur Reblaus des* **Weinguts Gander** *(links/ Nr. 62; 220 m), dann das Schloss (*1), dahinter* **Schlosshotel Bergzaberner Hof** *(rechts/Nr. 55-57; 350 m), bald das* **Gasthaus Zum Engel** *mit Museum (*2) (rechts/ Nr. 45; 430 m). Wir biegen dann nach links in die* **Pfarrgasse** *und beim Marktplatz (660 m) nach rechts, kommen zur* **Weinstraße** *(820 m). Ihr folgen wir geradeaus, sie heißt bald* **Kurtalstraße** *(940 m), dann führt nach rechts die Bismarckstraße.*

Start: Der **Bismarckstraße** folgen wir. Wo sie endet (0,2 km), gehen wir nach links in die **Zeppelinstraße**. Bei nächster Gelegenheit, vor der Villa ZickZack (Zeppelinstr. 1), folgen wir nach rechts der **Altenbergstraße** (0,3 km), .
Es geht am Waldrand entlang (>*Kneipp-Lehrpfad, Bewegung*), bald liegen rechter Hand Weinberge (*Bad Bergzaberner Altenberg; Großlage Kloster Liebfrauenberg*). Unser Weg endet am Liebfrauenbergweg (>*Kneipp-Lehrpfad, Ernährung; 1,2 km*).
(Tipp: Auf dem Liebfrauenbergweg nach links hinaufgehen zur Villa Pistoria (410 m) und weiter zum alten Kloster Liebfrauenberg (710 m).)
Am Liebfrauenbergweg gehen wir 70 m nach rechts bis zu einem Weg nach links (1,3 km).

→ Abstecher **Weingut Hitziger**

Dem **Liebfrauenbergweg** 20 m weiter geradeaus folgen, dann liegt nach rechts das Weingut (rechts/Nr. 3; 100 m).

1,6

Wir folgen dem Weg nach links und gehen am Wegende (1,6 km) nach links hinauf. Oben nach rechts wenden (>*Pleisweiler-Oberhofen 0,7 km*), bis der Weg endet (1,8 km). Hier

blicken wir auf **Pleisweiler**. Wir gehen nach rechts hinab und bei 2. Gelegenheit nach links steil hinab bis zur **Wappenschmiedstraße** (2,1 km; *treffen hier Weinweg 18 – S. 81*).

Wir gehen 100 m nach links ...

→ Abstecher **Restaurant Wappenschmiede**

Der **Wappenschmiedstraße** weiter folgen bis zum Restaurant in der alten Wappenschmiede (*3) (250 m).

... und folgen einem Fußweg nach rechts (2,3 km) zur **Schlossstraße**. Hier geradeaus hinaufgehen – wiederum zur Schlossstraße. Wir folgen ihr nach rechts, bis am Ortsrand nach links ein Weg in den Wald beginnt (2,5 km). Der Weg biegt oben leicht nach links, führt dann unbefestigt auf den Waldrand zu. Hier biegt er nach rechts (2,7 km), wir gehen bald zwischen Wald und Reben (*Pleisweiler-Oberhofener Schlossberg*) weiter.

3,6

Vor einer Schutzhütte mit Rastplatz (3,6 km) gehen wir nach rechts in die Weinberge, kommen aber bald im Bogen zurück zum Wald.

Pleisweiler

Der Weg biegt scharf nach rechts und wir gehen bei nächster Gelegenheit scharf

nach links, sogleich nach rechts, dann nach links hinab nach **Gleishorbach** (*4)(4,3 km). Wir folgen geradeaus der **Schlemmergasse**, sie endet neben einem beeindruckenden Brunnen (4,5 km). Hier folgen wir der **Hauptstraße** nach rechts. Doch hinter Weingut Hans-Jürgen Doll (links/Nr. 34; 4,6 km) biegen wir nach links in die **Lettengasse**. An ihrem Ende (4,7 km) gehen wir nach rechts weiter (= **Im Altengarten**).

Die Straße verläuft kurz vor Gleiszellen (5 km) nach links, wir kommen zur Kirche St. Dionysius (beim *Muskatellerrundweg*).

5,1

Der **Dionysiusstraße** folgen wir nach rechts. Bei einer Verzweigung halten wir uns rechts und gehen hinab nach **Gleiszellen** zur Bergstraße (5,4 km; *mit Weinweg 18 für einige Meter – S. 80*)**.

5,4

Wir folgen der **Bergstraße** nach links. Am Weg liegt alsbald das Weingut Schönlaub (rechts/Nr. 14; 5,6 km). Weiter oben biegen wir nach rechts in die **Blidenfeldstraße**. Am Ortsrand überqueren wir die Kirchbergstraße, gehen geradeaus weiter und gelangen in die Weinberge (*Gleiszeller Kirchberg*) (*5). Bald ist der Weg unbefestigt. Oben geht es geradeaus weiter auf einem Wiesenweg (>*Burg Landeck, Klingbachhof*). Vor einer Schutzhütte (6,2 km) gehen wir nach links hinauf zum Wald, dort findet sich nach rechts hinab ein schmaler Weg mit Treppen.

Der Weg biegt nach links, er endet bei einer Bank mit Aussicht. Nach links geht es weiter

6,6

hinab zu einer kleinen Straße (6,6 km). Hier

127

km

geht es nach rechts und bei nächster Gelegenheit nach links hinab zum Klingbachhof am Mühlbach (*6), daran vorbei zur **Steinstraße**

6,9

von **Klingenmünster** (6,9 km).

→ Abstecher **Weingut Porzelt** (120 m)

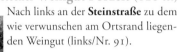

Nach links an der **Steinstraße** zu dem wie verwunschen am Ortsrand liegenden Weingut (links/Nr. 91).

Der **Steinstraße** folgen wir nach rechts, gehen bei nächster Gelegenheit wiederum nach rechts in den **Totenweg**. Unten führt vor dem Klingbach ein Weg nach links. Es gibt dann eine Brücke über den Bach, dahinter nach links wenden (*mit Weinweg 18 – S. 80*) bis zur **Steinstraße** (beim kurpfälzischen Amtshaus (*7)). Wir gehen nach rechts und kommen zur Kreuzung mit **Weinstraße**

7,8

(7,8 km) beim Rathaus (*8).

km

In diesem Hause wurde geboren
am 27. April 1828
der pfälzische Schriftsteller
August Becker,
gest. zu Eisenach
am 23. März 1891.

Hier endet unser Weinweg 20, Etappe 2.
20 m nach rechts liegt die Bushaltestelle Klingenmünster, Rathaus (>Bad Bergzabern), 20 m nach links hält der Bus Richtung Landau.

Weiterwandern mit Weinweg 20, Etappe 3;
S. 132 ff.

Klingenmünster, Burg Landeck auf den Schlossberg

*1. Im Schloss zu Bergzabern

In Bergzabern zerstören 1525 aufständische Bauern eine Burg. An ihre Stelle lassen Herzog Ludwig I. von Pfalz-Zweibrücken (1424-89) und später Ludwig II. (1502-32) ein Schloss bauen, welches zugleich eine Wehranlage ist. Ludwig II. feiert darin seine Hochzeit mit über 1.000 Gästen. Doch 1676 brennen französische Soldaten dieses Schloss nieder. Erst nach 50 Jahren erfolgt ein Wiederaufbau, nun mit Freitreppe und Rundtürmen. In dem Schloss ist zeitweise die *Große Landgräfin* Caroline von Hessen-Darmstadt (1721-74) ein lieber Besuch, da ihre Mutter es als Witwensitz nutzt.

In der Französischen Revolution tagen in dem Schloss die Jakobiner. Doch gelangt es dann in Privatbesitz, der Schlossgraben wird zugeschüttet. Später erwirbt es die Stadt Bergzabern. Sein heutiges Aussehen erhält es nach einem Brand 1909. Heute residiert die Verbandsgemeindeverwaltung Bad Bergzabern darin.

> **Schloss Bergzabern** (Königstraße 61)
> **um 1530**: Umwandlung einer Burg in ein Schloss
> **1676**: niedergebrannt
> **1720-25**: Wiederaufbau
> **1909**: Schlossbrand
> **heute**: Verwaltung Verbandsgemeinde Bad Bergzabern

*2. Beim Gasthaus Zum Engel

Das Gasthaus Zum Engel in Bad Bergzabern (Königstraße 45) gilt als das *schönste Renaissancehaus der Pfalz*. Auch sein Wirtshausschild ist eine Pracht.

1556 lässt hier der Herzog von Pfalz-Zweibrücken einen Verwaltungs- und Wohnsitz für den Amtmann errichten. Vor der Französischen Revolution wohnt in dem Amtshaus Baronin Mary von Bode (1742-1812). Sie ist es, die zuerst von *Revolution* spricht. In französischer Zeit wird aus dem Amtshaus ein Gasthaus (1802).

In diesem *Gasthaus Zum Engel*, Bergzabern zählt inzwischen zu Bayern, nächtigt auf seiner Flucht 1835 der Schriftsteller Georg Büchner (1813-37). Am 9. März schreibt er aus Wissembourg an seine Familie in Darmstadt (gekürzt): *„Die Reise ging schnell und bequem vor sich. Seit ich über der Grenze bin, habe ich frischen Lebensmut, ich stehe jetzt ganz allein, aber gerade das steigert meine Kräfte. Der geheimen Angst vor Verfolgungen, die mich in Darmstadt beständig peinigte, enthoben zu sein, ist eine große Wohltat."*

Das Gasthaus befindet sich seit 1980 im Besitz der Stadt. Diese nutzt darin Räume für ihr Stadtmuseum.

*3. Wappenschmiede

Romantisch liegt eine alte Wappenschmiede am Rande von Pleisweiler, darin befindet sich heute ein Restaurant. Der Mühlteich ist noch da und auch das große Mühlrad.

Bis 1945 wird diese Wappenschmiede betrieben. Da werden mit gewaltigen Eisenhämmern (*Wappen*), angetrieben von dem Mühlrad, landwirtschaftliche Geräte wie Schaufeln und Harken geschmiedet. Das Wasser, welches das Mühlrad antreibt, kommt aus Silz durch eine Wasserleitung aus ausgehöhlten Baumstämmen. Das Rad dreht sich und setzt die Hämmer in Gang. Die Feinarbeit erledigt am Ende der Schmied von Hand. Heiß wird es ihm bei seiner Arbeit und laut ist es! Das kann sich heute bei dieser Idylle kaum noch einer vorstellen.

Geschichte (n)

*4. Gleiszellen und Gleishorbach geschichtlich

Gleiszellen entsteht im Zusammenhang mit dem Kloster Blidenfeld, dem späteren Kloster Klingenmünster und zählt dann ebenso wie Gleishorbach zur Herrschaft Landeck.

1313 belegt der Kloster-Abt Gleiszellen mit dem Weinbann, es darf damals im Dorf an jeweils 15 Tagen im Herbst und im Mai nur der teure Wein des Klosters ausgeschenkt werden. Der Ausschank befindet sich in der *Banngasse*, der heutigen Winzergasse.

Gleiszellen-Gleishorbach
ehemals zur Herrschaft Landeck

Gleiszellen, schöne Winzergasse

*5. Muttergottesgläschen

Viele Rebleute haben die Jungfrau Maria zur Patronin ihrer Weinberge erkoren. In Landau ist sie Namenspatin für die große Marienkirche. Eine Legende der Brüder Grimm erzählt, wie sich Maria durchaus auch am Wein gelabt haben soll:

Es regnet ohne Unterlass, durch den Regen kutschiert ein Fuhrmann sein Gefährt. Schwer hat er es beladen, mit vielen Fässern voll mit Wein. Die Feldwege sind vom Regen aufgeweicht und plötzlich sitzt er fest. „Ho ruck!", ruft er seinen Pferden zu. „Ho ruck!", immer wieder. Doch seine Räder rutschen nur immer tiefer in den schlammigen Morast.

Da kommt die Mutter Gottes leichtfüßig des Weges daher. Sie sieht den Mann und spricht ihn an: „Fuhrmann, ich bin müd und durstig. Überlass mir ein wenig von deinem Wein, deinen Wagen will ich dir dann wohl wieder frei machen."

„Ach", seufzt der Fuhrmann niedergeschlagen als Antwort. „Gerne würd ich dir geben, was du wünschest. Allein, mir fehlt ein Glas, darin ich dir den Wein reichen könnte."

Die Jungfrau Maria betrübt seine Antwort keineswegs. Suchend fällt ihr Blick auf den Wegesrand. Schon hat sie entdeckt, wonach sie Ausschau gehalten hat und sie bückt sich flink hernieder um ein kleines Blümchen, fast weiß mit blassroten Streifen, zu pflücken. Es ist die Ackerwinde, deren Blüte einem Glase sehr ähnelt.

Maria reicht die winzige Blüte dem Fuhrmann. Der tut ein Schlücklein von seinem Wein hinein und gibt behutsam die gefüllte Blüte der Jungfrau zurück. Als diese daran nippt, wird wundersam des Kutschers schweres Gefährt in derselben Sekunde frei.

Maria setzt erquickt ihren Weg fort. Auch der Fuhrmann, seinen Pferden „Ho ruck!" zurufend, kutschiert weiter, als hätte sein Karren niemals im Schlamm gesteckt.

Das Blümelein vom Wegesrand nennt nach dieser Legende manch einer auch *Muttergottesgläschen.*

*6. Der Maulus kommt ...

„Auf dem Schlossköpfel zieht die weiße Frau umher", raunen in alter Zeit die Menschen in Klingenmünster. Andere wissen vom Ritter Maulus, auch der soll einstmals dort droben gewohnt haben. „Blutrünstig war dieser Ritter, er scheute vor keinem Mord zurück", erzählen welche, Angst flackert in ihren Augen. Einige glauben, der Maulus könnte selbst heute noch an manchen Tagen im Ort erscheinen. Sein blutiges Schwert fest in der Hand, schreitet er dann den Berg herab zu dem kleinen Mühltalbächlein beim Klingbachhof. Am Bach hockt er sich nieder und beginnt sein Schwert zu waschen. Ist sämtliches Blut fortgespült, schwebt er langsam zurück auf den Berg. Niemals kann er erlöst werden, seine Freveltaten zu Lebzeiten waren zu zahlreich, waren zu fürchterlich.

„Der Maulus kommt", raunt es durch das Dorf, wenn ein Raubvogel ein heiseres Krächzen ausstößt. Und Kinder, welche die Geschichten kennen, gehen recht ungern in das Mühltal. Dort könnte ja der Maulus mit einem Mal auftauchen.

*7. Beim Amtshaus Klingenmünster

Anno 1716, sein Amtssitz auf der Burg Landeck ist seit 1689 zerstört und ein provisorischer Ersatzbau wegen Feuchtigkeit nicht länger nutzbar, lässt der Vogt das Kurpfälzische Amtshaus in Klingenmünster bauen; zweigeschossig, mit hohen Fenstern, Hof, Gärten und 2 Zehntscheuern. Es gibt auch Nebengebäude wie Schreiberei, Gefängnis, Glockenstuhl, eine *Capell*. Hier sitzt das Unteramt Landeck (Oberamt Germersheim) und verwaltet 20 Dörfer, neben Klingenmünster sind das auch Appenhofen, Bornheim, Gleishorbach, Gleiszellen, Göcklingen, Heuchelheim, Insheim, Mörzheim, Oberhochstadt, Wollmesheim.

*8. Heimatdichter August Becker

August Becker (1828-91) kommt in Klingenmünster als 5. von 11 Kindern zur Welt. Im Schulhaus wächst er auf, der Vater ist im Dorf der Lehrer. Doch zum Studieren geht August Becker fort. Er arbeitet später in Eisenach, bleibt aber seiner Heimat verbunden und beginnt zu schreiben. Seine bekanntesten Werke werden *Die Pfalz und die Pfälzer* (1858), *Hedwig* (1868) und *Die Nonnensusel* (1886). Die *Nonnensusel* spielt bei Klingenmünster, es heißt darin (gekürzt): *„Wenn man an Wintervormittagen von Klingenmünster über die Höhe die Richtung nach Bergzabern einhält, begegnet man vielen Knaben und Mädchen, die rudelweis dem Flecken Klingenmünster zustreben. Es sind Konfirmanden aus Gleiszellen-Gleishorbach und Pleisweiler-Oberhofen, die über die Rebhügel und Feldhöhen in die Pfarrstunde wandern. Plaudernd, schäkernd geht es bergauf, bergab."*

In Klingenmünster erinnert an den Dichter seit 1907 der August-Becker-Brunnen, er zeigt aus dem Roman *Hedwig* das nächtliche Bleigießen in Erlenbach. Und in den 1930er Jahren erhält der Dichter auf dem Bergfriedhof ein Ehrengrab. Sein Geburtshaus in der Steinstraße 2 beherbergt heute Museum und Gemeindebücherei.

Klingenmünster, August-Becker-Brunnen

Eschbach

Auf dem Berg thront die Maden- burg

Von Klingenmünster nach Birkweiler

Kurzinformation zu den Orten

Klingenmünster
(Verbandsgemeinde Bad Bergzabern)
ca. 2.500 EW; Erholungs- und Weinort beim Klingbach, mit Resten eines uralten Klosters.

Wein & Sehenswert
Ehemaliger Stiftsbezirk (Im Stift)
August-Becker-Museum (Steinstr. 2)
Weinfeste: *Große Weinprobe* (Burg Landeck) u.a.

Weingut am Weg
Weingut Mathis: Alte Str. 4
... Weiteres siehe S. 163 f.

Weinlage
Großlage Kloster Liebfrauenberg
(Bereich Südliche Weinstraße)
Klingenmünsterer Maria Magdalena (151 ha); Boden: lehmiger Sand / Höhe bis 280 m

Eschbach
(Verbandsgemeinde Landau-Land)
ca. 670 EW; Weinort am Fuß des Rothenbergs (476 m), auf welchem die Madenburg thront.

Wein & Sehenswert
Eschbacher Rutschbrunnen (von 1993)
Weinfest mit Eselsmarkt (Anfang August)

Weingüter am Weg
Weingut Michael Bender: Madenburgweg 8
Weinhaus Michael Naab: Weinstr. 71
... Weiteres siehe S. 152 f.

Weinlage
Großlage Herrlich (Bereich Südliche Weinstraße)
Eschbacher Hasen (86 ha); Boden: Lehm / Höhe bis 278 m

Leinsweiler
siehe Weinweg 18
.... S. 75

Birkweiler (Verbandsgem. Landau-Land)
740 EW; Winzerdorf im Siebeldinger Tal bei Hohenberg (556 m) und Kastanienbusch (360 m).

Wein & Sehenswert
Baum des Jahres-Hain (baum-des-jahres.de)
Weinfeste: *Birkweiler Weinfrühling* (Mai) u.a.

Weingüter + Einkehren
Weingut Gies-Düppel: Am Rosenberg 5
Weingut Ludwig Graßmück: Eichplatz 4
Weingut Oswald: Hauptstr. 31
Weingut Dicker: Hauptstr. 35
Weingut Klaus & Mathias Wolf: Hauptstr. 36
Weingut Siener mit Weinpavillon Keschdebusch: Weinstr. 31
... Weiteres siehe S. 149 ff.

Weinlage
Großlage Königsgarten (Bereich Südliche Weinstr.)
Birkweiler Kastanienbusch (63 ha); Boden: Ton, Sand, Kalk, Lehm, auch Schiefer / Höhe bis 345 m
Birkweiler Mandelberg (27 ha); Boden: sandiger Lehm, auch Muschelkalk / Höhe bis 285 m

Start: Klingenmünster, Rathaus (Weinstraße / Ecke Steinstraße)

Anfahrt: bis *Klingenmünster Rathaus* mit Bus 540 (Landau – Bad Bergzabern) oder Bus 531 (Landau – Eschbach – Klingenmünster – Annweiler)

ÖPNV unterwegs: *Eschbach, Ortsmitte* (Bus 531, s.o.)

Ziel: Birkweiler-Siebeldingen, Bahnhof

Rückfahrt: mit der Bahn (Landau – Siebeldingen-Birkweiler – Annweiler) oder Bus 520 (Landau – Godramstein – Siebeldingen – Birkweiler – Ranschbach)

Weglänge: rd. 14 km / rd. 4 Std.
Abstecher:
Leinsweiler; zum Slevogthof (600 m / 10 Min)
Birkweiler; a) zum Baum-des-Jahres-Hain (rd. 1,5 km / 25 Min.)
b) durch Birkweiler zum Bahnhof (Abkürzung)

Markierung: Wanderweg Deutsche Weinstraße; auch: Pfälzer Weinsteig, Mandelpfad, Keschdeweg; Kaiserbachlehrpfad u.a. – Wegverlauf siehe S. 179

Karte: Südpfalz. Wandern u. Radfahren zwischen Rhein & Reben; 1:40.000. – Pietruska-Verl., 2012

Anforderung: Dieser Weg führt von der Wein-Großlage Kloster Liebfrauenberg über die Großlage Herrlich in die Großlage Königsgarten. Das klingt verheißungsvoll und so ist auch der Weg. Als Radtour oder mit Kinderwagen ist diese Etappe nicht zu empfehlen.

Streckenverlauf: siehe S. 115

km

Wegverlauf

Wir starten in **Klingenmünster** an Weinstraße/Ecke Steinstraße. Wir folgen der **Weinstraße**, am Weg liegt rechter Hand die *Bushaltestelle Rathaus (>Landau)*, dann **Weinstube Zum Fuchsbau** (Nr. 48), Weinhof Pfeffer (Nr. 60), alte Stiftsdechanei (links/Nr. 69), **Weinstube Mathis** (Nr. 66). Bald dahinter folgen wir der **Alten Straße** nach links (0,2 km) und finden weiter oben am Weg das Weingut Mathis (rechts/Nr. 4; 0,5 km).

Wir gehen geradeaus weiter den Schlossberg (*1) hinauf und in die Weinberge *(Weinlage Maria Magdalena; Großlage Kloster Liebfrauenberg)*. Oben bietet die Nikolauskapelle auch einen schattigen Rastplatz (links), hier biegt der Weg nach rechts. Vor uns liegt nun das Gelände des Pfalzklinikums.

Am Waldrand (>*Fußweg zur Burg Landeck* (*2)) wenden wir uns nach rechts. Es führt dann vor einer Klinikzufahrt ein unbefestigter Weg nach links hinauf. Bald geht es wieder hinab, wir genießen geradeaus einen schattigen Schotterweg und kommen zu einem Parkplatz (2 km).

2,0

Hier wenden wir uns nach rechts und gehen unter der Weinstraße/B 48 hindurch. Dahinter *(wir treffen Weinweg 18 – S. 79; 2,1 km)* gehen wir nach rechts hinauf, doch sogleich nach links in das Landschaftsschutzgebiet beim Kaiserbach. Am Ende vor dem Bach nach rechts wenden. Es gibt Schautafeln zu Vögeln und Bäumen (2,3 km).

Auf einer alten Steinbrücke überqueren wir den Bach, gehen aber weiter neben ihm (Wiesenweg). Bald gibt es einen

km

Wiesenweg nach links (2,6 km). An dessen Ende (2,7 km) nach rechts, sogleich nach links weitergehen. Die Landschaft hier ist bezaubernd schön.

2,9 An der Straße nach Göcklingen (2,9 km) gehen wir nach rechts, sogleich nach links weiter. So wandern wir durch die Weinberge bis zur Straße L 509 (4,1 km; *kreuzen Weinweg 18 – S. 79*) und überqueren sie. Es beginnt **Eschbach** (*3).

Geradeaus folgen wir der **Gartenstraße** bis zur **Landauer Straße**, gehen wenige Schritte nach links zur Weinstraße (4,3 km). Uns gegen-

über steht das **Restaurant Meindl** (Weinstr. 64), davor der Eschbacher Rutschbrunnen (*4), diesem links gegenüber das Weinhaus Michael Naab (Weinstr. 71). *(Tipp: Dahinter die Bushaltestelle Ortsmitte.)*

Wir folgen der **Weinstraße** nach rechts und erreichen eine Kreuzung mit Dorfbrunnen (*5) und

4,4 **Taverne Barreto** (rechts/Nr. 55).

→ Abstecher **Weingut Bender** (30 m)
Am Dorfbrunnen vorbeigehen, sogleich nach links liegt am **Madenburgweg** das Weingut (rechts/Nr. 8).

Die **Weinstraße** biegt nach rechts. Doch gleich hinter der Kirche gehen wir nach links in die **Kirchgasse** und hinauf zum Ortsrand. Hier stehen Wein-Gerätschaften und es gibt einen Rastplatz (*6). Wir folgen dem Weg zwischen Reben *(Weinlage Hasen; Großlage Herrlich)* geradeaus hinauf, bald mit Blick auf den Slevoghof und sehen den **Leinsweiler Hof** im Tal.

Am Wegende (5,3 km) führt nach links ein

5,3 Wiesenweg. Rechter Hand liegt tief im Tal **Leinsweiler**. Wir gehen am Wegende (5,5 km) nach links auf einem Teerweg weiter.

Nach 100 m, noch ehe der Wald beginnt, zeigt unser Wegzeichen nach rechts. Es geht hier – bald ein Knick nach links – steil hinab auf einem Wiesenweg neben Reben. Bei nächster Gelegenheit nach

5,7 links wenden ...

→ Abstecher **Weingut Siegrist** (*7)
Geradeaus ist nach 70 m die Straße **Am Hasensprung** erreicht, dieser nach rechts folgen zum Weingut (links/Nr. 4; 230 m).

... und auf einem Wiesenpfad weitergehen, dann am Waldrand hinab zur Straße **Am Hasensprung**. Nach links erreichen wir bald

6,1 einen Rastplatz mit Wassertrete & Bach.

Auf der **Trifelsstraße** geht es nach rechts hinab in den Ort. Hier liegen links u.a. Weingut Gunter Stübinger mit Weinstube (Nr. 8), Weinrestaurant (Nr. 4) & Weingut Schunck (Nr. 3). Beim Rathaus (*8) stehen wir an der

6,7 Weinstraße (6,7 km).

Wir folgen der **Weinstraße** nach links (*mit Weinweg 18 für 90 m – S. 79).* Doch

hinter **Rebmann's Hotel** (rechts/ Nr. 8) und Ferienweingut Schäfer (links/Nr. 9) biegen wir nach links in die **Kirchstraße**. Wir gehen vorbei an dem Pfarrhaus von 1761 (Nr. 7; heute: *Leinsweiler Seminars*) und Kirche.

Oben an der **Slevogtstraße** (7,2 km) gehen wir nach rechts und hinauf. Bald bieten Bänke am Weg auch eine prachtvolle Aussicht. Der Weg endet an einem Sträßchen in den Weinbergen (7,5 km).

km

→ Abstecher **Slevogthof** (*9) (300 m)
Nach links hinauf zum ehemaligen
Sommersitz des Malers Max Slevogt.

Wir gehen nach rechts weiter, nun
hinab. Der Wirtschaftsweg biegt
nach links, er schlängelt sich malerisch durch
die Weinberge *(Leinsweiler Sonnenberg)*. Am
Wegende (8 km) folgen wir nach schräg links
dem Schotterweg zwischen Reben. Der Weg
endet (8,5 km), linker Hand ist Wald. Wir
gehen nach rechts auf dem Wirtschaftsweg
fort, vorbei an einem
Gedenkstein für
den toten Win-
zer S. bis zu einer
Wegkreuzung mit
Rastplatz (8,7 km).
Wir gehen geradeaus
weiter (>*Ransch-
bach*) auf einem
stillen Schotterweg
zwischen Wald und
Reben. Bald geht es
auf Teer hinab. Am
Wegende (8,9 km)
liegt vor uns im Tal
Ranschbach mit

prächtigen Weinbergen *(Ranschbacher Seligmacher)*. Wir gehen nach links hinab zu einer
Kreuzung mit Wasserhochbehälter, hier nach
rechts und weiter hinabgehen. Am Wegende
wenden wir uns nach rechts (= **Kaltenbrunn-
straße** (*10)), doch gehen wir noch vor dem

9,2

Ort nach scharf links (>*Kolping-Hütte*).
Der Weg endet (9,6 km), wir gehen nach
links, sogleich nach rechts weiter hinauf.
Sogleich biegt der Weg nach rechts, durch
Weinberge geht es weiter. Am Wegende (links
liegt eine Rasthütte) wandern wir nach rechts

km

hinab. Wir folgen dann dem 2. Weg nach links
(10,8 km). Es geht noch einmal hinauf auf
den Wald zu. Am Waldrand (11 km) gehen
wir nach rechts auf schottrigem Wiesenweg
weiter. Über Reben *(Birkweiler Kastanienbusch)*
blicken wir hinab auf Birkweiler. Hinter Hütte

und Rastplatz kommen wir im Wald
zum Wegende (11,2 km), gehen nach
rechts hinab und am Wegende nach
links in den Wald. Der Teerweg endet
vor den herrlichen Weinbergen von
Birkweiler, rot schimmert die Erde zwischen
den Reben (11,6 km).

11,6

→ Abstecher **Baum-des-Jahres-Hain**
Nach links hinauf gelangt man durch den
Wald wieder zu Reben. Hier liegt ein Hain
mit den Bäumen des Jahres (680 m).

Wir gehen nach rechts hinab. Nach 160 m
(2. Gelegenheit) folgen wir einem Schotterweg
nach links. Unten biegt er nach rechts und
führt zu einer Kreuzung (12,1 km).

12,1

→ Alternativweg durch **Birkweiler** &
zum **Bahnhof** (1,5 km / 460 m kürzer)
Nach rechts hinab wird **Birkweiler**
erreicht. Geradeaus der **Hauptstraße**
folgend geht es vorüber an Weingütern
& Weinstuben: rechts liegen **Weingut
Dicker** (Nr. 35) & **Weingut Oswald**
(Nr. 31), gegenüber **Weingut Rothhaas**
(Nr. 40), dann **Weingut Wolf** (Nr. 36),
wieder rechts **St. Laurentiushof** (Nr. 21)
& **Weingut Ökonomierat
Kleinmann** (Nr. 17).

Bei einer Kreuzung
(650 m; mit **Weinweg 18**
– S. 78) biegen wir nach
links (>*B 10*). Am Weg
liegt **Keschdebusch** –

Weingut Oswald

km

die Weinstube (rechts/ Nr. 1). Hier die Straßenseite wechseln und wenige Schritte bis zur **Weinstraße** gehen, die überqueren, *Keschdebusch* nach links wenden zur *Bushaltestelle Birkweiler, Ortsmitte* (840 m). Es geht weiter, vorbei am **Weingut Siener** (rechts/Nr. 31) und **Weinpavillon Zum Keschdebusch**. Dahinter die Straßenseite wechseln. Hinter *Bushaltestelle Siebeldingen, Bahnhof* und **Weingut Dr. Wehrheim** (links/Nr. 8) liegt der **Bahnhof Birkweiler-Siebeldingen**.

Wir gehen geradeaus weiter und hinauf (>*Zum Aussichtsturm Hohenberg*). Eine grandiose Aussicht bietet sich, Bänke laden ein; wer eine Flasche Wein bei sich hat, kann diese hier köstlich genießen. Am Weg liegt ein Weinlehrpfad und bei einem Rastplatz findet sich im

km

12,7

14,0

Briefkasten ein Büchlein zum Notieren von Eindrücken (12,5 km). Am Wegende gehen wir nach rechts hinab, der Weg bekommt später eine Teerdecke. Es geht hier wahrhaft steil hinab. So erleben wir, in welch steilen Weinbergen der exzellente Birkweiler Wein reift. Am Wegende gehen wir nach rechts auf **Birkweiler** zu, kommen noch vor dem Ort zu einer Kreuzung (13,5 km). Wir gehen hier nach links, dann unter der Straße B 10 hindurch, dahinter nach rechts zum **Kanalweg**. Hier gehen wir nach rechts zur **Weinstraße** mit **Weingut Dr. Wehrheim** (rechts/Nr. 8), links liegt der **Bahnhof Birkweiler/Siebeldingen**.

Fortführung bis St. Martin – siehe „M. Goetze: Weinwege genießen in der Südpfalz. Bd. 1"

Klingenmünster, Nikolauskapelle am Schlossberg

*1. Das graue Männlein

Geheimnisvolles kann geschehen in Klingenmünster. Davon berichtet diese alte Sage.

Läutet in Klingenmünster in der dunklen Zeit des Advent am Abend die Betglocke, lässt sich am Schlossberg mitunter ein Männlein blicken. Es trägt ein Röcklein, farblos grau, davon sich wunderlich sein langer weißer Bart abhebt. Zu dem Gebimmel der Glocke vollführt es groteske Tänze auf dem Gemäuer der Burg Landeck. Atemlos schaut zu, wer es entdeckt, und denkt, gleich stürzt es herab. Doch verschwindet das Männlein mit heilen Gliedern, sobald die Glocke verstummt. Es soll sich auch schon zum Frühling gezeigt haben, dann ist es grün gewandet.

Einem Wanderer, der dem grauen Männlein im Wald begegnet, dem zeigt es eine lange Nase mit furchterregenden Grimassen und feurig lodern die Augen. Selbst dem Mutigsten befällt dabei ein leichtes Grauen. Läuft er verängstigt davon, so hört er, wie der Graue sich den Bauch wacklig lacht. Das Lachen klingt hohl durch Wald und Reben bis hinab ins Dorf.

Das graue Männlein soll in dem Berg große Schätze hüten. Sie liegen in Gängen, die es gegraben hat. Einer geht gar herab ins Dorf bis unter die Kirche. Ein Mutiger, der ehrbar sein Leben lebt, kann mit Glück ein wenig davon erlangen. Erspäht der am Schlossberg ein Feuerlein, so sollte er flugs den Berg hinaufeilen und ein Tuch auf die Glut werfen. Er wird unter dem Tuch statt der Kohlen pures Gold finden. Einer jedoch, der oft ein Glas Wein über den Durst trinkt, wird dabei Böses erleben. Sein Tuch wird lichterloh brennen und er selbst wird mit einem Mal heftige Schläge im Nacken spüren. Das ist der Graue, der hockt dann auf seinem Rücken und lässt sich nicht abschütteln. Erst bei den ersten Häusern von Klingenmünster springt er herab und verschwindet – ungesehen.

*2. Die Herrschaft Landeck

Wo heute die Burgruine Landeck thront, oberhalb von Klingenmünster auf dem Treutelsberg (500 m), soll der Sage nach zuerst eine Burg des Königs Dagobert († 639) gestanden haben.

Es soll die Reichsburg Landeck wohl das Kloster Klingenmünster schützen. Die Herrschaft Landeck haben um 1250 die Grafen von Leiningen und Zweibrücken gemeinsam inne. 1290 lösen die Ochsensteiner die von Leiningen ab. Gut 100 Jahre später erwirbt das Hochstift Speyer ein Viertel (1405). Als die Ochsensteiner 1485 aussterben, erhält ihren Anteil die Kurpfalz.

Die Herren also wechseln, doch alle beuten die Bauern aus. Die bestürmen daher die Burg anno 1525 und zerstören Vieles. Doch endgültig zur Ruine wird die Burg erst im Pfälzischen Erbfolgekrieg (1689).

Den Teil des Hochstifts Speyer erwirbt 1709 die Kurpfalz.

Um die Burg zu retten, gründet sich 1881 der Landeck-Verein.

Burg/Herrschaft Landeck (siehe auch S. 178)
Ende 12. Jh.: Bau der Burg
1689: zerstört (Pfälzer Erbfolgekrieg)
seit 1881: Landeckfest (Juni)

*3. Eschbach geschichtlich

Eschbach zählt in alter Zeit zur Herrschaft Madenburg. Deren Burg thront über dem Ort auf dem Berg. 1516 erwirbt das Hochstift Speyer diese Herrschaft. Doch sind weitere Herren die Kurpfalz und andere.

Im 30-jährigen Krieg wird Eschbach niedergebrannt. Nach dem Krieg will Frankreich seine Macht ausweiten, es entstehen die *Souveränitätslande* mit französischer Oberhoheit. Die Eschbacher verweigern die Unterwerfung, daraufhin wird ihr Dorf niedergebrannt (1689).

Mit der Französischen Revolution kommt Eschbach richtig zu Frankreich und bleibt auch nach der Niederlage Napoleons französisch. Doch nun ist der Grenzverlauf unklar. Im März 1815 zählen Arzheim, Ranschbach und Eschbach zu Frankreich, Ilbesheim dagegen zu Bayern. 1816 kommt auch Eschbach zu Bayern.

Die Bevölkerung wächst. Viele versuchen sich als Handwerker, andere wandern aus nach Amerika. 1842 gehört Eschbach *„zu den bedürftigsten Gemeinden, in denen gar kein Privat-Wohlstand herrscht"*. Im Distrikt Landau ist 1898 nur Ranschbach noch ärmer. Trotz ihrer Armut haben die Eschbacher 6 Jahre zuvor hohen Besuch begrüßt. Das bayrische Prinzen-Paar Arnulf (1852-1907) und Therese (1850-1938) ist am 22. Mai 1892 unter Glockengeläut ins Dorf eingefahren und nach einem Wagenwechsel hinauf zur festlich geschmückten Madenburg kutschiert.

Eschbach

ehemals zur Herrschaft Madenburg

ab 1516: zum Hochstift Speyer

1612: wird niedergebrannt

1689: wird verbrannt, danach frz. Oberhoheit

ab 1816: zu Bayern

---

*4. Rutschpartie mit Riesling

Die Pfalz zählt seit 1816 zum Königreich Bayern. Ab 1825 regiert König Ludwig I. (1786-1868) das Land. Viele seiner konservativen Ideen missfallen den Pfälzern, doch werden ihre Proteste niedergeschlagen. 1830 aber wird die Julirevolution in Frankreich den Pfälzern ein Zeichen zum Aufbegehren – das zeigt 2 Jahre später das Hambacher Fest (1832). Als Frankreich aber die Pfalz 1840 wieder französisch machen will, regt sich der Unmut in ganz Deutschland.

König Ludwig bereist gern *seine Pfalz*. Als er im Juni 1843 Ludwigshafen und Neustadt besucht, kommt sein Sohn Maximilian (1811-64) zur Stippvisite nach Eschbach. Die Eschbacher wollen ihm die Madenburg schenken, doch der Prinz will lieber das Hambacher Schloss ausbauen. Immerhin lässt er sich zu der Burg hinaufkutschieren und nennt die Fernsicht *unvergleichlich schön*.

In diesem Jahr 1843 werden überall in Deutschland *„Tausendjahrfeiern"* mit Patriotismus geplant. Für die Pfalz steht in Landau ein Musikfest auf dem Programm. Krönender Abschluss: eine *Große Partie nach der Eschbacher Schlossruine*, Freitag, 11. August, des Nachmittags um 1 Uhr. Am besagten Tag fahren in der Frühe 18 Leiterwagen auf Eschbach zu und es strömen Fußgänger von allen Seiten hinauf zu der

Madenburg. Bald sind bei ihr wohl 20.000 Menschen versammelt. Bei patriotischen Reden genießen sie aus ihren Gläsern ihren *Eschbacher Hasen*. *Pälzer Krischer* schreien *Prosit* oder *Hurra* in die Menge. Niemand bemerkt die Wolken am Himmel. Mit einem Mal entlädt sich ein kolossales Gewitter. Tausende von Regenschirmen werden aufgespannt. Doch der Regen wird heftiger, zwischen den Schirmen beginnt es zu tropfen. Da gibt ein Unglückseliger ein Zeichen und die Menge stürzt los. Querfeldein durchs Unterholz, über Wurzeln, Steine und Gräben hasten die Menschen, vom Riesling besäuselt, den Berg hinab. Der Platzregen hat den Hang tückisch glatt werden lassen. Schon geraten einige ins Straucheln. Sie bringen Nachfolgende zu Fall, bald rutschen und rollen alle ins Tal. Mit heilen Gliedern gelandet, ergötzen sie sich trotz des andauernden Regens gegenseitig an den schlammverschmierten Gestalten.

Die *Eschbacher Rutschpartie* wird in Bildern und Anekdoten festgehalten, sie geht in die Geschichte ein. In Eschbach erinnert heute der Rutschbrunnen an dieses Ereignis.

> **Eschbacher Rutschpartie**
> **11.08.1843**: Eschbacher Rutschpartie
> **1993**: Einweihung des Rutschbrunnens

*5. Unwetter an der Haardt

Bei Eschbach liegt zwischen Rothenberg und Hämmelberg das Löwenthal, eine kurze Furche mit großem Gefälle. 1765 bewirkt ein Starkregen, dass durch dieses Tal ein riesiger Stein ins Dorf geschwemmt wird. Diesen verwandeln die Eschbacher in den Trog ihres Dorfbrunnens.

Unwetter sind in den Dörfern an der Haardt häufig zu erleben. Besonders verheerend zeigt sich eines am 9. Mai 1927. Darüber notiert aus Esch-

bach der Lehrer: *„An einem Montag im Mai liegt des Vormittags Nebel in der Luft. Um Mittag kehren die Bauersleute wie jeden Tag heim, sie essen und wollen ihr Vieh füttern. Da, zwischen 1 und 2 Uhr, zieht ein Gewitter auf, begleitet von einem Regen. Ein Regen, wie man ihn seit Menschengedenken nicht gesehen hat. Plötzlich schießt eine Wasserflut zwischen den Häusern hindurch. Braunes Wasser ergießt sich über die Straße und bringt Massen von kleinen und großen Steinen mit sich. Die Steine schlagen an die Hauswände. Das Wasser reißt die Hoftore auf, schwemmt Schutt und Schlamm in den Hof, läuft in die Keller und die Mistgrube füllt sich. Mehr als eine volle Stunde hält dieser Regenguss an. Hinterher ist an den Hügelabhängen bei den Rebstöcken der fruchtbare Boden einfach verschwunden, das wilde Wasser hat ihn fortgeschwemmt.“*

Eschbach, Dorfbrunnen aus einem Riesenstein

*6. Eschbach und der Wein

In bayrischer Zeit bebauen die Eschbacher ihre Äcker wie alle recht dürftig mit Getreide, Hackfrüchten, Kartoffeln und Feldfutter nach dem Prinzip der Dreifelderwirtschaft. Reben spielen nur eine kleine Rolle. 1832 gewährt König Ludwig I. (1786-1868) der *bettelarmen Gemeinde* einen Zuschuss zum Bau ihrer Kirche. Trotz der Armut, der Wein mundet! Es heißt 1836: Die Eschbacher *erzielen einen sehr geschätzten rothen Wein.* Sie roden in diesen Jahren den Südhang bei ihrem Dorf. Auf ihn fallen im Sommer die Sonnenstrahlen senkrecht und die Berge bilden eine *Mauer*, die Fallwinde erzeugt. Bei Westwind kann Luft auf dem Rücken des Schletterbergs noch 17 ° C und 100 % Luftfeuchtigkeit zeigen, doch am Fuß des Rothenbergs sind im Wingert 20 ° C und nur noch 80 % Luftfeuchtigkeit zu messen. Das genießen die Reben.

Schon 1896/97 nehmen die Eschbacher eine Flurbereinigung vor, gegründet wird auch die Rebveredlungsgenossenschaft. Doch sind 1935 nur 18 Hektar für die Reben da. Die Winzer haben bis dahin stets den Löwenanteil ihrer Ernte als Maische oder Most an jüdische Weinhändler in Landau verkauft, keiner besitzt große Fässer, geschweige denn den Raum, um solche zu lagern. Nun aber haben die machthabenden Nationalsozialisten alle Juden vertrieben, es gibt keine Weinhändler mehr! In dieser Not fertigen die Küfer kleinere Holzfässer, für höchstens 120 Liter Wein. Fortan entsteht der Wein im Dorf.

Flurbereinigungen erfolgen in Eschbach noch bis 1983. Die Rebfläche wächst enorm. 1950 ist Eschbach, dank seiner Rebveredlungsgenossenschaft, der Ort mit den meisten Neuzüchtungen in der Südpfalz. Doch die Nachfrage sinkt, 1955 wird die Genossenschaft aufgelöst.

Am Rande von Eschbach

*7. Wohin mit den Trauben?

Oberhaardt heißt ehemals der heutige Weinbaubereich Südliche Weinstraße. Ab etwa 1960 machen dort viele Winzer aus ihrem landwirtschaftlichen Mischbetrieb ein reines Weingut. Als jedoch 1971 ein neues Weingesetz den *übergebietlichen Verschnitt* verbietet, das Lesegut aus der Pfalz also nicht länger in Moselwein verwandelt werden darf, fragen sich viele: Wohin nun mit unseren vielen Trauben? Ein Verein Südliche Weinstraße soll helfen. Zur Gründung 1971 wollen bereits über 500 Mitglieder ihren Wein selbst verkaufen. Man wirbt mit humorvollen Menschen und behaglichen Weinstuben. Die Winzer der Gründergeneration bauen Aussiedlerhöfe mit Kunststofftanks, keltern preiswerten Literwein, ersinnen Weinfeste. Bald verbinden alle die Südliche Weinstraße mit preiswerten Alltags-Weinen.

Die Pfälzer haben gelernt zusammenzuhalten. Besonders sieht man das 1991 bei *5 Winzer – 5 Freunde*: Thomas Siegrist aus Leinsweiler, Fritz Becker aus Schweigen, Karl-Heinz Wehrheim aus Birkweiler, Hansjörg Rebholz aus Siebeldingen und Rainer Keßler vom Weingut Münzberg aus Godramstein. Ihnen schwebt ein Rotweintyp, der international bestehen kann, vor. Für ihre *Amici-Weine* (ab Jahrgang 1997) steuert jeder eines seiner besten Fässer bei. Aufsehen erregen sie mit ihrer Aktion *Pfälzer Wein in Pfälzer Eiche*, für die sie im Pfälzerwald Eichen schlagen und daraus Fässer für ihre edlen Burgunderweine fertigen lassen. Alle Weingüter haben sich heute einen sehr guten Namen gemacht.

*8. Leinsweiler geschichtlich

Am Hofe der Franken lebt Freifrau Landswinda und wird ob ihrer Schönheit besungen. Der König gibt ihr gar einen Ort zu Lehen – Leinsweiler. Der Ort gelangt beim Salischen Kirchenraub in den Besitz von Herzog Otto I. († 1004).

Oberhalb von Leinsweiler entsteht später eine Reichsburg. Diese Burg Neukastel dient ab 1246 zum Schutz des Trifels. Die Besitzer wechseln. 1330 verpfändet Kaiser Ludwig IV. († 1347) die Burg an die Pfalzgrafen Rudolf II. (1306-53) und Ruprecht I. (1309-90). 1410, bei der Pfälzer Erbteilung, kommt die Burg an Pfalz-Zweibrücken, sie wird nun Sitz eines Oberamtes.

Diese Burg zerstören 1525 aufständische Bauern. Sie wird hernach nur teilweise wieder aufgebaut, das Oberamt zieht 1555 nach Bergzabern. Endgültig zur Ruine aber wird die Burg erst 1689 durch die Franzosen. Heute gibt es nur noch wenige Mauerreste.

Blick auf Leinsweiler

Leinsweiler + Burg Neukastel

ehemals zum Kloster Weißenburg

985: Salischer Kirchenraub

1246: Burg Neukastel wird Reichsburg

ab 1330: zur Kurpfalz

ab 1410: zu Pfalz-Zweibrücken (Oberamt bis 1555)

*9. Der Maler Max Slevogt

Einst wird die Burg Neukastel bei Leinsweiler von einem Maierhof am Hang bewirtschaftet. 1689 wird beides zerstört, doch der Wirtschaftshof wird 1828 als Gutswirtschaft wieder aufgebaut. Er heißt heute Slevogthof.

Max Slevogt (1868-1932) wird als Sohn eines bayerischen Hauptmanns in Landshut geboren. Später studiert er Kunst in München, dann in Paris (1889/90). Nach seiner Rückkehr lernt er Antonie Finkler aus Godramstein kennen. Schon ehe sie 1898 heiraten, malt er seine *Nini* immer wieder.

Im Jahre 1900 ist Max Slevogt bei der Weltausstellung in Paris im Deutschen Pavillon vertreten. Er zieht dann nach Berlin, ist Mitglied der *Berliner Secession* zusammen mit Max Liebermann (1847-1935) und anderen Malern. Die Kinder Nina und Wolfgang werden geboren.

Regelmäßig besucht die Familie die Schwiegereltern in Godramstein. Max Slevogt malt auch deren Landhaus. Er erhält 1908 von König Luitpold von Bayern (1821-1912) den Auftrag, einige Landschaftsbilder der Pfalz zu malen.

Familie Finkler besitzt einen Landsitz in Leinsweiler – den heutigen Slevogthof. Als sie diesen 1914 verkaufen muss, ersteigert Max Slevogt das Anwesen als Sommersitz. Im selben Jahr beginnt der 1. Weltkrieg (1914-18), Max Slevogt muss als Kriegsmaler an die Westfront. 1917 aber wird er Professor an der Berliner Akademie der Künste.

Immer wieder findet er Entspannung auf seinem Landsitz. Er malt dort den Blick ins Land, lässt Räume für Bibliothek und Musiksaal anbauen und bemalt die Wände mit klassischen Motiven. 63jährig stirbt er auf diesem Anwesen (1932) und wird auch dort begraben.

Heute leben Nachfahren des Malers auf dem Hof. Bibliothek und Musiksaal sind noch immer mit seinen Deckenbildern geschmückt.

Der Slevogthof bei Leinsweiler

Slevogthof Neukastel

1689: Zerstörung des Maierhofs (Pfälz. Erbfolgekrieg)
1828: Neubau
1884: Familie Finkler erwirbt das Anwesen

*10. Die „Wunderquelle"

Bei Ranschbach sprudelt die Kaltenbrunn-Quelle. Bei ihr soll in vorchristlicher Zeit ein Quellheiligtum bestanden haben, im Mittelalter gibt es eine Marien-kapelle. Als nach dem 30-jährigen Krieg Wallfahrten zunehmen, wird diese Kapelle zum Ziel der Wallfahrt *Zu Unserer lieben Frau von Kaltenbronn.* 1928 wird bei ihr eine große Lourdes-Grotte errichtet.

Diese Quelle wird in den 1980er Jahren zur *Wunderquelle.* Nach einem Bericht in der Bildzeitung kommen aus ganz Deutschland Kranke und Un-glückliche, um von dem *Wunderwasser* zu trinken. In Ranschbach steigen die Grundstückspreise, ein Hotel soll gebaut werden, an jeder Ecke werden Wasserka-nister feilgeboten. Stundenlang warten die Pilger auf das heilende Wasser. Dabei brechen eines Tages ein 72jähriger Mann und eine 86jährige Frau tot zusam-men. Daraufhin wird die Quelle gesperrt.

Heute ist die Hysterie abgeklungen und die Quelle wieder zugänglich. Ihr Wasser, das ergab eine amtli-che Analyse, ist zur Zubereitung von Babynahrung aufgrund überhöhten Nitratgehalts nicht geeignet, aber es gibt darin durchaus auch gesundheitsfördern-de Elemente.

Hier entlang zur „Wunderquelle" bei Ranschbach

Birkweiler
Impflingen
Mörzheim
Niederhorbach
Oberhofen
Pleisweiler

Wo liegt welches Weingut?

Weingut Kuntz

Weingut – Weinstube –
Gästehaus Mühlhäuser

Weingut Siener

Weingut Jürgen und
Astrid Stentz

Weingut Ullrich

Weingut Fritz Walter

Weingut Dr. Wehrheim

Weingut Wilker

Lösung siehe www.weinwege-geniessen.de

Gemeinden & Tourismus

Bad Bergzaberner Land
Tourismusverein Südliche Weinstraße: Kurtalstr. 27,
76887 Bad Bergzabern; Tel. 06343.989660
www.bad-bergzaberner-land.de
Email: info@bad-bergzaberner-land.de
Bad Bergzabern, Dörrenbach, Gleiszellen-Gleishorbach,
Kapellen-Drusweiler, Klingenmünster, Oberotterbach,
Pleisweiler-Oberhofen, Schweigen-Rechtenbach

Office de Tourisme de Wissembourg
Place de la République, F-67163 Wissembourg;
Tel. 0388.941011 / www.ot-wissembourg.fr
Email: info@ot-wissembourg.fr

Pfalz.Touristik e.V.
Martin-Luther-Str. 69, 67433 Neustadt /Weinstr.;
Tel. 06321.3916-0 / www.pfalz.de / info@pfalz-touristik.de

Stadt Landau, Büro für Tourismus
Marktstr. 50, 76829 Landau; Tel. 06341.13-8301
www.landau-tourismus.de / *Email:* touristinfo@landau.de
Arzheim, Godramstein, Mörlheim, Mörzheim, Queichheim,
Wollmesheim

Südliche Weinstrasse e.V.
Zentrale f. Tourismus: An der Kreuzmühle 2, 76829 Landau; Tel. 06341.940-409 / www.suedlicheweinstrasse.de. –
Email: info@suedlicheweinstrasse.de

Südpfalz Tourismus Kandel e.V. (Bienwaldregion)
Georg-Todt-Str. 2 a, 76870 Kandel; Tel. 07271.619945
www.suedpfalz-tourismus-kandel.de
Email: info@suedpfalz-tourismus-kandel.de
Freckenfeld, Kandel, Minfeld

Verbandsgemeinde Herxheim
Obere Hauptstr. 2, 76863 Herxheim; Tel. 07276.5010
www.vg-herxheim.de / *Email:* vg-herxheim@poststelle.rlp.de
Insheim

Verbandsgemeinde Landau-Land
Büro für Tourismus: Hauptstr. 4, 76829 Leinsweiler;
Tel. 06345.3531 / www.ferienregion-landau-land.de
Email: urlaub@landau-land.de
Billigheim-Ingenheim, Birkweiler, Eschbach, Göcklingen,
Heuchelheim-Klingen, Ilbesheim, Impflingen, Leinsweiler,
Ranschbach, Siebeldingen

Orte A-Z & Weingüter

Die Weingüter sind nach dem Alphabet der Orte und
innerhalb des Ortes nach Straßen sortiert. Die Auswahl der
Weingüter + Einkehrgelegenheiten erfolgte nach gründlicher
Recherche, Besichtigung, Besuchen, Fragebogen, Diskus-
sionen. Wichtig war uns: Niemand soll für den Eintrag im
Buch etwas zahlen müssen!

Wichtige Hinweise: Weinproben bieten alle Weingüter an,
doch ist stets eine Anmeldung ratsam. Wer ein Weingut besuchen will, kann sein Glück probieren. Besser ist es vorher
anzurufen. Es können dann Termine vereinbart werden.
Vinotheken haben oft feste Öffnungszeiten.
Die Wein-Vielfalt ist in jedem Südpfälzer Weingut groß, so
werden nur auf Spezialitäten/Lieblingsweine genannt.
Alle Angaben wurden sorgfältig recherchiert. Doch Änderungen gibt es immer, daher übernehmen wir keine Gewähr.

Wir wünschen Freude beim genussvollen Erkunden!

Arzheim (Ortsteil von Landau)

>*Weinweg 19*
Wein & Sehenswert

Amtskellerei des Hochstifts Speyer (Arzheimer Hauptstr. 42; im Kern aus dem 16./17. Jh.)

Rathaus (Arzheimer Hauptstr. 58; erbaut 1825)

Kath. **Kirche** (St. Georg-Str. 1; erbaut 1904): spätgoti-
scher Turm

Weingut

Weinhaus Stein (Matthias Stein)
Arzheimer Hauptstr. 117; Tel. 06341.945376
www.weinhausstein.de
Hier setzen Matthias Stein & Freunde im Nebenerwerb
auf ökologischen Weinbau (Mitglied Demeter). *Weinma-
nufaktur* – nur ca. 4.000 Flaschen im Jahr. Ihr 1. Rotwein
erringt gleich einen Sonderpreis beim Regentforum 2006!
Rebfläche (1 ha): Arzheimer Kalmit
Wein-Preise 2013: 5 – 8 €

Weinprobe im Garten (Frühsommer-Sonntag); Etiketten von der Kinder-Kunst-Werkstatt Villa Streccius in Landau

Einkehren

Weinstube Hahn: Arzheimer Hauptstr. 50; Tel. 06341. 33144 (offene Südpfalz-Weine; Do-Mo 18-21.30 Uhr)

Friesenstube: Rohrgasse 2; Tel. 06341.932581 / www.friesenstube-landau.de (Rüdiger Ebsen aus Nordfriesland + Silvia Schöner-Ebsen aus Landau betreiben das Restaurant im denkmalgeschützten Fachwerkhaus; Mi-Mo ab 17.30, So/Fei ab 11.30 Uhr)

Bad Bergzabern
(Verbandsgemeinde Bad Bergzabern)

>*Weinwege 17, 18, 20 – Etappen 1 + 2*

Wein & Sehenswert

Schloss Bergzabern (Königstr. 61; erbaut 1527): einst Residenz der Herzöge von Pfalz-Zweibrücken; barocke Nebengebäude in Schlossgasse 3/5/7 & Königstr. 53+57

Am Marktplatz: Altes Rathaus (Königstr. 1; erbaut 1704; heute Stadtbücherei); Haus Wilms (Marktstr. 14; 1723 erbaut für die Oberamtmänner von Pfalz-Zweibrücken; Keller 14. Jh.; mit Zinnfigurenmuseum; Mo-Fr 9-12.30 + 14-18.30, Sa 9-13 Uhr); ev. Kirche (im Kern von 1335). – Bis auf die Kirche entstehen alle Gebäude nach dem Stadtbrand 1676

Kneipp-Lehrpfad (Start im Kurpark, 5 Kneipp'sche Gesundheitssäulen): Kurpark mit *Kräuter*garten + *Wasser*tretbecken; *Bewegung* (Spazierweg zum Hotel Pfälzer Wald), Streckübungen (im Jakobsgärtel), Wald-Aufstieg zum Martinspfad (Balancierbalken), dann Altenbergweg (Stufenreck); Liebfrauenbergweg mit *Ernährung* (Streuobstwiese, Weingut); in die Innenstadt über Daniel Pistor-, Herzog Wolfgang- und Königstraße zur Martinskirche (*Lebensgestaltung*)

Gasthaus Zum Engel (Königstr. 45; erbaut vor 1579): *Schönstes Renaissancegebäude der Pfalz*, einst Amtshaus für Pfalz-Zweibrücken; im Hof geht es zum Museum der Stadt Bergzabern (Di-Fr 16-18, Sa+So 14-18 Uhr)

Westwall-Museum im Bunker (Kurfürstenstr.; erbaut 1938; www.otterbachabschnitt.de)

Bergkirche (Kirchgasse; erbaut 1733): war lutherische Schlosskirche; Baumann-Orgel von 1780; Gruft mit Mutter + Schwester der Herzoginwitwe Karoline von Pfalz-Zweibrücken (1704-74)

Stadtmauer-Reste (ab 13. Jh.): z.B. der *Dicke Turm* (Pfarrgasse 9)

Südpfalz-Therme (Kurtalstr. 27): Sauna, Heilwasser

Kath. Kirche (St. Martin; Weinstr. 34; erbaut 1879/80)

Villa Zick Zack (Zeppelinstr. 1; erbaut 17. Jh., Umbau 1910): Lustschlösschen, ab 1782 Sommerwohnung für Baronin Mary von Bode-Kinnersley (1775-1803)

Böhämmerfest (seit 1948 jährlich; im Juli)

Weingüter

Weingut Knöll & Vogel
Klingweg 3; Tel. 06343.1246 / www.knoell-vogel.de
Guter Wein bringt Menschen zusammen ... In dem großen Weingut arbeiten 3 Generationen zusammen: Senior Werner Knöll, *big boss* Manfred Vogel, dessen Töchter Sandra + Nicole (mit Stefan Trutter seit 2007).
Rebfläche (56 ha): Bad Bergzaberner Kloster Liebfrauenberg, Wonneberg & Altenberg; Dörrenbacher Guttenberg; Gleiszeller Kirchberg
Lieblingswein/Spezialität: Chardonnay Premium (im Holzfass ausgebaut)
Wein-Preise 2012: 3,90 – 17 €
Moderne Vinothek (Mo-Fr 8-18, Sa 9-14 Uhr); Weinprobe (8-60 Pers.); Veranstaltungen wie *Hoffest* (Juli), *Adventspräsentation* (Nov.), *Weinzeit* (jeden Di)

Weingut K. H. Gander (Gisela Gander)
Königstr. 62; Tel. 06343.7605
Weingut im 300 Jahre altem Fachwerkhaus.
Weinstube Zur Reblaus (sehr behaglich und urig; Mo-Sa 17-22 Uhr); FeWo

Weingut Stefan und Nicole Hitziger
Liebfrauenbergweg 3; Tel. 06343.1710
www.weingut-hitziger.de
Weingut in 4. Generation, es liegt heute einladend und modern am Liebfrauenberg. Stefan + Nicole Hitziger lieben qualitativ hochwertige Weine, arbeiten umweltschonend (KUW) und laden zu verschiedensten Weinevents.
Rebfläche (18 ha): Bad Bergzabern

Lieblingswein: Grauburgunder, Auxerrois, Sauvignon Blanc
Wein-Preise 2013: 4 – 18 €
Vinothek (Mo-Sa 9-18, So/Fei 10-12 Uhr); Weinprobe (6-60 Pers. & jeden Fr. 19.30 Uhr n. Anm.); *Genießertag im Weingut* (Himmelfahrt); Leergut-Rücknahme

Culinarium
Rötzweg 9; Tel. 06343.7007810
www.suedpfalz-culinarium.de
Im Haus des Gastes am Kurpark bietet eine Vinothek Wein von Weingütern des Bergzaberner Lands. Dazu gibt es: **Weinstube, Café** (April-Okt. Do-Di ab 11.30, Nov.-März Sa+So/Fei ab 11.30 Uhr)

Einkehren

Marktstübchen & Walram im Schlosshotel Bergzaberner Hof: Königstr. 55-57; Tel. 06343.936590 / bergzaberner-hof.de (kleine Weinstube und Bar Marktstübchen tgl. 12-14 + 18-22 Uhr; Sterne-Restaurant Walram Di-So 19-22 + So 12-14 Uhr; Arrangements mit Wein, feine Veranstaltungen, Wellness & Übernachtungen im 4* Hotel)

Weinschlössel: Kurtalstr. 10; Tel. 06343.933056 / www. weinschloessel.de (Weinstube, gutbürgerliche Küche, Tapas; Mo-Sa ab 17, So/Fei ab 11.30 Uhr, Do Ruhetag)

Confiserie Herzog: Marktstr. 48; Tel. 06343.1535 / www.cafe-herzog.de (Wein in Schokolade, Torten(!); Mi-Fr 8.30-18.30, Sa 8.30-18, So 12-18.30 Uhr)

Restaurant Rössel: Schlittstr. 2; Tel. 06343.6100145 / www.hotel-roessel-bza.de (Weine aus Südpfalz + Griechenland; Mo 17.30-23, Di-So 11-15 + 17.30-23 Uhr)

Billigheim-Ingenheim
(Verbandsgemeinde Landau-Land)

>Weinweg 15

Wein & Sehenswert

Am Marktplatz: Rathaus (Marktstr. 29; von etwa 1850), ev. Kirche, ehem. Gasthaus Zum Lamm (Marktstr. 33; von 1708), Hof mit Neidköpfen (Marktstr. 28; 16. Jh.)

Schwimmbad Ingenheim (Klingener Str.): am Klingbach

Stadtbefestigung Billigheim (erbaut 1468): Obertor, Torschreiberhaus (Marktstr. 2; neu erbaut 1752 mit Originalteilen; einst Zollhaus)

Ev. Kirche Mühlhofen (Billigheimer Str. 2; von 1839/40): Grenzstein von 1767

St. Johann Baptist Appenhofen (erbaut um 1400): verwunschene Kapelle am Kaiserbach

Haus der phantastischen Bilder (Raiffeisenstr. 3): von Künstler Otfried H. Culmann

Ev. Kirche Ingenheim (Hauptstr. 39; erbaut 1823)

Wein-Kult-Tour bei Mühlhofen (2,5 km lang; angelegt 2008): Wanderweg in der Weinlage Rosenberg; 13 Infotafeln, gestaltet von Bernd Mohr

Kath. Kirche Ingenheim (St. Bartholomäus; Kirchstr. 19; erbaut 1900): Kirchhofmauer mit Türgewänden von 1563

Maußhardtmühle (Mühlhofen; erbaut 18. Jh.): In Mühlhofen nutzen einst 2 Mühlen die Kraft des Klingbachs, die Maußhardtmühle ist heute ein Anwesen zum Wohnen

Bischoff-Mühle in Appenhofen (Mühlstr. 18): imposante Getreidemühle mit Mühlenladen (Mo-Fr 9.30-17 Uhr)

Kaiserbach-Lehrpfad (9,9 km lang; Billigheim – Klingenmünster; M: Pappel hellgelb): im Kaiserbach sollen staufische Kaiser Forellen gefangen haben

Weinfeste: *Purzelmarkt Billigheim* (Sept.; www.purzelmarkt.de); *Klingbachweinfest Ingenheim* (Aug.); *Kirchweih Mühlhofen* (Juli); *Wein-Kult-Tour-Tag* Mühlhofen (Sept.)

Weingüter

Weingut Diehlenhof, Ulrich und Emil Lintz (Arche)
Firststr. 19 (Appenhofen); Tel. 06349.990507
www.diehlenhof.de
Notar Johann C. Diehl baut 1806 bei Göcklingen den Diehlenhof mit Weinbau, Landwirtschaft, Flieder- und Dornenhecke. Nach einem Feuer wird 1854 der *Schutthaufen* verkauft, Peter Zittel baut damit neu einen Hof – nun in Mörzheim. 1932 erwerben Eugen + Elsa Lintz alles, daraus machen Sohn Günther Lintz + Ehefrau Marianne nach dem 2. Weltkrieg ein reines Weingut (für Genossenschaft + Kellereien). 1985 übernehmen Ulrich + Petra Lintz den elterlichen Betrieb, beginnen mit Flaschenwein, finden beim Renovieren die alten angekohlten Balken. Deren Sohn Emil Lintz steigt 2004 ein. Tochter Elsa Lintz 2006/07 Landauer Weinprinzessin. 2008 bezie-

hen 4 Generationen die Diehlenhof-Arche Appenhofen, doch offizielle Weingutsadresse bleibt Mörzheim.
Flaschenwein: seit 1988
Rebfläche (20 ha): Mörzheimer Pfaffenberg; Heuchelheimer Herrenpfad
Spezialität: Cuvée Prinzessa (zur Krönung von Tochter Elsa); Cuvée Junior (Geburt des 2. Enkels)
Wein-Preise 2012: 3,20 – 9,50 €
Verkaufsstand (tgl. 9-18 Uhr, außer 15.12. – 15.1.)

Weingut Heiner Wisser
Herrengartenstr. 9 (Ingenheim); Tel. 06349.1562
www.weingasthaus-wisser.de
Es gibt den alten Winzerbetrieb und seit 2007 ein modernes Weingasthaus von Heiner + Heike Wisser. Tochter Daniela Wisser ist Weinprinzessin Landau-Land 2011/12, Sohn Michael Wisser macht Ausbildung zum Winzer.
Flaschenwein: ab ca. 1990
Rebfläche (ca. 15 ha): Ingenheimer Pfaffenberg; Dierbacher Kirchhöh; Billigheimer Venusbuckel
Lieblingswein/Spezialität: Blanc de Noir
Wein-Preise 2012: 3 – 8 €
Verkauf (tgl. 9-13 + ab 15 Uhr); Weinprobe (2-60 Pers.); **Weinstube** (März-Juni Fr-So ab 17, Sept.-Okt. Mi-So ab 17 Uhr, auch Brunch); *Weinfest* (2. Aug.-WoEnde); Gästehaus (22 Betten)

Weingut Lang (Ottmar Lang)
In der Froschau 1a (Ingenheim);
Tel. 06349.6172
www.langottmar.de
Außergewöhnliche Weine, die Spaß machen ... Das Weingut betreiben Ottmar + Ehefrau Stefanie Lang (2 Kinder).
Rebfläche (15 ha): Ingenheimer Pfaffenberg; Appenhofer Steingebiss
Spezialität: Silvaner Alte Reben (Weinstöcke bis zu 40 Jahre alt)
Wein-Preise 2013: 3,30 – 9 €
Weinprobierstube (Hauptstr. 12; 50 m entfernt); Weinprobe (10-30 Pers.); **Straußwirtschaft** (Sept./Okt. Mo-Sa ab 14 Uhr); *Weinsommer am Turm* (Aug.); Helfen bei Hand-Weinlese

Weingut Hoffmann (Karl + Christiane Hoffmann)
Kaiserbachstr. 16 (Appenhofen); Tel. 06349.7689
www.ferienhaus-am-steingebiss.de
Weingut mit FeWo.
Spezialität: Rotweinraritäten wie St. Laurent
Wein-Präsentationsraum (tgl. 9-20 Uhr); Weinprobe (4-24 Pers.); FeWo

Weingut Thomas Schaurer
Kirchstr. 15 (Ingenheim); Tel. 0700.72428737
www.weingut-schaurer.de
Ökologisches Familienweingut (Ecovin seit 2009).
Weinprobe (10-60 Pers.); *Weinfest* (Aug.); FeWo

Weinhaus Schneiderfritz (Brigitte Schneiderfritz)
Marktstr. 9 (Billigheim); Tel. 06349.6416
www.schneiderfritz.de
Zusammenarbeit mit der Weinbergs-AG der Maria-Ward-Schule aus Landau.
Rebfläche (14 ha): Billigheimer Venusbuckel (fast 4 ha) & Sauschwänzel (Grau- + Spätburgunder); Appenhofer Steingebiss (Riesling, Müller-Thurgau); Rohrbacher Mandelpfad (Dornfelder, Portugieser); Wollmesheimer Mütterle (alte Silvaner + Gewürztraminer-Reben)
Spezialität: Weißer Burgunder, Spätburgunder
Wein-Preise 2012: 3,20 – 15 €
Verkauf (Di-Do 14.30-19, Fr-Sa 10-20 Uhr); **Weinstube** (rustikal; Fr-Sa 17-23, So/Fei 11.30-23 Uhr); Weinprobe (1-55 Pers.); *Hoffest* geplant; Übernachten

Weingut Knauber-Gröhl – Purzlerhof (Familie Gröhl)
Marktstr. 22 (Billigheim); Tel. 06349.6334
www.knauber-groehl.de
Friedrich Knauber legt den Grundstein um 1860. Sohn Karl Knauber führt den Betrieb durch beide Kriege. Fritz Knauber folgt (Mitarbeit am Aufbau der Qualitätsweinprüfung). Um 1970 übernimmt Jürgen Gröhl alles, eingestiegen ist dessen Sohn Manfred Gröhl.
Rebflächen: rund um Billigheim
Weinprobe (1-25 Pers.); Vinothek; Hoffest; Gästehaus

Weingut Leonhardt (Matthias Leonhardt)
Mühlstr. 9 (Appenhofen); Tel. 06349.5223
www.weingut-leonhardt.de
Einen Landwirtschaftsbetrieb mit Weinbau leiten bis etwa 1979 Ernst + Anneliese Leonhardt. 1982 übernehmen Sohn Eugen + Ehefrau Karin L., konzentrieren sich auf Weinbau. 2011 übernimmt Sohn Matthias Leonhardt

und es entsteht beim alten Hof ein moderner Neubau.
Flaschenwein: seit 1980er Jahre
Rebfläche: rd. 55.000 Rebstöcke
Spezialität: Riesling (20 %), Winzersekt
Weinprobe (1-25 Pers.)

Weingut Dyck (Harald Dyck)
Oberdorfstr. 2 (Mühlhofen); Tel. 06349.8798
www.weingut-dyck.de
Harald Dyck baut den Wein aus (viel Handlese, Bioland
seit 2004), Ehefrau Margit Dyck führt die Weinstube im
ehemaligen Pferdestall. Das Familienwappen, von einer
Künstlerin in Kreide gezeichnet, ist Flaschenetikett.
Rebfläche (13 ha): Mühlhofener Rosenberg; Ingenheimer
Pfaffenberg
Lieblingswein: St. Laurent, Weißburgunder
Wein-Preise 2013: 3 – 9,50 €
Verkauf (Mo-Fr 9-18 Uhr); Weinprobe (15-40 Pers.);
Dyck's Weinstube (Do-So/Fei ab 17 Uhr, auch Brunch;
Tel. 06349.1241); *Weinfest* (4. Juli-WoEnde)

Hof Bangerth (Martin Bangerth)
Waldstr. 2 (Mühlhofen); Tel. 06349.6467
www.bangerth.de
Familienbetrieb, hervorgegangen aus den elterlichen Be-
trieben von Martin Bangerth (+ Ehefrau Anke); Weinbau
umweltschonend. Beide Söhne wollen einsteigen.
Rebfläche (rd. 21 ha): Mühlhofener Rosenberg; Klinge-
ner-Heuchelheimer Herrenpfad; Appenhofer Steingebiss;
Rohrbacher Mandelpfad
Lieblingswein: weiß (Chardonnay, Riesling, Scheurebe)
Spezialität: Scheurebe Morio, Gewürztraminer, Sauvig-
non Blanc
Wein-Preise 2013: 3,40 – 7,90 €
Verkauf (tgl.); Weinprobe (5-25 Pers.); *Hoffest* (Ende Juli);
Herbstwächelfahrt-Weinprobe-Diaschau; Gästehaus

Familienweingut Bangerth-Rinck
Waldstr. 18 (Mühlhofen); Tel. 06349.8753
www.bangerth-rinck.de
Mit der Heirat von Fritz + Hela Bangerth verbinden sich
2 Weingüter (Bangerth, Mühlhofen & Rinck; Klingen,
Klingbachstr. 73 mit Weinprobe, Verkauf, Gästehaus).
Heute arbeiten mit ihnen Martina + Matthias (Rinck-)
Wüst, Esther Bangerth (Mitglied Vinissima).
Rebfläche (20 ha): Mühlhofener Rosenberg; Klingener
Herrenpfad
Lieblingswein: alle Burgunder, Riesling

Spezialität: Exoten wie Muskat-Ottonel, Sauvignon
Blanc, St. Laurent, Blauer Zweigelt
Wein-Preise 2012: 4 – 16 €
Weinprobe (1-25 Pers.); *Weinwandern* (letztes Juli-
Wochenende); *Weinpräsentation* (3. Okt.); Gästehaus
(5 Zimmer); künstlerische Etiketten

Einkehren

Turmstube: Marktstr., im Obertor (Billigheim);
Tel. 06349.7738 (Weinstube mit feiner Küche; Mi-Fr
ab 18, Sa ab 17, So 10.30-20 Uhr)

Pfälzer Hof Ingenheim: Hauptstr. 45 (Ingenheim);
Tel. 06349.963919 / www.pfaelzerhof-ingenheim.de
(Landgasthof; Di-Fr ab 17, Sa ab 11, So ab 10 Uhr)

Birkweiler (Verbandsgemeinde Landau-Land)

>s.a. M. Goetze: Weinwege genießen in der Südpfalz. Bd. 1
>*Weinweg 15*

Wein & Sehenswert

Kath. Kirche (St. Bartholomäus; Am Daschberg 1)

Ev. Kirche (Kirchstr. 9; 1870)

Baum des Jahres-Hain (seit 1989; baum-des-jahres.de)

Pfälzer Mandelhain (seit 2010; www.mandelbluete-pfalz.
de): hier kann jede/r Mandelbaum-Pate werden!

Weinbruch Kastanienbusch (seit 2013): Geologisch-öko-
logischer WeinLehrpfad im Kastanienbusch; 10 Stationen

Weinfeste: *Birkweiler Weinfrühling* (um Pfingsten eine
kulinar. Weinbergswanderung); *Weinfest* (4. Juli WoEnde)

Weingüter

Weingut Scholler (Helmut + Bettina Scholler)
Alte Kirchstr. 7; Tel. 06345.3529
www.weingut-scholler.de
Weingut seit 1991 von Helmut + Bettina Scholler (bei Vinissima); Zusammenspiel von Klima, Boden, Anbaukul-
tur einer Region (Terroir) heißt hier *Erde-Mensch-Wein*.
Rebfläche (12,5 ha): Birkweiler Kastanienbusch, Mandelberg & Rosenberg

Spezialität: Burgundersorten; Sekt
Verkauf (Mo-Sa 8-12 + 13-18 Uhr); Weinprobe (1-20 Pers.); *Veranstaltungen*; FeWo

Weingut Gies-Düppel (Volker Gies)
Am Rosenberg 5; Tel. 06345.919156
www.gies-dueppel.de
Den Hof der Eltern übernimmt 1999 Volker Gies (Südpfalz Connexion; VDP-Talent 2003-07 + Ehefrau Tanja, Pfälz. Weinkönigin 2001/02); 2 Söhne. Ausbau der Weine sehr konsequent nach Bodenprägung.
Rebfläche (17 ha): Birkweiler Mandelberg, Kastanienbusch & Rosenberg; Siebeldinger Sonnenschein; Ranschbacher Seligmacher; Albersweiler Latt
Lieblingswein: Riesling vom Rotliegendem Granit, trocken ausgebaut
Spezialität: großes Riesling-Spektrum für die Südpfalz (5 Terroir-Rieslinge!), auch Viognier (weiß)
Wein-Preise 2013: 4,80 (Liter) – 20 €
Verkauf (Mo-Fr 9-12 + 14-18, Sa 10-16 Uhr n. Anm.); Weinprobierraum mit Panoramablick (seit 2012); *Jahrgangspräsentation* (Himmelfahrt-WoEnde), *Weinfrühling* (Pfingsten)

Weingut Ludwig Graßmück (Markus Graßmück)
Eichplatz 4; Tel. 06345.3630
www.weingut-grassmueck.de
Ludwig Graßmück beginnt mit Flaschenwein. Seit 1982 leiten alles Markus + Judith G.; komplett Handlese.
Flaschenwein: seit ca. 1960
Rebfläche (11 ha): Birkweiler Kastanienbusch, Mandelberg, Rosenberg & Königsgarten; Nußdorfer Herrenberg
Lieblingswein: Riesling Spätlese trocken vom Kastanienbusch
Spezialität: im Barrique gelagerte Rot- u. Weißweine
Wein-Preise 2013: 4 – 26 €
Verkauf (Sa 8-11 + 14-18, So 9-12 Uhr); *Hoffest* (2., 3., 4. Aug.-WoEnde)

Weingut Ökonomierat Johannes Kleinmann e.K. (Matthias Kleinmann)
Hauptstr. 17; Tel. 06345.3547
www.weingut-kleinmann.de
1733 ziehen die Kleinmanns, damals Weinküfer, nach Birkweiler. Fritz Kleinmann, zeitweise Bürgermeister, beliefert die Südpfälzer Gastronomie mit dem berühmten Weißwein *Keschtebuscher* (Cuvée aus Riesling, Silvaner, Müller-Thurgau der Weinlage Kastanienbusch). Sohn Karlheinz Kleinmann übernimmt das Weingut 1980. Er gibt dem Rotwein eine tragende Rolle und rettet Rebsorte St. Laurent vor dem Verschwinden. Das Weingut führen seit 2002 Sohn Matthias + Ehefrau Edith Kleinmann, sie verarbeiten eigene Trauben & Lesegut von Nebenerwerbswinzern. Ihnen liegt alles an der konsequenten Qualitätsselektion in Weinberg & Keller.
Flaschenwein: seit etwa 1900
Rebfläche (13 ha): Birkweiler Kastanienbusch, Mandelberg & Rosenberg
Spezialität: Grauburgunder, Barrique-Rotweine
Verkauf (Mo-Di, Do-Fr 9-12 + 14-18, Mi 9-12, Sa 10-16 Uhr); Weinprobe (1-10 Pers.)

Weingut Oswald (Dieter Oswald)
Hauptstr. 31; Tel. 06345.953331
www.weingutoswald.de
Eines der kleinsten (feinsten) Flaschenwein-Weingüter in der Südpfalz findet sich hier im wunderschönen, denkmalgeschützten Hof! Dieter Oswald, Quereinsteiger, saniert das Anwesen mit Detailtreue (Denkmalpreis 2010). Er setzt auch beim Wein auf Zeit, Natur, Handarbeit.
Rebfläche (2 ha): Birkweiler Kastanienbusch, Mandelberg & Rosenberg; Ranschbacher Seligmacher
Spezialität: Riesling, Spätburgunder, Dornfelder (trockene Weine aus alten Weinbergen in Birkweiler)
Wein-Preise 2013: 5,80 – 7,50 €
Verkauf (Sa 10-15 Uhr n. Anm.); *Hoffest*; bes. Etiketten

Weingut Dicker (Achim Doll)
Hauptstr. 35; Tel. 06345.3220
www.weingut-dicker-doll.de
1995 pachtet Achim Doll (+ Ehefrau Martina) das Weingut vom Vater; mediterraner Garten.
Rebfläche (15 ha): Birkweiler Kastanienbusch (ältester Weinberg 1949 gepflanzt!), Mandelberg & Rosenberg
Spezialität: Riesling *Edition B* (gut 60 Jahre alte Reben), Gewürztraminer Tresterbrand (mind. 8 Jahre im Holzfass gereift), Rosé Secco
Wein-Preise 2013: 3,20 – 28 €
Verkauf (Mo-Fr 9-12 + 13.30-18, Sa 9-16, So 10-12 Uhr n. Anm.); Weinprobe (1-30 Pers.); **Straußwirtschaft** (mit Kuchen; Sept./Okt. Sa+So/Fei); *Hoffest* & Kunst (Fronleichnam Do-So); Etiketten von Armin Hott (Kandel) für Eiswein

Weingut Klaus & Mathias Wolf

Hauptstr. 36; Tel. 06345.919203
www.weingut-wolf-birkweiler.de
Jeder Wein erzählt seine eigene Geschichte ... Klaus Wolf
(+ Ehefrau Gisela) führt das alte Weingut seit 1986. Sohn
Mathias Wolf (2013 platziert bei *Die junge Südpfalz ...*) ist
eingestiegen, Tochter Julia Wolf hilft aus.
Rebfläche (11 ha): Birkweiler Kastanienbusch, Mandel-
berg & Rosenberg
Lieblingswein: Spätburgunder, Grauburgunder, Auxerrois
Spezialität: Riesling vom Rotliegendem, Schiefer +
Buntsandstein, Weißer Burgunder vom Muschelkalk,
Barrique-Weine
Wein-Preise 2012: 3,90 – 11,50 €
Weinprobe (1-15 Pers.); *Hoffest* (4. Juli-WoEnde)

Weinbau Rothhaas

Hauptstr. 40; Tel. 06345.2826
Kleiner Familienbetrieb, alles handverlesen.
Rebfläche (5 ha): Birkweiler *Keschdebusch*
Verkauf (Sa 10-16 Uhr); *Hoffest* (Juli)

Weingut Dr. Wehrheim (Karl-Heinz Wehrheim)

Weinstr. 8; Tel. 06345.3542 / www.weingut-wehrheim.de
Karl-Heinz Wehrheim (+ Ehefrau Ulrike) führt das Wein-
gut seit 1992 (4 Kinder; VDP seit 1991), Sohn Franz W.
ist eingestiegen. Ökologischer Weinbau seit 2007.
Rebfläche (15 ha)
Spezialität: klassisch-trockene Weine
Vinothek (Mo-Fr 9-12 + 14-18, Sa 10-16 Uhr); Weinpro-
be (1-25 Pers.); Gutsausschank (Aug./Sept. Do-Sa ab 17,
So ab 11 Uhr); Vinotorium (bis 40 Pers.), Veranstaltun-
gen wie *WEINzeit-STEINzeit-BROTzeit*

Weingut Siener (Peter Siener)

Weinstr. 31; Tel. 06345.3539 / www.weingutsiener.de
Das Familienweingut leiten seit 2001 (4. Generation)
Peter Siener (Südpfalz-Connexion, VDP-Talent 2008-12)
+ Ehefrau Denise (2 Töchter).
Rebfläche (12 ha): Birkweiler Kastanienbusch (40 %) &
Mandelberg; Leinsweiler Sonnenberg
Lieblingswein: Riesling trocken – Rotliegend
Spezialität: Riesling, Spätburgunder
Wein-Preise 2013: 4,50 – 32 €
Verkauf (Mo-Fr 9-12 +14-18, Sa 10-16 Uhr); Wein-
probe (1-12 Pers.); **Weinpavillon Keschdebusch** (www.
keschdebusch.de; mit Wein + Speisen auf großer Wiese);
Jahrgangspräsentation (Himmelfahrt-WoEnde)

Einkehren

Keschdebusch – Die Weinstube: Hauptstr. 1;
Tel. 06345.949988 / www.keschdebusch-weinstube.de
(Südpfalz-Wein im Offenausschank, regionale Küche,
hohe Qualität; Do-Mo ab 17 Uhr)

St. Laurentiushof: Hauptstr. 21; Tel. 06345.942194 /
www.stlaurentiushof-birkweiler.de (urige Weinstube, Innenhof, Gästehaus; März-Nov Di-So ab 11, 15.11.-15.3.
Mi+Do ab 15, Fr-So ab 11 Uhr)

Dörrenbach (Verbandsgemeinde Bad Bergzabern)

>*Weinwege 17 & 20 – Etappe 1*

Wein + Sehenswert

Rathaus (Hauptstr. 87; 1590): war Amtshaus d. Herzöge

Jesuitenkeller (Übergasse; von 1746): Zehntkeller der Jesuiten aus Straßburg, Tonnengewölbe ist heute Weinkeller

Simultankirche (St. Martin; Hauptstr. 36; erbaut
um 1300 auf alten Fundamenten): Wehrkirche, Treppentürmchen mit *Lichterker* – einfallendes Licht soll ans
Gebet für die Toten erinnern

Freilichttheater (Hauptstraße; seit 1998)

Kinnelsbrunnen (Übergasse): für Hebamme Herrmann
(1886-1958), die in Dörrenbach 600 Kinder *„zur Welt
brachte"*

Weingüter

Weingut Rapp (Torsten + Susanne Rapp)

Hauptstr. 81-83; Tel. 06343.6100566
www.rapp-wein.de
Weingut bei der Kirche, die wird vom Wachthäusel aus
(heute Weinstube) einst bewacht. Torsten Rapp baut für
Ehefrau Susanne, Wienerin, die *„österreichische Sorte"*
Zweigelt an; Förder-Mitglied im KUW.
Rebfläche (13 ha): Dörrenbach; Schweigen
Spezialität: Zweigelt (Rotwein, würzig, *Weichselnote*)
Wein-Preise 2012: 3,30 – 15 €
Verkauf (Mo-Sa 9-12 + 14-17 Uhr); Weinprobe (1-40 P.);
Weinstube Zum Wachthäusel (April-Okt. Mo-Mi + Fr-

Sa ab 17 Uhr); *Hoffest* (2-jährig Ende Juni); Pferdekopf-Etiketten (für Otto Rapp, der 1940 zwei Rappen besitzt)

Weingut Oerther (Siegfried Oerther)
Rathausplatz 3; Tel. 06343.2103
www.weingut-oerther.com
Weingut mit Weingedicht der Woche.
Rebfläche (10 ha): Dörrenbacher Wonneberg
Spezialität: St. Laurent, Merlot, Riesling
Wein-Preise 2013: 3 – 6 €
Verkauf (tgl. 9-20 Uhr)

Einkehren

Keschtehäusel: Hauptstr. 4; Tel. 06343.8797 (Fachwerkhaus von 1736; feine Küche, Weine der Region, Gästezimmer; Do-Di 11-14 + 17-22 Uhr, Mo abend geschl.)

Altdeutsche Weinstube: Hauptstr. 14; Tel. 06343.9884998 (10.000-Liter-Fass, Gedicht der Woche; Gaststube mit Kachelofen; Weine heimischer Winzer, Pfälzer Küche, Hof; Mi-Mo 11.30-14.30 + ab 16.30 Uhr, So/Fei durchgehend; Nov./Dez. Ruhetag auch Mi)

Eschbach (Verbandsgemeinde Landau-Land)

>*Weinwege 18 & 20 – Etappe 3*

Wein + Sehenswert

Eschbacher Eselei: im Dorf stehen 35 Esel, bunt bemalt

Rutschbrunnen (vor Weinstr. 64; von 1993)

Kath. Kirche (St. Ludwig; Weinstr. 48): mit Rokokoskulptur Johann Nepomuk (1766)

Dorfbrunnen (Weinstr.; spätgotisch): aus einem Findling

Ruine Madenburg (erwähnt 11./12. Jh., 1689 zerstört): mit Burgschänke und Burgmuseum

Weinfest (August)

Weingüter

Weingut Herrenhof (Stefan Schmitzer)
Herrenhof 1; Tel. 06345.2723
www.herrenhof-eschbach.de
Aussiedlerhof mit ökologischem Weinbau (Ecovin seit 2011). Seinen Esel Asinus Domini ließ Winzer Elmar Schmitzer von Armin Hott (Kandel) bemalen.
Rebfläche (25 ha)
Spezialität: traditionelle Rebsorten
Weinprobe (4-50 Pers.); FeWo

Weingut Schmitzer-Julier
Landauer Str. 17; Tel. 06345.2801
www.schmitzer-julier.de
Hier tun sich Stefan Julier aus Hambach + Beate Schmitzer-Julier aus Eschbach (Mitglied Vinissima) 2001 zusammen. Esel Regent zeigt Rot (für Rotweine), Gold (für Weißweine). Bei ihm steht Esel Caementarius.
Rebfläche: Eschbacher Hasen; Göcklinger Kaiserberg; Leinsweiler Herrlich; Hambacher Schlossberg
Lieblingswein/Spezialität: Weißer Burgunder Spätlese trocken
Wein-Preise 2012: 3,20 – 37 €
Weinprobe (2-40 Pers.); 1 FeWo

Weingut Büchler (Herbert Büchler + Waltraud Kaltz)
Landauer Str. 29; Tel. 06345.8778
www.weingut-buechler.de
Familienbetrieb von Herbert Büchler + Waltraud Kaltz, ihr Haus gleicht einer Burg; davor steht eine große Kelter.
Rebfläche (22 ha): Eschbacher Hasen; Leinsweiler Sonnenberg; Göcklinger Kaiserberg; Ilbesheimer Ritterberg
Lieblingswein: Merlot blanc de noir
Spezialität: Lagrein (südtiroler Klassiker)

Weingut Bender Michael (Michael + Manuel Bender)
Madenburgweg 8; Tel. 06345.3036
www.weingutbender.de
Familienweingut, als 3. Generation ist Manuel Bender dabei. Hier wünscht Esel Xaver: *Eschbach – des esch so ä kläness Derfel unnerhalb vun de längsche pälzische Burgru-in', wu domols ver e paar hunnert Johr die Eselsritter gehaust hän. Frieher hän sich die Eschbacher uffgereecht, wammer Esel zu denne g'sacht hot, awwer heit sin sie all stolz uff ehr Esel.* Auf Esel Xaver zeigt sich der *klääne Pälzer* mit Lackschuhen (Künstler Xaver Mayer, Landau) .
Rebfläche (18 ha): Leinsweiler Sonnenberg; Eschbacher Hasen; Göcklinger Kaiserberg; Ilbesheimer Rittersberg
Lieblingswein/Spezialität: Riesling Rothenberg, Spätburgunder Spätlese trocken; seit 2012 auch ein Eiswein
Wein-Preise 2013: 3,10 – 8 €
Verkauf *Wenn Licht brennt, ist offen*; FeWo

Weingut Heger (Stefan + Annette Heger)
Mandelsteinerhof; Tel. 06345.8768
Traditionelles Familienweingut im neuen Gewand, liegt
außerhalb bei Reben; viel Handarbeit.
Rebfläche: Eschbacher Hasen; Göcklinger Kaiserberg;
Ilbesheimer Rittersberg
Verkauf (Mo-Sa); Weinprobe (2-30 Pers.); FeWo

Weingut Ehrhart (Reinhold + Benjamin Ehrhart)
Weinstr. 2; Tel. 06345.7474 / www.weingut-ehrhart.de
Das Weingut übernehmen 1988 Reinhold + Ute Ehrhart
und erweitern es. Sohn Benjamin Ehrhart ist eingestie-
gen, Tobias + Jan Ehrhart packen mit an.
Flaschenwein: seit 1959
Rebfläche (10 ha): Eschbacher Hasen; Leinsweiler Son-
nenberg (Südhang, kalkhaltiger Löss für Spätburgunder;
am Wald rd. 50 Jahre alte Rieslingreben auf lössigem
Bundsandstein); Ilbesheimer Rittersberg (besonders
Grauburgunder)
Lieblingswein/Spezialität: Riesling, Spätburgunder
Wein-Preise 2013: 3,70 – 14 €
Verkauf (tgl. n. Anm.); Weinprobe (8-36 Pers.); **Strauß-
wirtschaft** (Sept./Okt.); 1 Gästezimmer

Weingut Wind (Bruno Wind)
Weinstr. 3-5; Tel. 06345.2343
www.weingut-wind.de
Weingut in 4. Generation von Bruno + Michaela Wind.
Rebfläche: rund um Eschbach
Lieblingswein/Spezialität: Sauvignon Blanc u.a.
Wein-Preise 2012: 3,30 – 8,90 €
Verkauf (Mo-Sa 9-18, So 9-12 Uhr); Probierstube;
Gästehaus

Weinhaus Michael Naab
Weinstr. 71; Tel. 06345.942291
www.michels-weine.com
Michael Naab startet 1998 seine Selbstständigkeit mit
der Villa Pistoria, gründet 1999 in Südfrankreich die
Domaine St. Eugène, 2002 das Weinhaus Michael Naab.
Das Weingut Villa Pistoria am Bergzaberner Liebfrauenberg pachtet er von einem Urenkel von Daniel Pistor
(1807-86), es war Daniel P's Sommersitz. Der füllte erste
Weine 1862 in Fässer, war damals überzeugter Demo-
krat (die Pfalz zählte zum Königreich Bayern), traf beim
Jurastudium in München Gleichgesinnte. Er sprach auf
dem Hambacher Fest 1832 vom Elend Vieler, die Rede
stand (aus Angst vor Repressalien) nicht in der Festschrift.

Knapp 2 Wochen später floh Daniel P. ins Elsass. Er hei-
ratete 1845 in Metz, ließ sich dort als Advokat nieder. Er
veranschaulichte seine Ideen im Weinberg: *Warum können
die Menschen nicht in Eintracht leben wie diese Reben?*
Rebfläche (1,2 ha Villa Pistoria; 1 ha Weinhaus; 10 ha
Frankreich)
Spezialität: trockene Rotweine, Weiß-/Spätburgunder,
Riesling

Einkehren

Taverne Barreto: Weinstr. 55; Tel. 06345.9496800 /
www.taverne-barreto.de (Dorfgasthaus von 1750; Weine
aus Eschbach, Kultur; Do-So ab 17 Uhr; *im Eck* nennen
die Eschbacher diese ehem. Wirtschaft Zur Madenburg)

Fischrestaurant Meindl: Weinstr. 64; Tel. 06345.8659;
www.fischrestaurant-meindl.de (regionale Weine, Fisch,
auch Kultur; Di-Fr ab 17, Sa+So 11-14 + ab 17 Uhr)

Freckenfeld (Verbandsgemeinde Kandel)

>*Weinweg 14*

Wein + Sehenswert

Dampfnudeltor (Hauptstr. 65; erbaut 1716): in der Passage dahinter das Heimatmuseum; *Dampfnudelfest* (Aug.)

Birnbaum, dickster der Pfalz (Lindenstr.): 150 Jahre alt

Weingüter

Jakobshof Freckenfeld (Isabel + Hagen Busch)
Hauptstr. 112-114; Tel. 06340.2261216
www.jakobshof-freckenfeld.de
Gästehaus (6 Zimmer) mit Hofladen (Südpfalz-Wein,
Bio-Tee, Obst u.a.) im 1906 erbauten Bauernanwesen.
Weihnachtsmarkt im Hof (2. Advent)

Familienweingut Disqué (Klaus + Sonja Disqué)
Hauptstr. 124; Tel. 06340.1091
Weingut mit Ambiente und Wein-Fassadenbild.
Weinstube (Fr ab 17 Uhr); FeWo

Einkehren

Landgasthof Zur Brauerei: Lindenstr. 15;
Tel. 06340.8182 (am Wald; Mi-So 11-14 + ab 17 Uhr)

Gleiszellen-Gleishorbach
(Verbandsgemeinde Bad Bergzabern)

>Weinwege 18 & 20 – Etappe 2

Wein + Sehenswert

Winzerhäuser 17.-19. Jh.: in der Winzergasse Gleiszellen

Kath. Kirche (St. Dionysius; erbaut 1746-48): Dionysius war ein alter Weingott

Ev. Kirche Gleiszellen (Winzergasse 2; erbaut 1726)

Ortskern Gleishorbach: Fachwerk 16.-19. Jh.

Brunnen mit Waschbänken aus Sandstein, Gleishorbach (Hauptstr. 8; von 1882)

Weinfeste: *Mandelblütenfest* (März); *Kirchberg in Flammen* (Fr+Sa nach Fronleichnam); *In der Winzergasse* (2. Sept.-WoEnde, 3. Okt.-WoEnde)

Weingüter

Weingut Schönlaub
Bergstr. 14 (Gleiszellen); Tel. 06343.8142
www.weingut-schoenlaub.de
Das „uralte" Weingut leitet heute Familie Heinrich Schönlaub.
Flaschenwein: seit 1949!
Rebfläche (30 ha)
Verkauf (Mo-Sa 8-18 Uhr)

Weingut Hans-Jürgen Doll (Hans-Jürgen + Anne-Christin Doll)
Hauptstr. 34 (Gleishorbach); Tel. 06343.2918
www.weingut-doll.de
Das Weingut in einem Fachwerkhaus von 1566 begründen Hans-Jürgen Doll + Ehefrau Gabriele. Tochter Anne-Christin Doll (pfälz. Weinprinzessin 2009/10) ist eingestiegen.
Rebfläche (20 ha): bei Gleiszellen-Gleishorbach
Spezialität: gelber Muskateller (auch als Sekt), Bukettsorten (Gewürztraminer, Scheurebe)
Wein-Preise 2013: 3,20 – 5,50 €
Verkauf (tgl.); **Winzercafe Zum alten Fritz** (Hauptstr. 32; Tel. 06343.7007666; Mi-So ab 11 Uhr); Weinprobe (8-60 Pers.); *Mitternachtsweinprobe im Dunkeln* u.a.; FeWo

Weingut und Weinlokal Muskatellerhof (Walter Ball)
Winzergasse 41 (Gleiszellen); Tel. 06343.4600
www.muskatellerhof.de
1908 erwerben Friedrich + Pauline Wendel das Haus (erbaut 1796), Friedrich W. stirbt im 1. Weltkrieg, Pauline Wendel heiratet Heinrich Ball aus Gleiszellen, sie beginnen mit Weinbau (75 Ar). Mit Kuh & Wagen bringt Heinrich Ball den Wein bis Karlsruhe. Sohn Erich Ball (+ Ehefrau Ursula, Heirat 1948) intensiviert den Weinbau. Doch werden die wenigen Muskatellerreben bei der Flurbereinigung durch ertragreichere Sorten ersetzt. Erst 1971 wird Muskateller wieder gepflanzt (11 Ar). 1975 steigt der älteste Sohn Walter Ball ein, er übernimmt mit Ehefrau Claudia 1987. Sie eröffnen 1994 das Lokal Muskatellerhof. Heute tatkräftig dabei ist Tochter Nathalie Ball (Weinprinzessin SÜW 2003/04).
Flaschenwein: seit 1959
Rebfläche (10,5 ha): Gleiszeller Kirchberg u.a.
Spezialität: Muskateller (trocken, halbtrocken, lieblich), Winzersekte, Muskatellersekt
Wein-Preise: 3,30 – 10,50 €
Geschenkideen; Weinprobe mit Mundart; individuelle Etiketten; **Weinlokal Muskatellerhof** (pfälz. Küche, Steak-Spezialitäten, ausgefallene Saison-Gerichte; Mi-Sa ab 16, So ab 11.30 Uhr)

Weingut Wissing (Sabine Wissing)
Winzergasse 55 (Gleiszellen); Tel. 06343.4711
www.weingut-wissing.de
1768 erbaut Peter G. Wissing das Fachwerkhaus in der Winzergasse 47. Jakob Wissing (1865-1931) betreibt Landwirtschaft + Weinbau (30 Ar), seine *Wirtschaft zur Pfalz* schließt, als er stirbt. Nachfolger Otto Wissing verkauft 1956 die letzte Kuh und betreibt nur Weinbau + Brennerei. Heinz Wissing übernimmt 1965, beginnt Selbstvermarktung. Teilaussiedlung 1974 an den Ortsrand (Wohnhaus, Keller, Verkauf). Heute leiten alles Heinz + Elfriede Wissing (2 Töchter).
Weinprobe (1-150 Pers.); **Weinstube Wissing** (Winzergasse 34; Mi-So ab 17 Uhr); **Straußwirtschaft** (Sept./Okt.)

Einkehren

Brunnenstubb: Hauptstr. 36 (Gleishorbach); Tel. 06343.4118 / www.brunnenstubb.de (kleines Lokal – feine Küche; geschl. Di abend + Mi)

Gasthof Zum Lam: Winzergasse 37 (Gleiszellen); Tel. 06343.939212 / www.zum-lam.de (Fachwerkhaus von 1776 mit Biergarten; April-Okt. tgl. ab 11.30, Nov.-März ab 17, So/Fei ab 11.30 Uhr; Ruhetag Mi)

Südpfalz-Terrassen: Winzergasse 42 (Gleiszellen); Tel. 06343.70000 / www.suedpfalz-terrassen.de (Hotel mit Wellness & Weinstube; Di-So 11.30-23 Uhr)

Caveau: Winzergasse 51 (Gleiszellen); Tel. 06343. 9347078 / caveau-gleiszellen.de (Weinlokal – elegant, urgemütlich, hervorragende Weine auch aus der Südpfalz, im Sommer Fr+Sa ab 19 Uhr)

Godramstein

>*Weinweg 15*

> *siehe M. Goetze: Weinwege genießen in der Südpfalz. Bd. 1*

Göcklingen (Verbandsgemeinde Landau-Land)

>*Weinweg 12*

Wein + Sehenswert

Kath. Kirche (St. Laurentius; Pfaffengasse; von 1787)

Ev. Kirche (Schulstr. 4; erbaut 1789)

Haus Eiswirth (Pfaffengasse 8): am Tor Winzerzeichen von 1595 (Sesel gekreuzt mit Karst)

Göcklinger Halseisen (Hauptstraße)

Westwall-Relikte (Hauptstraße)

Setzerberg: zweithöchste Erhebung in der Vorderpfalz (nach Kleiner Kalmit)

Lehrpfad am Kaiserbach (Klingenmünster – Billigheim)

Göcklinger Weinfest (Juni): auf dem Schulplatz

Weingüter

Weingut Schäfer (Achim + Michael Schäfer)
Hauptstr. 24; Tel. 06349.1353 / www.ferien-weingut.de
Den Familienbetrieb übernehmen 2007 Achim + Michael Schäfer von den Eltern; Anbau umweltschonend (KUW). Rebfläche (11 ha)
Weinprobe in rustikaler Weinstube (2-40 Pers.); Wiederverwenden von Flaschen; Übernachten

Weingut Hohlreiter (Klaus + Fritz Hohlreiter)
Hauptstr. 31-33; Tel. 06349.929250
www.weingut-hohlreiter.de
Albert Eck erbt den Landwirtschaftsbetrieb, konzentriert sich auf Weinbau. Tochter Traudel Eck heiratet 1953 Hermann Frech, das Weingut heißt Frech. 1982 heiratet deren Tochter Hannelore Klaus Hohlreiter – Beginn des ökologischen Anbaus (Mitglied Ecovin). Sohn Fritz Hohlreiter ist heute dabei; Gewölbekeller von 1617! Rebfläche (gut 10 ha): Göcklinger Kaiserberg; Heuchelheim-Klingener Herrenpfad; Klingenmünsterer Maria-Magdalena
Spezialität: Silvaner, Riesling
Wein-Preise 2013: 3,40 – 18,50 €
Verkauf (Mo-Sa 9-12 + 14-18 Uhr); *Hoffest* (Juni); Künstler-Etiketten

Weinhaus Fabio (Bernd Eck)
Hauptstr. 86; Tel. 06349.962484 / www.fabiowein.de
Ein Vorfahr der Familie Eck gibt schon um 1900 den Kammertbau auf und arbeitet im Weinberg mit Pferd & Pflug. Seit 2009 arbeitet man ökologisch; Innenhof zum Verweilen.
Rebfläche (1,5 ha): Göcklinger Kaiserberg (Löss + Kalkgestein)
Lieblingswein: Grauburgunder trocken
Spezialität: Verjus (mittelalterliche Würze)
Wein-Preise 2012: 4,90 – 6,95 €
Vinothek (Sa 9-14 Uhr); Outdoor-Weinprobe; Weinseminare; 2 FeWo

Weingut Fischer-Brauner (Anne + Reinhold Fischer)
Im Kreuz 11; Tel. 06349.5777
Haus der 50. Pfälzischen Weinkönigin 1988/89 ... Reinhold (aus Roschbach) + Anne Fischer aus Göcklingen (geb. Brauner), 3 Kinder, verbinden ihre Weingüter. Sie betreiben Weinbau mit Liebe, Einsatz, Fachwissen. Es mischt sich modern mit rustikal, Küferwerkzeug dekoriert die Weinstube, Vater Brauner war Küfermeister. Winzer ist *„einer der schönsten Berufe – draußen im Weinberg, drinnen im Keller, Neues lässt sich probieren. Und durch den Wein nehmen Kunden auch am Familienleben teil – wenn z.B. ein Wein zur Krönung von Tochter Christina* (wird 2013 Weinprinzessin Landau-Land) *kreiert wird"*.
Rebfläche (10 ha): Göcklinger Kaiserberg; Klingenmünsterer Maria Magdalena; Heuchelheimer Herrenpfad; Roschbacher Rosenkränzel; Flemlinger Vogelsprung

Lieblingswein: Spätburgunder Blanc de noir
Spezialität: Riesling (20 %)
Wein-Preise 2013: 3,20 - 17 €
Verkauf (tgl., So/Fei bis 13 Uhr); (Erlebnis-)Weinprobe
(1-30 Pers.); Gästehaus (5 Zimmer)

Privatweingut Hoffmann (Gerhard Hoffmann)
Steinstr. 25; Tel. 06349.8536
www.privatweingut-hoffmann.de
1929 erwerben Anna + Karl Hoffmann Landwirtschaft
mit Weinbergen. 1956 übernehmen alles Sohn Walter
+ Johanna Hoffmann (2 ha Reben, 1973 6 ha). Schon
1976 verzichten sie auf chemischen Dünger, 1987
Umstellung auf ökologischen Anbau. Sohn Gerhard
Hoffmann (+ Claudia; 1993/94 pfälz. Weinkönigin)
übernimmt 1997 (7 ha Reben). Sie verlagern 2005
den Weinkeller nach Eschbach; es erfolgt der weltweit
1. Freilandversuch, Molke gegen Mehltau einzusetzen.
2006 zeigt die Umbenennung in *Privatweingut*: Keine
Massenproduktion. 2007 wechselt man von Bioland zu
Biokreis, gründet *Gerhard – die Natürlichkeits GmbH*.
Flaschenwein: ab 1978
Rebfläche (20 ha): Eschbacher Hasen; Göcklinger Kaiser-
berg; Klingenmünster Maria Magdalena
Lieblingswein/Spezialität: Muskateller gelb & rot, Sekt
Wein-Preise 2012: 2,90 – 12 €
Verkauf (Mo-Sa 8-18 Uhr); Pergola im Weinberg für
Weinproben; Etiketten auch von der Tochter; Kultur +
Weinführungen; Kinderweinberg geplant

Einkehren

Weinstube La Cava: Hauptstr. 55; Tel. 06349.6906 /
www.dolce-casa-goecklingen.de (in einem alten Weingut;
Do-Sa 17-22, So/Fei 16-22 Uhr; auch FeWo)

Heuchelheim-Klingen
(Verbandsgemeinde Landau-Land)

>Weinweg 12 (Heuchelheim) & 16 (Klingen)

Wein + Sehenswert

Ev. Kirche Klingen (St. Georg; Klingbachstraße 13):
davor stehen zwei mächtige Linden (Naturdenkmal)

Ortskern Heuchelheim (Hauptstr.): Fachwerk 16.-20 Jh.;
Ev. Kirche (St. Oswald; erbaut um 1300); Renaissance-
Rathaus von 1592 mit offener Halle (Hauptstr. 44)

Weinrundwanderweg Heuchelheim & Klingen (je 5 km)

Ehem. Zehnthof Klingen (Klingbachstr. 14/16; 18. Jh.)

Weinfeste: *Weinpanorama am Herrenpfad* (Juni); *Kerwe
Heuchelheim* (Aug.); *Klingener Rotweinkerwe* (Sept.);
Herbschdwächelfeschd (Okt.)

Weingüter

Familienweingut Bacchushof (Familie Kuntz)
Am Münsterweg (Klingen); Tel. 06349.8734
www.bacchushof.com
Familienweingut, Weinbau umweltschonend (KUW).
Rebfläche (12 ha)

Weingut Karl-Heinz und Andreas Meyer
Bahnhofstr. 10 (Heuchelheim); Tel. 06349.5895
www.meyer-weingut.de
Das Familienweingut gründet Edmund Meyer 1949, lebt
anfangs von der bis heute bestehenden Weinkommission
& 3,5 ha Weinberge. Karl-Heinz Meyer (+ Ehefrau Gud-
run) steigt 1980 ein und erweitert. Sohn Andreas Meyer
steigt 2008 ein (siegt 2012 bei *Die junge Südpfalz* ...).
Flaschenwein: schon ab Anfang 1950er Jahre
Rebfläche (17 ha): Heuchelheimer Herrenpfad; Göcklin-
ger Kaiserberg; Appenhofer Steingebiss; Klingenmünster
Maria-Magdalena
Spezialität: Riesling, Weiß-, Grau-, Spätburgunder
Wein-Preise 2013: 4 – 15 €
Verkauf (Mo-Sa 9-12 + 14-17 Uhr; ab 6 Pers. n. Anm.);
Straußwirtschaft (Sept./Okt. Fr+Sa ab 17, So ab 11 Uhr);
Gourmet-Abende, Hoffest u.a.

Weingut Junghof (Marco Jung)
Hauptstr. 21 (Heuchelheim); Tel. 06349.1881
www.weingut-junghof.de
*Weingut als Ort der Begegnung von Menschen, die Wein
als Kulturgut schätzen ...* 2012 feiert Familie Jung das
275-jährige Bestehen (6 Generationen)!
Rebfläche (10 ha, steigend): Heuchelheim-Klingener
Herrenpfad; Impflinger Abtsberg; Landauer Altes Löhl;
Appenhofer Steingebiss; Billigheimer Venusbuckel
Lieblingswein: Muskateller
Spezialität: Rotweine (große Auswahl)
Wein-Preise 2013: 3,10 – 15 €

Verkauf (tgl. 10-18 Uhr); Weinprobe (1-100 Pers.);
Strauβwirtschaft (4 Monate ab Ende Juni tgl. 11-19,
Di+Do+Fr -23 Uhr); *Hoffest* (Juni); *Sektfest* (Aug.); Plan-
wagenfahrt; 3 Gästezimmer

Weingut Grafenhof (Claudia + Helmut Leonhard)
Hauptstr. 24 (Heuchelheim); Tel. 06349.7809
www.weingut-grafenhof.de
*Ernst Jünger: Nichts macht mit der Landschaft vertrauter,
als der Genuss der Weine, die auf ihrer Erde gewachsen und
von ihrer Sonne durchleuchtet sind ...* Familienweingut
mit Leidenschaft. Helmut + Claudia Leonhard (1982/83
Pfälz. Weinkönigin) übernehmen die Betriebe ihrer Eltern
ab 1984. Tochter Simone L. (2009/10 Pfälz. Weinprinzes-
sin) wird 2010 mitverantwortliche Betriebsleiterin.
Rebfläche (16 ha): Heuchelheim-Klingener Herrenpfad
Spezialität: Gewürztraminer, Weiβer/Grauer Burgunder,
Chardonnay, Sauvignon blanc; trocken ausgebaute Weine
Wein-Preise 2013: 3,80 – 10 €
Verkauf (Sa 8-18, So 10-12 Uhr); Weinprobe (1-30 Pers.)

Weingut Kurt u. Bärbel Arnold (Kurt + Bärbel Arnold)
Hauptstraβe 25 (Heuchelheim); Tel. 06349.1480
www.arnold-weingut.de
Sohn Philipp Arnold steigt ein (platziert sich 2013 bei
Die junge Südpfalz ...). Man unterscheidet nach Literwei-
nen, Gutsweinen, Premiumweinen.

Weingut Familie Vogler (Matthias + Barbara Vogler)
Hauptstraβe 75 (Heuchelheim); Tel. 06349.6351
www.weingut-vogler.de
Den Familienbetrieb am Ortsrand leiten Mathias + Bar-
bara Vogler. Tochter Theresa liebt *Kinderwein*.
Rebfläche (10 ha): rund um Heuchelheim
Spezialität: Chardonnay & Silvaner vom Kalksteinboden
Wein-Preise 2013: 3,80 (Riesling trocken 1 L) – 5,80 €
(Chardonnay 0,75 L)
Weinstube (Pfälzer Gerichte; Febr.-Juli + Sept.-Dez. Fr +
Sa ab 17 Uhr); *Hoffest*; Gästehaus (seit 2009)

Weingut Richard Rinck (Annette Rinck + Niko Leonhard)
Klingbachstr. 11 (Klingen); Tel. 06349.8542
www.weingut-richard-rinck.de
Otto Rinck bewirtschaftet bis 1980 einen Mischbetrieb.
Sohn Richard Rinck + Ehefrau Ingrid spezialisieren sich
auf Weinbau, die Ställe werden zu Weinkeller + Gästehaus. Seit 2009 führt Tochter Annette Rinck (bei Vinissima) mit ihrem Sohn Niko Leonhard (Winzermeister;

platziert sich 2013 bei *Die junge Südpfalz ...*) den Betrieb.
Rebfläche (11 ha): Klingener Herrenpfad; Heuchelheimer
Herrenpfad; Mörzheimer Pfaffenberg
Reben: Cabernet Cubin, Dornfelder (1978 im Versuchs-
anbau gepflanzt), Kerner (1990 gepflanzt, 1 ha = gröβter
Weinberg, ca. 300 m *unendlich lange Rebzeilen*, 250 Reb-
stöcke pro Zeile), Müller-Thurgau, Ortega, Riesling,
Schwarzriesling, Silvaner (um 1975 gepflanzt = älteste
Reben), St. Laurent, Spät / Weiβ-/ Grauburgunder
Lieblingswein: Spätburgunder Blanc de Noir trocken
Spezialität: Cuvée *Augenblick* (Etikett nach einem Gemäl-
de von Ina Rinck); Grauburgunder aus dem Holzfass
Wein-Preise 2013: 3,50 – 10 €
Verkauf (Mo-Sa 9-19 Uhr n. Anm.); Weinprobe (1-20 P.);
Hoffest (2. Juli-WoEnde); Gästehaus (3 Zimmer)

Familienweingut Bangerth-Rinck
Klingbachstr. 73 (Klingen); Tel. 06349.8636
>siehe Billigheim-Ingenheim, Waldstr. 18

Weingut Nauerth-Gnägy
Lindenstr. 42 (Klingen); Tel. 06349.8529
Mareen Nauerth übernimmt, heiratet Michael Gnägy ...
>siehe Schweigen-Rechtenbach, Müllerstr. 5

Weingut Arnold (Kurt + Dirk Arnold)
Lindenstr. 57 (Klingen); Tel. 06349.8861
www.weingut-arnold-klingen.de
Familienbetrieb, Anbau umweltschonend (KUW).
Rebfläche (8,5 ha)
Spezialität: Sekte, Säfte, Essig, Traubenkernöl ...
Verkauf (Mo-Fr 13-18, Sa+So 9-17 Uhr); Weinprobe
(1-60 Pers.); **Strauβwirtschaft** (Juli-Okt. n. Anm. ab
10 Pers.); Übernachtung

Weingut Lindenhof (Klaus Leonhard)
Lindenstr. 62a (Klingen); Tel. 06349.8518
www.lindenhof-klingen.de
Familienbetrieb am Ortsrand, ihn gründet Gerhard Leon-
hard. Klaus + Bärbel Leonhard leiten ihn heute.
Rebfläche (15 ha)
Spezialität: Riesling
Weinprobe (25-300 Pers.); Gästebetrieb (Tel. – 7860)

Weingut Alte Mühle (Gertrud + Klaus Wagner)
Mühlstr. 3 (Klingen); Tel. 06349.3548
www.weingutwagner-klingen.de
In der ehemaligen Getreidemühle, romantisch am Klingbach gelegen, betreiben Getrud + Klaus Wagner ihr sehr

kleines Weingut; ihnen liegt die individuelle Kundenbetreuung am Herzen; umweltschonender Anbau.
Spezialität: Pilzresistente Sorten
Weinprobe (auch mit kleinen Gerichten; im Innenhof mit viel Platz oder in ehem. Futterküche (bis 15 Pers.))

Einkehren

Gaststätte Mühlengrund (Heuchelheim): Untermühle 1; Tel. 06349.8174 / www.muehlengrund-pfalz.de (1938 erwerben Johannes Mühlheußer + Ehefrau Elisabeth die Mühle; Stilllegung 1953. Der Ehemann der Tochter ist Koch, man eröffnet ein Gasthaus. 1978 bauen Renate Hinrichs (Müllers-Tochter) + Ehemann die Stallungen zum Gästehaus um (12 Zimmer). Dies übernimmt 1997 Sohn Jürgen Hinrichs; Mi-So 11.30-14 + ab 17 Uhr))

Ilbesheim (Verbandsgemeinde Landau-Land)

>*Weinweg 19*

Wein & Sehenswert

Rathaus (Leinsweiler Str. 1; erbaut 1558): Fachwerk

Museumsscheune (Arzheimer Str. 30-32)

Kleine Kalmit (270 m): höchste Erhebung in der Vorderpfalz, mit Naturschutzgebiet (Kalkflora) und Kapelle Mater Dolorosa (von 1851)

Kalmitwingert (Arzheimer Str.): histor. Weinberg; mit Lehrpfad *Weinanbau aus 2 Jahrtausenden* (1,4 km lang)

Weinfeste: *Kalmitfest* (Juli; Weißburgunderpreis); *Weinkerwe* (Sept)

Weingüter

Weingut Hechtmann (Jens Hechtmann)
Alte Schulgasse 4; Tel. 06341.32201
weingut-hechtmann.de
Charles Kingsley: Um wirklich glücklich zu sein, brauchen wir nur etwas, wofür wir uns begeistern können ...
Fritz Hechtmann + Ehefrau Christel machen in den 1960er Jahren aus dem Mischbetrieb ein Weingut. Sohn Jens Hechtmann + Ehefrau Tina Kiefer-Hechtmann (Dt. Weinprinzessin 2004/05) leiten alles (2 Kinder).

Rebfläche (13 ha)
Weinprobe (8-25 Pers.); Planwagenfahrt (1-14 Pers.)

Weingut Jürgen Leiner (Sven Leiner)
Arzheimer Str. 14; Tel. 06341.30621
www.weingut-leiner.de
Das Weingut gründet Friedrich Leiner 1974 als Nebenerwerb (1,5 ha Reben). Sohn Jürgen L. (+ Ehefrau Brigitte) führt den Betrieb als Autodidakt hauptberuflich. Sohn Sven Leiner (Südpfalz-Connexion, VDP-Talent 2008-12) übernimmt 2003, macht eigenwillige Weine, stellt um auf ökologische Bewirtschaftung (Demeter seit 2011).
Flaschenwein: seit 1976
Rebfläche (14 ha): Ilbesheim; Arzheim; Göcklingen
Spezialität: Weißwein, Sekt, Sonderflaschen, Tempranillo (spanische Rebsorte, hier erstmals in Dtld. angebaut)
Weinprobe (1-10 Pers.); FeWo

Weingut Altschuh Erben (Klaus-Peter Albert)
Hauptstr. 1; Tel. 06341.30525
Weingut – dem alten Rathaus gegenüber.

Weingut Seebach (Markus Seebach)
Hauptstr. 30; Tel. 06341.31449
www.weingut-seebach.de
Ein Mischbetrieb wird nach 1960 zum Weingut.
Rebfläche (60.000 Rebstöcke): Ilbesheimer Rittersberg, Ilbesheimer Herrlich; Wollmesheimer Mütterle; Mörzheimer Pfaffenberg; Arzheimer Seligmacher
Weinprobe (1-35 Pers.); Gästehaus

Weingut Eck (Jürgen Eck)
Leinsweiler Str. 31; Tel. 06341.32046
www.weingut-eck.de
Kaiser Joseph I. verleiht 1704 diesem Weingut ein Wappen. Familienbetrieb mit Fossiliensammlung; Tochter Jasmin Eck ist 2011/12 Weinprinzessin Südliche Weinstr.
Flaschenwein: seit 1957
Lieblingswein: Weißer Burgunder
Spezialität: Burgunderweine
Wein-Preise 2013: 3,30 – 19,50 €
Rebfläche (11,5 ha): Ilbesheimer Kalmit & Herrlich
Weinprobe (1-50 Pers.); Orts- u. Weinbergsführungen; z.T. Künstler-Etiketten; FeWo

Weingut Kranz (Boris + Kerstin Kranz)
Mörzheimer Str. 2; Tel. 06341.939206
www.weingut-kranz.de
Familie Kranz baut seit Generationen Wein an. Seit 1990

ist Boris Kranz (Südpfalz-Connexion; im VDP seit 2012) Kellermeister, er führt heute den Betrieb mit Ehefrau Kerstin (Mitglied Vinissima; 3 Kinder). Anbau kontrolliert umweltschonend (KUW), Umstellung auf Bioanbau.
Flaschenwein: seit 1970er Jahre
Rebfläche (18 ha): darunter Terrassenwingerte unterhalb der Kleinen Kalmit
Spezialität: Riesling, Weißer Burgunder, Sylvaner, Spätburgunder
Verkauf (Mo-Mi 8-12, Do+Fr 8-12 + 14-18, Sa 9-16 Uhr); Weinprobe (1-20 Pers.)

Weingut Bosch (Ulla Lachomski)
Mörzheimer Str. 5; Tel. 06341.33772
www.weingutbosch.de
Familienbetrieb, am Ortsrand im modernen Anwesen.
Rebfläche (20 ha): Ilbesheimer Rittersberg, Ilbesheimer Kalmit, Ilbesheimer Kirchberg
Vinothek (Mo-Do 8-12, Fr 8-16.30, Sa 9-16.30 Uhr); Weinprobe (1-35 Pers.); Gästehaus mit Holzböden

Weingut Ackermann
Oberdorfstr. 40; Tel. 06341.30664
www.weingut-ackermann.de
1970 gründen Karl-Heinz Ackermann + Ehefrau Trudel das Weingut und siedeln an den Ortsrand aus. Heute leitet alles Sohn Frank Ackermann (VDP-Talent 2011-15), die Hälfte des Weins vermarktet man selbst.
Flaschenwein: seit etwa 1975
Rebfläche (14 ha): Ilbesheimer Kalmit; Leinsweiler Sonnenberg u.a.
Spezialität: Sauvignon Blanc, Riesling, Burgundersorten
Wein-Preise 2013: 4 – 12 €
Weinprobe (1-26 Pers.); *Jahrgangspräsentation*; FeWo

Weingut Kaiserberghof (Familie Kast)
Oberdorfstr. 47; Tel. 06341.32719
www.kaiserberghof.de
Hans-Joachim + Margit Kast forcieren den Weinbau. Es arbeiten mit die Söhne Marco + Michael Kast. Letzterer studierte 2004/05 in Kalifornien, sucht Wege, wie sich deutscher Wein in den USA vermarkten lässt. Man legt Wert auf die persönliche Betreuung der Kunden/innen.
Flaschenwein: seit 1960er Jahre
Rebfläche (20 ha): Ilbesheimer Kalmit
Lieblingswein: *Jedem Wein sei sein Moment gegönnt*; Cuvées z.B. zeigen, welchen Stil ein Oenologe verfolgt
Spezialität: Viognier (Versuchsanbau), Chardonnay,

Cabernet Sauvignon
Wein-Preise 2013: 4 – 10,50 €
Verkauf (Mo-Sa n. Anm.); Weinstube (Weinproben bis 40 Pers.); Etiketten von Annette Marquardt (z.B. *albus* + *rubens* = weiß + rot, als Cuvée + sortenrein) Rebstockpaten; 2 Gästezimmer

Vinothek – Weingut Reinhard & Esther Schmitt
Wildgasse 5; Tel. 06341.32215 / www.mein-winzer.de
Weingut Schmitt eröffnet 2012 in der Wildgasse bei seiner Weinstube eine Vinothek. Das Familienweingut leiten Reinhard + Esther Schmitt (Mitglied Vinissima), ihre Zwillinge Jana + Maren Schmitt führen es seit 2013 in die 4. Generation. Beteiligt am Kalmitwingert.
Rebfläche (18 ha): Ilbesheimer Kalmit & Herrlich
Spezialität/Lieblingswein: *Raben-Dusel* aus dem Eichenfass, Schmitt-Zantino-Sommerwein, Winzersekt, Künstleretiketten von Armin Hott (Kandel)
Wein-Preise: 5 – 15 €
Vinothek (Mo+Fr 15-17, Sa+So/Fei 11-17 Uhr); **Weinstube Brennofen** (www.mein-brennofen.de; moderngemütlich in ehemaliger Ziegelei – daher *Brennofen*; sehr schöner Garten zum Sitzen; Mo, Do-Sa ab 17, So/Fei ab 11.30 Uhr); *Jahrgangspräsentation* (Mai); *Schmitt-Zantino-Festival* (Juni); Kulturbühne (ganzjährig)

Weingut Silbernagel (Marc + Sophie Silbernagel)
Zittergasse 4; Tel. 06341.30583
www.weingut-silbernagel.de
Tradition + Modernität ... Das Familienweingut von Kurt + Sieglinde Silbernagel übernehmen Marc Silbernagel + Ehefrau Sophie (2 Söhne).
Rebfläche (18 ha): Ilbesheimer Kalmit & Rittersberg; Göcklinger Kaiserberg
Lieblingswein von Marc Silbernagel: Weiße Burgunder / ... von Sophie Silbernagel: Spätburunder, Cuvée rot
Wein-Preise 2013: 3,60 (Liter) – 8,20 € (0,75 Liter)
Verkauf (Mo-Sa 9-12.30 + 13.30-18.30 Uhr); Weinprobe (4-30 Pers.), *kulturelle Weinproben* (mit Lesung, französischer Musik); besonderes Etikettenlogo; Übernachtung

Einkehren

St. Hubertushof: Arzheimer Str. 5; Tel. 06341.930239 (Gasthof von 1737; Di-Sa 11.30-14.30 + 17.30-23, So 11-15 + 17-23 Uhr; Ruhetag in Nov.-März auch Di)

Zum Prinz: Kalmitgasse 1; Tel. 06341.33473 / www.zumprinz.de (historische Weinscheune, anspruchsvolle Küche; Fr-Mi 11-14 + ab 17.30, So ab 11.30 Uhr)

Impflingen (Verbandsgemeinde Landau-Land)

>*Weinweg 19*

Wein & Sehenswert

Rathaus (Kirchstr. 1; im Kern von 1725)

Ev. Kirche (Kirchstr. 3; von 1726): älteste Orgel der Pfalz

Weinbergswanderweg (2,5 km lang; ab Hauptstr. 14)

Weinfeste: *VinoCulinaria* (Ende April); *Hoppeditzelfest* (1. Juli-WoEnde); *In den Winzerhöfen* (3. Aug.-WoEnde); *Kerwe* (1. Sept.-WoEnde); *Tage der Offenen Weinkeller* (1. Okt.-WoEnde)

Weingüter

Weingut Pfaffmann
Gertrudenhof; Tel. 06341.4721
www.weingut-pfaffmann-pfalz.de
Wir haben die Natur nur geliehen ... 1520 sind *Pfaffmänner* Leibeigene des Klosters Weißenburg (*Männer der Pfaffen*), arbeiten in den Wingerten bei Nußdorf. 1962 übernehmen Gerd Pfaffmann + Ehefrau Gertrud das Weingut, sie gründen e. Rebschule, siedeln 1964 hinaus in den Gertrudenhof. 1986 steigt Gerd Walter Pf. ein.
Rebfläche (41,5 ha): Impflinger Abtsberg; Rohrbacher Mandelpfad; Billigheim-Ingenheimer Venusbuckel; Landauer Altes Löhl
Weinprobe (1-50 Pers.)

Weingut Kaufmann (Hans-Georg + Christa Kaufmann)
Hauptstr. 13; Tel. 06341.82440
www.weingutkaufmann.de
Den alten Familienbetrieb leiten mit Freude & Ideen Hans-Georg Kaufmann + Ehefrau Christa (2 Töchter, Anna K. ist 2012/13 Weinprinzessin Landau-Land); Liefertouren deutschlandweit.
Flaschenwein: seit 1983
Rebfläche (11,7 ha): Impflinger Abtsberg; Mörzheimer Pfaffenberg; Rohrbacher Mandelpfad
Lieblingswein: alle *(nicht auf einmal, schön hintereinander)*
Spezialität: sortenreine Weine, Cuvée Christa (süffiger Rotwein, heißt nach der Chefin), Cuvée 25+ (25 Jahre Flaschenwein)

Wein-Preise 2013: 3,40 (Silvaner) – 8,60 (Ortega Trockenbeerauslese) bzw. 20 € (Eiswein)
Verkauf (tgl. n. Anm.); **Straußwirtschaft** (1. Mai-Juni, Sept.-Okt. Fr+Sa ab 17, So ab 12 Uhr); *Hoffest* (Aug.)

Weingut Petzoldt
Hauptstr. 26; Tel. 06341.86529
www.weingut-petzoldt.de
Zu Gast bei Freunden ... Bei Sonnenschein lässt es sich im Hof, von Blumen umgeben, entspannt Wein genießen.
Verkauf (tgl. 9-20 Uhr); **Weinstube Hoppeditzel** (Do+Fr ab 18, Sa ab 17, So ab 16 Uhr)

Weingut Kuntz (Michael Kuntz)
Obergasse 9; Tel. 06341.85219 / www.weingut-kuntz.de
Familienweingut von Michael Kuntz (5. Generation). Das Weingut ist in den Weinberg gebaut! Im Weinkeller (der steckt *im Berg*) nützt eine offen gehaltene Lösslehmwand dem Klima für den Fasswein. Gästewohnungen liegen 9 m höher, haben nach hinten hinaus eine ebenerdige Terrasse zum Berg. Großonkel Theo, gut 80 Jahre, hat einen eigenen Wein: Cuvée TheoD'or.
Rebfläche (19 ha): Impflinger Abtsberg; Billigheimer Venusbuckel; Mörzheimer Pfaffenberg
Lieblingswein/Spezialität: Weißer Burgunder (Venusbuckel), KUNTZSTÜCK-trocken (Rotweincuvée, Eichenholz), Rotweine aus dem Kastanienbarrique, Grauburgunder Abtsberg
Wein-Preise 2013: 3,50 – 18 €
Verkauf (Mi-Do 17.30-19, Fr-Sa 9-18 Uhr); Weinprobe (8-25 Pers.); *Hoffest* (Aug.); *Tage der offenen Weinkeller* (Okt.); *Musik & Wein* (Ende Okt.); Planwagenfahrt; 4 Gästezimmer

Weingut Damian (Bernd Damian)
Obergasse 21; Tel. 06341.4520 / www.weingut-damian.de
Seit Generationen von der Familie bewirtschaftet.
Wein-Preise 2013: 3 – 4,20 €

Weingut Junker (Karl-Friedrich Junker)
Sonnenberghof; Tel. 06341.84144
www.weingut-junker.de
Am Ortsrand bei Reben liegt das Weingut von Gudrun Damian + Karl-Friedrich Junker seit 1976; herrlicher Blick auf die Madenburg. Seit 2009 ist eine moderne Weinstube dabei, darin können Gäste & Kunden in angenehmer Atmosphäre Wein genießen und kaufen.
Rebfläche (35 ha): Impflinger Abtsberg; Billigheimer Venusbuckel

Spezialität: Eiswein von 2009 (Mostgewicht 226° Öchsle)
Wein-Preise 2012: 3,50 – 20 € (Eiswein)
Verkauf (Fr-Sa 10-18 Uhr); Weinprobe (5-60 Pers.);
Weinstube (Mai-Juni Sa+So, Sept.-Okt. Fr-So); *Sommerfest* (2. Juli-WoEnde); Gästehaus (3 Zimmer); Künstler-Etikett von Bernhard Staudenmayer (Dudenhofen)

Einkehren

Zum Lamm Impflingen: Hauptstr. 16; Tel. 06341.86340
/ www.impflinger-lamm.de (Hof; Wein vom **Weingut Stentz**; Mo+Mi-Fr 11-14 + ab 17, Sa+So/Fei ab 11 Uhr)

Insheim (Verbandsgemeinde Herxheim)

>Weinweg 19

Wein & Sehenswert

Rathaus (Hauptstr. 15; erbaut um 1600): Glockenmuseum im denkmalgeschützten Dachboden (1. So im Monat 14-17 Uhr + zu Rathaus-Bürozeiten Di+Do 17-19 Uhr)

Weinfest (Aug./Sept.)

Weingüter

Weingut Meyer (Doris Meyer)
Hauptstr. 5; Tel. 06341.87158
Weingut mit **Weinstube** mitten im Ort.

Weingut Schaurer (Michael Schaurer)
Hauptstr. 6; Tel. 06341.87235 / www.weingutschaurer.de
Pfälzer Weine aus und mit Leidenschaft ... Spätklassizistisches Tor von 1856. 1995 wird aus dem Mischbetrieb ein reines Weingut, dies übernimmt Sohn Michael Schaurer 1996; 2013 neue hochmoderne Vinothek.
Verkauf (Mo-Sa 9-18 Uhr); Weinprobe (1-34 Pers.)

Weingut Familie Martin (Sebastian Martin)
Hauptstr. 16; Tel. 06341.85385
www.weingut-familie-martin.de
Wird als Mischbetrieb 1868 errichtet, doch die letzte Kuh verlässt das Anwesen 1983. Heute leitet Sebastian Martin (seit 2009 Winzermeister) das Familienweingut; ökologischer Anbau seit 2010 (Bioland).
Flaschenwein: seit 1992
Weinprobe mit allen Sinnen (2-22 Pers.)

Kandel (Verbandsgemeinde Kandel)

>Weinweg 14

Wein & Sehenswert

Rathaus (Hauptstr. 61; von 1773/83): mit Stadtbücherei

Schafhaus (Hauptstr. 73; von 1660): ältestes Fachwerkhaus; mit Dampfnudeltor

Ev. Kirche (St. Georg; Turmstr. 6; erbaut ab 1501)

Künstler Armin Hott (Rheinstr. 105; www.armin-hott.de) gestaltet Flaschenetiketten, Lithografien u.a.

Abenteuer-Park Fun Forest (Badallee; www.abenteuer-park-kandel.de): Hochseilgarten für Kletterfreudige

Waldschwimmbad (Badallee): beheizt

Fest des Federweißen (Ende Sept.)

Weingut + Weinhandlung

lebensArt – Zeit für Genuss (Dieter Roth)
Hauptstr. 86; Tel. 07275.618435
www.lebensart-kandel.de
Fachgeschäft für erlesene Weine (viel Südpfalz) u.a.
Verkauf (Mo-Fr 9.30-18.30, Sa 9.30-14 Uhr)

Weinbau Jung (Uwe + Karin Jung)
Saarstr. 115; Tel. 07275.2229
www.weingut-jung-kandel.com
Familienweingut von Uwe + Karin Jung (Anbau umweltschonend, KUW). Sohn Christian Jung sammelt Weinbau-Erfahrung auch in Kalifornien.
Rebfläche: Kandeler Galgenberg; Freckenfelder Gräfenberg
Verkauf (Sept.-Juni Di+Mi, Fr+Sa 9-12+14-18; Juli+Aug. Do 10-12, Fr 14-18, Sa 10-14 Uhr); **Weinstube** (Fr+Sa ab 17 Uhr)

Kapellen-Drusweiler
(Verbandsgemeinde Bad Bergzabern)

>*Weinweg 13*

Wein & Sehenswert

Rosengarten-Wanderweg in der Weinlage Rosengarten (5,2 km lang): gut 400 Rosenstöcke blühen bei Reben!

Weinfeste: *Rosengarten-Wandertag „Rosen, Wein und mehr"* (3. Juni-WoEnde); *Federweißen* (Sept.)

Weingüter

Vinothek Julius Kimmle
Agnes-Kimmle Str. 1; Tel. 06343.93460
www.kimmle-wein.de
Älteste Privatkellerei Deutschlands! Um 1900 erfolgt der Umzug von Dörrenbach nach Bergzabern, später auf's größere Gelände in Kapellen (1975-99 Bau von Produktions- & Fasslager). Heute leiten alles Bernhard + Ehefrau Iris Kimmle (Mitglied Vinissima) & Sohn Julius Kimmle. Rebfläche: Trauben kommen von Vertragswinzern
Wein-Preise 2013: 3,50 – 8,50 €
Moderne Vinothek (über 100 Weine; Di-Fr 9-17, Sa 10-13 Uhr); Veranstaltungsräume (bis 70 Pers.); Weinprobe (8-50 Pers.); *Kunst + Kultur*; Etiketten von Iris Kimmle

Weingut Martin Manderschied
Dorfstr. 4; Tel. 06343.2579
www.weingut-manderschied.de
Wilfried Manderschied beliefert mit Fasswein Großkellereien. 2002 steigt Sohn Martin M. richtig ein, übernimmt den Betrieb, erste Flaschenweine. 2008 beginnt die Umstellung auf biologischen Weinbau (Mitglied Bioland).
Flaschenwein: seit 2002
Rebfläche (30 ha): Kapellener Rosengarten; Bad Bergzaberner Altenberg
Wein-Preise 2013: 4,90 – 12,90 €
Weinprobe (1-20 Pers.)

Weingut Hans Rapp (Hans-Karl Rapp + Manuela Hauser)
Obere Hauptstr. 4; Tel. 06343.939777
www.weingut-rapp.com
Familienbetrieb im historischen Anwesen, Hans-Karl Rapp + Lebensgefährtin Manuela Hauser laden in ihren romantischen, blühenden Hof auch zur Straußwirtschaft.
Rebfläche (10,5 ha): Kapellener Rosengarten; Bad Bergzaberner Wonneberg; Oberhausener Frohnwingert; Niederhorbacher Silberberg; Dierbacher Kirchhöh; Dörrenbacher Wonneberg
Spezialität: fruchtige, feine Weine
Lieblingswein: Portugieser Weißherbst mild oder trocken, Spätburgunder, Cuvée *Jean* Rotwein trocken, Burgundercuvée *Hans im Glück*, Sauvignon Blanc Kabinett
Wein-Preise 2013: 4 – 9 €
Verkauf (Mo-Fr 17-19, Sa 10-18 Uhr); Weinprobe (20-30 Pers., auch *„bekocht"*); **Straußwirtschaft** auch für private Feste (Mitte Mai-Ende Sept.); *Weinfest* (1. Aug.-WoEnde) u.a.

Kleine Weinkellerei Wendel (Klaus + Marc Wendel)
Obere-Hauptstr. 8; Tel. 06343.8245
www.hopfestubb.de
Das Weingut übernehmen 1986 Klaus + Manuela Wendel (2 Kinder). 2005 spezialisieren sie sich im modernen Weinkeller auf die Kaltvergärung. Sohn Marc W. übernimmt 2011 Küchenverantwortung für die Hopfestubb.
Flaschenwein: seit 1986
Rebfläche (2,2 ha): Kapeller Rosengarten
Lieblingswein: Dornfelder rosé
Spezialität: Regent
Wein-Preise 2013: 2,50 – 5,50 €
Kapeller Hopfestubb (viel Frisches & eigene Kreationen wie Saumagenravioli); Gästehaus (seit 2007); Events (z.B. *Marokko-Abend* – abgestimmt sind Speisen & Wein)

Weingut Familie Rapp (Rainer Rapp)
Untere Hauptstr. 2;
Tel. 06343.3722
www.weingut-familie-rapp.de
Alteingesessener Winzerbetrieb, ihn leitet Familie Rapp (2 Kinder).
Rebfläche (9 ha): Kapeller Rosengarten
Verkauf (Mo-So 9-18 Uhr); Weinprobe (1-50 Pers.); **Herbstlicher Weinausschank** (Sept./Okt.)
Weinfest (Aug.); *Rosenwandertag* (Juni); *Adventszauber in rustikaler Scheune* (Nov.)

Klingenmünster
(Verbandsgemeinde Bad Bergzabern)

>*Weinwege 18 & 20 – Etappen 2 und 3*

Wein & Sehenswert

Ehem. Kloster (Im Stift): mit Kirche; Kreuzgang (Im Stift 7) u.a. Seit 2000 UNESCO geschütztes Kulturgut (wie Burg Landeck, Waldschlössel, Nikolauskapelle)

Kurpfälzischer Amtshof (Steinstr. 13; erbaut 1716) & Amtsschreiberei (Steinstr. 11)

August-Becker-Museum (Steinstr. 2; März-Dez. Sa+So je 1 Std.): im Geburtshaus des Schriftstellers Aug. Becker

August-Becker-Denkmal (vor Weinstr. 44; von 1907)

Magdalenenhof (Weinberg bei Pfalzklinik): mit Nikolauskapelle (erbaut vor 1250) der Abtei Klingenmünster,

Burg Landeck (Ende 12. Jh.; 1689 zerstört): *Landeckfest* seit 1881 (ältestes Burgfest der Pfalz)

Salierburg (Wald-)Schlössel (1168 zerstört): Modell im August-Becker-Museum

Weinfeste: *Große Weinprobe* (Burg Landeck, Mai); *Weinfest* (um 1.8.); *Weinkerwe* (Aug.); *Federweißenfest* (Okt.)

Weingüter

Weingut Mathis (Wilfried + Marianne Mathis)
Alte Str. 4; Tel. 06349.5576 / www.mathiswein.de
Das Weingut am Ortsrand von Wilfried + Marianne Mathis (Mitglied Vinissima) zeigt auch viel Kunst, die Söhne steigen ein.
Vinotheka (Fr-Di 10-18 Uhr); Weinprobe (2-50 Pers.); **Weinstube Mathis** (Weinstr. 66; Tel. 06349.1786; Mo-Fr ab 17, Sa+So ab 12 Uhr); FeWo/Gästehaus

Weingut Werner Kuhn & Söhne
Lettgasse 2; Tel. 06349.8718 / www.kuhnwein.de
Das Weingut übernehmen Stephan und Christian Kuhn 2003 vom Vater.
Rebfläche (10 ha)
Verkauf (Mo-Sa 10-12 + 14-18, So 10-12 Uhr); Weinprobe (10-50 Pers.); **Straußwirtschaft** (Ende Aug.-Okt. Sa+So/Fei ab 11 Uhr)

Weingut Porzelt (Andreas Porzelt)
Steinstr. 91; Tel. 06349.8186 / www.weingut-porzelt.de
Weingut am Waldrand, Gerhard + Hannelore Porzelt geben die Regie 1998 an Sohn Andreas Porzelt (VDP-Talent 2011-15) + Ehefrau Anna; Bio-Betrieb seit 2011.
Flaschenwein: seit 1975
Rebfläche (12 ha): Klingenmünster Maria Magdalena; Gleiszeller Kirchberg; Heuchelheimer Herrenpfad
Spezialität: Silvaner, Weißburgunder
Verkauf im Gewölbekeller (Mo-Sa 9-12 + 14-18 Uhr); Weinprobe (1-25 Pers.); Flaschenrücknahme; FeWo

Stiftsweingut Meyer (Frank + Manuela (Cambeis-) Meyer)
Weinstr. 37; Tel. 06349.7446
www.stiftsweingut-meyer.de
Wein macht neugierig und gesprächig ... Die Eltern wohnen im Westflügel der Abtei, Sohn Frank Meyer steigt 17jährig ein, stellt um auf Flaschenwein, übernimmt 1999 (+ Ehefrau Manuela; Mitglied Vinissima). Eingestiegen sind die Söhne Nico + Johannes M. Unbeirrt von Trends arbeitet man am eigenen Weintyp (*Meyer-Typ*). Haus + Hof sind Begegnungsorte bei Verkostungen, Lesungen.
Flaschenwein: seit 1978
Rebfläche (9 ha): Klingenmünster Maria-Magdalena; Gleiszeller Frühmess (mit Muschelkalk)
Spezialität: Portugieser, Riesling
Verkauf (Sa 10-17 Uhr); Weinprobe (1-22 Pers.); uralter Holzfasskeller; *Hoffest* (Sept.)

Stiftsweingut Gertrud Kuhn (Gertrud Kuhn)
Weinstr. 42; Tel. 06349.6393
Weingut in ehemaliger Stiftsschaffnei (erbaut nach 1550).
Straußwirtschaft (Sept./Okt.)

Weinhof Pfeffer (Alexander Pfeffer)
Weinstr. 60; Tel. 06349.5073 / www.weinhofpfeffer.de
Familienweingut mit behaglicher Weinstube.
Rebfläche (20 ha): Klingenmünster; Heuchelheim
Spezialität: Cuvée „J" – für die Enkel Jakob, Johannes, Josefine
Verkauf (Sa 14-16 Uhr u.a.), Weinprobe (5-35 Pers.), **Weinstube** (Mai-Anf. Nov. Sa-Di ab 12 Uhr); Planwagen

Einkehren

Stiftsgut Keysermühle Restaurant Freiraum: Bahnhofstr. 1; Tel. 06349.99390 / www.stiftsgut-keysermuehle.de (regionale Produkte, auch Bio, Terrasse zum Park, Kunst; Di-Fr 11.30-14 + 17-21.30, Sa+So/Fei 11.30-21.30 Uhr)

Weinstube Zum Fuchsbau: Weinstr. 48; Tel. 06349. 963839 / www.fuchsbau-bader.de (die Großmutter der Wirtin = eine geborene Fuchs + Wirt Hans Bader stammt aus Heuchelheim, den *Füchsen*; Mi-So ab 17 Uhr)

Landau

>s.a. M. Goetze: Weinwege genießen in der Südpfalz. Bd. 1

>Weinweg 19

Wein & Sehenswert

Haus Mahla (Maximilianstr. 7; www.landau.de): Archiv + Museum, Stadtmodell mit Vauban-Festung

Marienkirche (kath.; Südring; erbaut 1908-10): mächtigste Kirche der Südpfalz

Villa Streccius (Südring 20; www.villa-streccius.de; Di-Mi 17-20 + Do-So 14-17 Uhr; erbaut ab 1892): Städtische Galerie, zeitgenössische Kunst

Jugendstil-Festhalle (Mahlastr. 3; erbaut 1905/07)

Strieffler-Haus (Löhlstr. 3; Tel. 06341.86204; bei Ausstellungen Fr-So 14-17 Uhr): Nachlass des pfälzischen Landschaftsmalers Heinrich Strieffler (1872-1949) und seiner Tochter Marie (1917-87)

Frank-Loebsches Haus (Kaufhausgasse 9; Tel. 06341. 86472; Di-Do 10-12 + 14-17, Fr-So 11-13 Uhr): Dauerausstellungen (Geschichte der Landauer Juden + Sinti und Roma in der Pfalz), wechselnde Ausstellungen

Weinfeste: *Weintage Südliche Weinstraße* (Juni; Frank-Loebsches Haus); *Herbstmarkt mit Weindorf* (Sept.); *Fest des Federweißen* (Okt.)

Weingüter

Vinothek Landau – Südliche Weinstraße
Georg-Friedrich-Dentzel Str. 11
Weine von 55 Winzern der Südlichen Weinstraße in der von Star-Designer Michalsky zur Vinothek umgebauten Kaserne auf dem Landesgartenschaugelände 2015.

Weingut Bach (Rolf Bach)
Wollmesheimer Str. 44; Tel. 06361.33136
www.weingut-bach.de

Gründerzeitbau, der Wein lagert im Tiefkeller. Rolf Bach beginnt mit Selbstvermarktung, pflanzt schon Anfang der 1990er Jahre Chardonnay. Sohn Sebastian Bach ist eingestiegen. Innenhof mit Flair. Außenbetrieb in Nußdorf.
Flaschenwein: seit ca. 1990
Rebfläche (8 ha): Nußdorfer Herrenberg; Frankweiler Königsgarten
Weinprobe (30-180 Pers.); Villa Rivulus (f. private Feste)

Einkehren

Weinkontor Null41: Georg-Friedr.-Dentzel-Str. 11; Tel. 06341.945485 (neben der Vinothek Landau; Restaurant & Weinbar von Corine Berrevoets + Michael Mury, die vorher das Weinkontor in Mörzheim betrieben haben)

Raddegaggl Stubb': Industriestr. 9; Tel. 06341.87157 (regionale Weine; Di-So 11.30-14 + ab 17.30 Uhr)

Landhaus Lang: Wollmesheimer Höhe 5; Tel. 06341. 939981 / www.landhaus-restaurant-landau.de (Café, Pfälz. Küche, Garten; tgl. ab 12 Uhr; im Winter kürzer)

Leinsweiler (Verbandsgemeinde Landau-Land)

>Weinwege 18, 20 – Etappe 3

Wein & Sehenswert

Renaissance-Rathaus (Weinstr. 4; erbaut 1619): mit Rundbogenhalle & Max-Slevogt-Denkmal; davor ein Laufbrunnen mit Sandsteintrögen (von 1581)

Ev. Kirche (St. Martin; Kirchstr. 10; erbaut 13. Jh.): alte Wehrkirche, Sonnenuhr; darin Leinsweiler Musikwochen

Slevogthof (19./20. Jh.): liegt oberhalb der Weinberge

2 Weininfo-Pfade (je 2 km lang): in den Weinbergen

Korkenzieher-Museum (Sonnenbergstr.; Tel. 06345. 8518): privates Keller-Museum

Bildhauer Thierry Gangloff (Hauptstr. 13): Skulpturen aus Stein, auch zum Thema Wein

Keramik-Atelier Zinkgraf (Weinstr. 1; www. keramikatelier-zinkgraf.de): zeigt auch Elwetridsche!

Weinfest: *Leinsweiler Sommer* – in den Winzerhöfen (Juli)

Weingüter, Einkehren, Sehenswert

Weingüter

Weingut Siegrist (Bruno Schimpf + Thomas Siegrist)
Am Hasensprung 4; Tel. 06345.1309
www.weingut-siegrist.de
Wer genießen kann, trinkt keinen Wein mehr, sondern kostet
Geheimnisse ... Thomas Siegrist (Mitglied VDP (seit
2000) & 5 Winzer – 5 Freunde) arbeitet schon 13jährig
im Weingut; wird mit Ehefrau Gisela Vorkämpfer für
den Barrique-Ausbau. Tochter Kerstin + Ehemann Bruno
Schimpf übernehmen etwa 1985; neue Kellerei 2002;
umweltschonender Weinbau (KUW).
Flaschenwein: seit 1975
Rebfläche (14,5 ha): Leinsweiler Sonnenberg; Wollmes-
heimer Mütterle; Ilbesheim; Eschbach
Spezialität: trockene Weine, Rot & Weißwein im Barrique
Vinothek (Mo-Fr 8-12 + 13.30-18, Sa. 9-16 Uhr); Weinprobe (10-20 Pers.), *Hoffest* (alle 2 Jahre, Sept.)

Ferienweingut Peter Stübinger (Peter Stübinger)
Hauptstr. 12; Tel. 06345.1572
www.weingut-stuebinger.de
Altes Weingut im schönen Winzerhaus.
Weinprobe (10-50 Pers.); **Straußwirtschaft** (Sept./Okt. Sa
ab 14, So ab 12 Uhr); Weinlehrpfad-Führung (Mi); FeWo

Weingut Schunck (Rainer + Gabi Schunck)
Trifelsstr. 3; Tel. 06345.1697 / www.weingut-schunck.de
Weingut beim Rathaus mit 2013 renoviertem Restaurant.
Rebfläche (6 ha): im Umkreis von 10 km
Spezialität: Gutsweine, Ortsweine, Lagenweine
Weinprobe (2-60 Pers.); **Weinrestaurant** (Trifelsstr. 4;
Tel. 06345.9594393; Do-Di ab 17 Uhr); Übernachten

Wein- u. Sektgut Gunter Stübinger
Trifelsstr. 8; Tel. 06345.2847 / www.stuebinger.com
Weingut von Gunter + Ulrike Stübinger, Pflege der Wein-
berge mit viel Handarbeit; auch Obstanbau.
Rebfläche (7 ha): Leinsweiler Sonnenberg & Herrlich
Lieblingswein: Spätburgunder trocken
Wein-Preise 2012: 3,30 – 8,10 €
Verkauf (tgl. ab 8 Uhr); Weinprobe (1-50 Pers.); **Wein-
stube Zum Kirchhölzel** (gemütlich im Gewölbekeller;
Do-Sa ab 17, So/Fei ab 12 Uhr); *Hoffest* (Aug.); 2 FeWo

Ferienweingut Harald + Inge Schäfer
Weinstr. 9; Tel. 06345.919253
www.ferienweingut-schaefer.de
Mischbetrieb mit Tieren, Ackerbau, Wein – Johann

Wissing, der auch Küfer ist, baut schon in den 1930er
Jahren kleine Holzfässer (50 Liter), darin er seinen Wein
an Wirtsleute verkauft (1 ha Reben). 1957 kommt der
1. Traktor, 1965 ein neuer Weinkeller mit damals mo-
dernen Betonfässern. 1995 kauft man einen Hof in der
Hauptstraße hinzu. 1998 steigt Sohn Andreas Schäfer ein;
umweltschonender Anbau (KUW).
Flaschenwein: seit 1957
Rebfläche (8 ha)
Spezialität: Regent, Merlot, Cabernet Cubin
Weinprobe (1-16 Pers.); FeWo

Einkehren

Hotel Castell: Hauptstr. 32; Tel. 06345.94210 /
www.hotel-castell-leinsweiler.de (seit 1993 feine Küche &
lokale Spitzen-Weine; Sa+So/Fei durchgehend offen, Di
Ruhetag)

Leinsweiler Hof: Weinstr.; Tel. 06345.4090 /
www.leinsweilerhof.de (Wellness-Hotel, 12-14.30 + 18-
21 Uhr; der Esel Wanderer steht davor, mit Kniebundho-
se & Hut blickt er gen Eschbach zu seinen Kumpeln)

Rebmann's Hotel / Vino Au Rant: Weinstr. 8;
Tel. 06345.95400 / www.hotel-rebmann.de (Restaurant
im Winzerhaus des 16. Jh., auch Innenhof; bietet viel
Wein aus Leinsweiler, feine Küche, Kuchen & Pralinen(!);
tgl. 11.30-24 Uhr; Nov.-März Ruhetag Mi)

Minfeld (Verbandsgemeinde Kandel)

>Weinweg 14

Wein & Sehenswert

Kunst & Skulpturen: auf öffentlichen Flächen

Ev. Kirche (Kirchgasse 3; erbaut um 1053): mittelalterl.
Wandmalereien

Kulturscheune (Herrengasse 5, www.kuschmi.de)

Kaiserulme (Kirchgasse, beim Rathaus): Naturdenkmal,
um 1800 gepflanzt

Kath. Kirche (St. Laurentius; Herrengasse 9; von 1930)

Rathaus (Gemeindeplatz 1; erbaut um 1850)

Ehemaliger **Gasthof** (Hauptstr. 74; erbaut 1753): Hoftor mit Mannpforte

Viehstrich: Region Bienwald & Vorland bei Minfeld, einst für Viehwirtschaft bekannt

Weingut – Weinhandlung

Weingut Lettenberghof (Mathias Calletsch)
Hauptstr. 35; Tel. 07275.3651
www.weingut-lettenberghof.de
Kleiner Winzerbetrieb von Winzer Mathias Calletsch, 2010 geerbt von weitläufigen Verwandten.
Flaschenwein: seit 2012
Rebfläche (4 ha): Minfelder Herrenberg

Weingut Arno und Oliver Heintz
Rebenhof 1; Tel. 07275.918555 / www.heintz-weingut.de
Ab 1950 baut Arthur Heintz in größerem Stil Wein an, verkauft ihn an Kellereien. Mit Flaschenwein beginnt Arno Heintz (+ Ehefrau Elfriede), er eröffnet 1987 die Probierstube. 1991 steigt Sohn Oliver Heintz ein. Ein Teil der Trauben geht weiterhin an die Genossenschaft.
Flaschenwein: ab 1978
Rebfläche (ca. 20 ha): Minfelder Herrenberg; Freckenfelder Gräfenberg
Spezialität: Riesling, Frühburgunder, Secco *Ginoli*
Wein-Preise 2012: 3,20 – 12 €
Verkauf (Mo-Do 13-19, Fr 9-19, Sa 9-18 Uhr); Weinprobe (8-35 Pers.); Weinstube (für Gruppen); *Hoffest* (1. Sept.-WoEnde)

Dorfmarkt Schoßberghof (Marion + Michael Groß)
Schoßberghof 1; Tel. 07275.5321 / www.schossberghof.de
Landwirt Michael Groß schweißt auch Kunstobjekte (stehen im Hof). Der Dorfmarkt bietet viel Eigenes (auch Wein; ab 2012 Bio nach EG-Öko-Verordnung); im *Paradiesgarten* 80 verschiedene Obstbäume u. -sträucher. Mitglied Arche Noah Österreich (www.arche-noah.at).
Verkauf (Mo-Fr 9-18, Sa 9-14 Uhr); **Sonntagskaffee** (selbstgebackener Kuchen, Mai-Sept. 1. So im Monat)

Einkehren

Weinstube Uff de Bach: Dammweg 2; Tel. 07275.8681 (Weinstube mit Garten)

Landgasthof Groß: Saarstr. 16; Tel. 07275.617714 / www.landgasthof-gross.de (Gasthof am Wald mit großer Terrasse)

Mörlheim (Ortsteil von Landau)

>*Weinweg 19*

Wein & Sehenswert

Ortsschild von Xaver Mayer (Atelier in Landau, Ostbahnstr. 18)

Ev. Kirche (Mörlheimer Hauptstr. 70; erbaut 1848)

Kath. Kirche (St. Martin; Mörlheimer Hauptstr. 84; erbaut 1770)

Waldenser-Haus (Hofgasse 1-3; erbaut 1684): Waldenser kamen nach dem 30-jährigen Krieg

Weingut

Weingut Rothmeier (Philipp + Ben Rothmeier)
Offenbacher Weg 8; Tel. 06341.52600
www.weingut-rothmeier.de
Einladend zeigt sich das Weingut am Ortsrand, es leiten dies Philipp + Ben Rothmeier (Ben Rothmeier platziert sich 2013 bei *Die junge Südpfalz ...*).
Spezialität: Cuvees
Verkauf (Mo-Fr 8-12 + 15-19, Sa 8-16 Uhr); Weinprobe (4-12 Pers.)

Einkehren

Zum Ochsen: Mörlheimer Hauptstr. 82; Tel. 06341.52121 (Biergarten, Südpfälzer Weine; Fr-Di)

Zum Bahnhof: Mörlheimer Hauptstr. 93; Tel. 06341. 52570 / www.zumbahnhof.com (Biergarten; Di-So/Fei 11.30-14 + 17-22 Uhr; Übernachten)

Mörzheim (Ortsteil von Landau)

>*Weinweg 19*

Wein & Sehenswert

Rathaus (Mörzheimer Hauptstr. 31; erbaut vor 1850)

Ev. Kirche (St. Ägidius; Zum Kirchweg 1; erbaut 1778)

Westwall-Reste (Richtung Impflingen): Panzerabwehrlinie aus dem 2. Weltkrieg

Wildtulpe *Tulpa silvestris*: wächst wild in den Weinbergen

Naturschutzzentrum Hirtenhaus (Brühlstr. 21; Mo-Do 10-15, Fr 10-13 Uhr): auch Verkauf von Bio-Rotwein

Weinfest: *Mörzheimer Weinkerwe* (Juli) mit Musik

Weingüter

Bioland-Weingut Sommer (Markus + Yvonne Sommer)
Haufenstr. 15-19; Tel. 06341.3470400
www.weingutsommer.de
Weingut mit gemütlicher Weinlounge.
Biohof-Laden (Di, Fr, Sa); Weinprobe (2-40 Pers.);
Gästehaus

Weingut Diehlenhof, Ulrich und Emil Lintz
Mörzheimer Hauptstr. 39
> *s. Diehlenhof-Arche (Billigheim-Ingenheim, Firststr. 19)*

Weingut Jürgen + Astrid Stentz
Mörzheimer Hauptstr. 47; Tel. 06341.30121
www.stentz.de
Der Tradition verpflichtet ... Von Jürgens Eltern übernehmen den Betrieb 1999 Jürgen + Astrid Stentz (Mitglied Vinissima; 1 Tochter). Denkmalgeschütztes Fachwerkhaus von 1700 (berankt von e. fast 300 Jahre alten Gänsfüßer-Rebe!), daneben ein edelgrauer Neubau ist Weinlager.
Flaschenwein: seit etwa 1999
Rebfläche (14 ha): Mörzheimer Pfaffenberg
Spezialität: Weiße Burgundersorten, Riesling, Cuvée, Muskateller
Wein-Preise 2013: 4 – 16 €
Vinothek (Mi, Do+Fr 9-12 + 14-18, Sa 9-14 Uhr); Weinprobe (2-40 Pers.); Weinpräsente, Weinessig, Weingelee aus der Region; Sonder-Etiketten; *fino vino* Weinseminar (in der Lesezeit; *anfassen & selber tun* – Trauben herbsten & keltern, Vesper im Weinberg); *Picknick beim Grenzstein* (Juni); *Hoffest* (Juli); Livemusik *Live im Lager* (1. Do im Sept.)

Bioland Weingut Kuntz (Stefan Kuntz)
Raiffeisenstr. 13; Tel. 06341.33960
www.weingutkuntz.de
Weine mit Niveau & Zukunft ... Margot + Stefan Kuntz betreiben Weinbau ökologisch (Bioland seit 1989), sind auch mit Wasser + Energie fast autark.

Rebfläche (17 ha): Mörzheimer Pfaffenberg
Lieblingswein/Spezialität: 2011 Sauvignon Blanc
Wein-Preise 2012: 4,50 – 17 €
Verkauf in Villa Vino (Di-Fr 8-13 + 14.30-18, Sa 9-16 Uhr; Weinprobe 4-80 Pers.); Symbiose mit Kunst; *Hofpräsentation* (Mai + Sept.); Künstleretiketten

Einkehren

Weinstube Alte Kelter: Haufenstr. 22; Tel. 06341.31551 (eine Kelter von 1711 rettete der Vater von Günther Becker, der heute die Weinstube echt pfälzisch führt; Fr+Sa ab 19, So ab 18 – im Winter ab 17 Uhr)

Ponaths Restaurant: Mörzheimer Hauptstr. 36; Tel. 06341.347878 / www.ponathsrestaurant.de (im Goldenen Löwen seit 2007 feine Küche, Weine aus der Nähe)

Niederhorbach
(Verbandsgemeinde Bad Bergzabern)

>*Weinweg 16*

Wein & Sehenswert

Ev. Kirche (Hauptstr. 39; erbaut 1484): barocker Dachreiter von 1727

Wanderweg Wein und Natur (4,5 km lang; ab Kirche): ein sehr schöner Wein-Wanderweg!

Weinfest: *Weinkerwe* (Aug.)

Weingüter

Weingut Nauerth (Heinz + Rita Nauerth)
Hauptstr. 39; Tel. 06343.7258
Bodenständiges Weingut vis-à-vis der Kirche.
Rebfläche: Niederhorbacher Silberberg

Weingut – Weinstube – Gästehaus Mühlhäuser (Astrid + Bernd Mühlhäuser)
Hauptstr. 50/51; Tel. 06343.7328
www.winzerhof-muehlhaeuser.de
Ein nicht ganz gewöhnliches Weingut ... 1850 erbaut ein Vater 2 Häuser für seine Kinder, später werden diese getrennt, 1997 aber wieder vereint. Hier arbeiten Astrid + Bernd Mühlhäuser mit Esther, Lucas, Michael M. Sie

bieten guten Wein und auch einen Ort der Kultur.
Rebfläche (15 ha): Niederhorbacher Silberberg; Klingener Herrenpfad
Lieblingswein/Spezialität: fruchtbetonte Weißweine
Wein-Preise 2013: 2,80 – 5 €
Verkauf (tgl.); **Weinstube** (im ehem. Weinkeller, behaglicher Holzofen, Möbel aus den Dauben alter Eichenfässer; Fr-Sa ab 17, So ab 16 Uhr; 2. WE im Monat geschl.); *Kultur* (einmal im Monat Kabarett, Lesung ...); 2 FeWo

Weingut Fritz Walter (Eckhard Walter)
Landauer Str. 82; Tel. 06343.936550
www.fritz-walter.de
Das Weingut, 1832 gegründet, leitet heute Eckhard Walter. Viele geraten ins Stutzen, wenn sie den Namen *Fritz Walter* lesen. Das legendäre Fußballidol, Kapitän der siegreichen deutschen Nationalmannschaft 1954, sollte es hier ein Weingut besitzen? Nein, der Fußballer starb 2002 und besaß nie ein Weingut. Hier war ein anderer Fritz Walter am Werk. Beim Weingut öffnet 1982, in einem alten Stall, eine Weinstube, bietet eigene Weine & Hausmannskost. Heute wird hier Pfälzer Gastlichkeit in einem modern-behaglichen Weinrestaurant geboten.
Rebfläche (gut 50 ha): Niederhorbacher Silberberg; Pleisweiler Schlossberg; Gleiszeller Frühmess; Klingener Herrenpfad; Bad Bergzaberner Kloster Liebfrauenberg; Dörrenbacher Guttenberg
Lieblingswein: Riesling QbA trocken
Spezialität: Cuvées weiß, rosé, rot
Wein-Preise 2012: 4,60 – 29,80 €
Verkauf (Mo-Sa 8-18, So/Fei 9-16; Sommer Mo-Fr 8-20 Uhr); Weinprobe (1-65 Pers.); **WeinRestaurant** (Di-Fr ab 17, Sa+So/Fei ab 11 Uhr); *Hoffest* (1. Juli-WoEnde); Übernachten im Landhaus (9 DZ)

Oberhausen (Verbandsgemeinde Bad Bergzabern)

>*Weinweg 13*

Wein & Sehenswert

Rathaus (Obere Hauptstr. 2; erbaut 1875): mit *Türmel* (zinnengekrönter Uhrturm)

Zeiselsbrunnen (Raiffeisenstr.): erstmals gefasst 1811 anlässlich der Geburt von Napoleons Sohn

Weinfeste: *Weinfest* (Juli); *Federweißenfest* (Sept.)

Weingüter

Weingut Geiger (Werner + Pia Geiger)
Oberdorfstr. 20; Tel. 06343.3544 / www.geiger-wein.de
Friedr. Hebbel: Wein ist die edelste Verkörperung des Naturgeistes ... 1981 beginnt Werner Geiger die Umstrukturierung in ein reines Weingut mit Rebveredlung. Dies zeigt ein gemütliches Ambiente zum Genießen der Weine. Sohn Tobias G. kreiert 2013 eine eigene Linie: NEON.
Rebfläche (14 ha): Oberhausen; Dierbach
Weinprobe (10-50 Pers.); **Flammkuchen & Neuer Wein** (Sept./Okt. So+Fei); *Scheunenmarkt mit Kunsthandwerk* (Anf. Sept.)

Oberotterbach
(Verbandsgemeinde Bad Bergzabern)

>*Weinwege 17, 18, 20 – Etappe 1*

Wein & Sehenswert

Bücherei & Heimatmuseum (Unterdorfstr. 4): in der alten Schule von 1829

Westwall-Wanderweg (10 km; seit 2009): entlang von gesprengten Bunkern, Laufgräben, Stellungen

Waldgeisterweg (ab Oberdorfstr.; 4 km lang): skurril beschnitzte Baumstumpf-Wesen im Otterbachtal im Wald

Ev. Kirche (St. Georg; Unterdorfstr. 8; erbaut 1537)

Kath. Kirche (Apostel Simon u. Judas; Friedhofstr. 2)

Oberer Mundatwald: 1946 von Frankreich annektiert, Rückübertragung an Deutschland erst 1984

Weinfeste: *In den Winzerhöfen* (Pfingsten); *Fest des Federweißen* (Ende Sept.)

Weingüter

Wein- u. Obsthof Ursula Hey & Sohn (Fritz Hey)
Oberdorfstr. 24; Tel. 06342.7038
www.fewo-hey-südpfalz.de

Fritz Hey übernimmt das Weingut von Mutter Ursula Hey. Sein Cuvée *Emil von Kennel* erinnert an den Großvater aus Schwegenheim.
Rebfläche (12 ha): Schweigener & Oberotterbacher Sonnenberg; Dörrenbacher Wonneberg, Herrenwingert & Pfarrwingert
Lieblingswein/Spezialität: *Vieles!*
Wein-Preise 2013: 3 – 5,80 €
Verkauf (Mo-Sa 9-18 Uhr); Weinprobe (1-60 Pers.); 3 FeWo

Weingut Dieter Oerther
Unterdorfstr. 9; Tel. 06342.7305
www.weingut-dieter-oerther.de
Familienweingut im Fachwerkhaus. Aktiv sind hier Edelgard Oerther und Tochter Esther Oerther.
Rebfläche (8 ha)
Verkauf (tgl. 8-18 Uhr); **Weinstube** (Di+Mi ab 14, Sa+So ab 17 Uhr); FeWo

Weingut Heinz & Thomas Beck
Unterdorfstr. 20; Tel. 06342.919086 / beck-wein.de
Beck Wein – schenk Freude ein ... Als 4. Winzergeneration kommt 2010 Bruno Beck zur Welt. Im Fachwerkhaus im Unterdorf nebst Garten am Flüsschen keltern Heinz + Thomas Beck ihren Wein und begehen ihr Beck-Weinfest. Ein Neubau mitten im Weinberg (Rotackerweg 27) beherbergt die moderne Erntetechnik nebst Vollernter unter dem Solardach.
Rebläche (35,5 ha): Schweigener Guttenberg
Lieblingswein/Spezialität: Riesling *Kalkmergel*
Wein-Preise 2012: 3,20 – 6,20 €
Verkauf (Mo-Sa 10-18 Uhr); *Pfingstweinfest; Federweißenfest* (Ende Sept.)

Weinhaus Ebinger (H. + I. Ebinger)
Unterdorfstr. 49; Tel. 06342.7376
www.weingut-ebinger.de
Familienweingut am Ortsrand.
Verkauf (Mo, Do, Fr, Sa 9-12 + 13-18 Uhr); FeWo

Einkehren

Schlössl: Weinstr. 6; Tel. 06342.923230 / www.schloessl-suedpfalz.de (in Oberotterbach lässt sich der Herzog von Pfalz-Zweibrücken 1788 Amtshaus & Sommersitz errichten. Heute im Gewölbekeller: eine Panoramatapete von etwa 1825 mit Szenen vor klassischer italienischer Landschaft aus der frz. Manufaktur Dufour et Cie, in

Grisaille-Technik (*Grautöne*) aus handgeschöpftem Papier. Renovierung des Anwesens 2008-12 für ein kleines Hotel mit Edelrestaurant)

Pleisweiler-Oberhofen
(Verbandsgemeinde Bad Bergzabern)

>*Weinwege 18 und 20 – Etappe 2*

Wein & Sehenswert

Kath. Kirche (St. Simon u. Judas; Schlossstr.): Rokokoportal, (1755-57 erbaut vom kurpfälz. Hofbaumeister)

Ev. Kirche (Weinstr. 67; erbaut 1749)

Ehemalige **Wasserburg** (Schlossstr. 21/23; 15. Jh.)

Wenfest: *Fest des Federweißen* (Okt.)

Weingüter

Weingut Brendel (Familie Brendel)
Hauptstr. 13 (Oberhofen); Tel. 06343.8450
www.weingut-brendel.de
Weingut & Weinstube gründen Walter + Waltraud Brendel 1990 als Quereinsteiger. Sie bieten eine überschaubare Zahl hochwertiger Weine. Tochter Claudia Brendel ist Weinprinzessin SÜW 2006/07. Sohn Christian Brendel steigt ein (platziert sich 2013 bei *Die junge Südpfalz ...*)
Flaschenwein: seit etwa 1990
Rebfläche (8 ha): Gleiszellen-Gleishorbach; Pleisweiler-Oberhofen; Niederhorbach; Bad Bergzabern
Spezialität: Riesling, weiße Burgunder (Weiß-/Grauburgunder, Chardonnay), Spätburgunder
Wein-Preise 2013: 3,50 – 11 €
Verkauf (tgl.); Nonnensusel-Wein; Weinprobe (10-30 P.); **Weinstube** (Fr+Sa+Mo ab 17, So ab 16 Uhr); *Hoffest*

Weingut Leonhard (Volker Leonhard)
Hauptstr. 19 (Oberhofen); Tel. 06343.8290
www.weingut-leonhard.de
Weingut von Volker Leonhard (+ Ehefrau Susanne), Sohn Steffen Leonhard ist eingestiegen.
Verkauf (Di-Mi, Fr-Sa ab 17, Mo, Do 9-15 Uhr); Nonnensusel-Wein; Weinprobe (20-60 Pers.); **Weinstube** (Di-Mi, Fr-Sa ab 17 Uhr)

Weingut Wilker (Jürgen Wilker)
Hauptstr. 30 (Oberhofen); Tel. 06343.2202
www.wilker.de
Weingut auf Grundmauern von 1597; Rudolf + Frieda
Wilker stellen auf Weinbau um, Heinz + Helga W. bieten
erstmals Wein in Flaschen. Sohn Jürgen Wilker sammelt
Erfahrungen in aller Welt, führt mittlerweile den Famili-
enbetrieb und vergrößert ihn stetig; 50 % Handlese.
Flaschenwein: seit 1964
Rebfläche (20 ha): Pleisweiler-Oberhofener Schlossberg;
Bad Bergzaberner Altenberg
Lieblingswein/Spezialität: Spätburgunder, Riesling
Wein-Preise 2013: 4,40 – 19 €
Verkauf (Mo-Sa 8-18, So 10-12 Uhr); Nonnensusel-
Wein; Weinprobe (10-250 Pers.); **Landhaus Wilker** (von
Wilhelm Hey, Oberhofener Original, kauft man 2001 das
Bauernhaus Hauptstr. 31; Tel. – 700700; Hotel (22 Zim-
mer); Restaurant tgl. ab 17.30 Uhr (Ruhetage Mo+Do);
Jahrgangsverkostung (Juni); *Weinfest* (Okt.)

Weingut Ullrich (Evi Ullrich-Friedrich)
Schäfergasse 25 (Pleisweiler); Tel. 06343.2312
www.weingut-ullrich.de
Evi Ullrich-Friedrich (4. Generation, Mitglied Vinissima)
übernimmt das Weingut von den Eltern. Sie + Ehemann
erdenken das Konzept *Weinklang* (ein Zusammenspiel
unterschiedlicher Terroirs, Weinsorten, Menschen, Veranstaltungen, Landschaften).
Flaschenwein: schon seit 1950!
Rebfläche (9 ha): Pleisweiler-Oberhofener Schlossberg;
Gleiszeller Frühmess; Bad Bergzaberner Altenberg
Lieblingswein: Rosécuvée (Frühlingswein, leicht, spritzig,
trocken), Spätburgunder (kräftig, trocken)
Weinshop (Mo-Fr 9-13 + 14-19, Sa 9.30-17, So 11-
14 Uhr, Jan./Febr. So geschl.); Nonnensusel-Wein; Weinprobe (1-65 Pers.); **Pfälzer Abende** (April-Okt. jeden
1.+3. Mi 18.30 Uhr mit Weinprobe, Rebknorzspießessen,
Mundartlieder von der Winzerin); *Vinosage* (Pfingstsonn-
tag; Wein, Kunst, A-capella-Chor); Weinpräsente u.a.

Reuters Holzappel: Hauptstr. 11 (Oberhofen);
Tel. 06343.4245 / www.reuters-holzappel.de (Gaststube
mit blumigem Innenhof; gehobenes Essen, Südpfalz-
Weine, Übernachten; Mi-So ab 17, So/Fei auch 12-
14.30 Uhr; April-Okt. Di offen)

Restaurant Schoggelgaul: Schäfergasse 1 (Pleisweiler);
Tel. 06343.7900 / schoggelgaul-pleisweiler.de (Dreiseithof
mit Fachwerk, 1789 erbaut als Küferei; tgl. ab 17, So/Fei
auch 11-13.30 Uhr)

Ristorante Wappenschmiede: Wappenschmiedstr. 14
(Pleisweiler); Tel. 06343.1331 / www.
ristorante-wappenschmiede.de (Italienische Kost in einer
alten Wappenschmiede; Mo, Mi, Do 17-22, Fr-So/Fei
11.30-22, April-Okt. auch Mo, Mi, Do 11.30-14.30 Uhr)

Queichheim (Ortsteil von Landau)

>Weinweg 19

Wein & Sehenswert

Ev. Kirche (Queichheimer Hauptstr.; erbaut 1769-71):
mit Gedenkstein für Johannes Birnbaum

Kath. Kirche (St. Maria; Queichheimer Hauptstr. 82;
erbaut 1925/26)

Altes Weingut (Queichheimer Hauptstr. 103)

St. Paulusstift (Queichheimer Hauptstr. 235): 1925/26
anstelle der Mühle erbaut

Weingut

Weingut Andreashof (Andreas + Claudia Frey)
Queichheimer Hauptstr. 116; Tel. 06341.52899
www.andreashof-landau.de
Weingut mitten im Ort.
Verkauf (Mo-Sa 10-13 + 13-19, So 9-12 Uhr) ; **Weinstu-
be**; Gästezimmer

Einkehren

Restaurant Provençal: Queichheimer Hauptstr. 136;
Tel. 06341.952552 / www.provencal-landau.de
(frz. Küche; Mi-So 11.30-13.45 + ab 18 Uhr)

Ranschbach (Verbandsgemeinde Landau-Land)

>Weinweg 18

Wein & Sehenswert

Kath. **Kirche** (Allerheiligen; Kirchgasse 9; erbaut 1782)

Quelle Kaltenbrunn (Kaltenbrunnstr.)

Weinfest: *Häckerweinfest* (Aug.) mit Kunsthandwerk

Weingüter

Weingut Horst Kiefer
Weinstr. 7; Tel. 06345.1581
Tochter Tina Kiefer-Hechtmann (2004/05 Dt. Weinprinzessin) lebt in Ilbesheim, hilft hier aber tatkräftig.

Bioweingut Franz Braun
Weinstr. 10; Tel. 06345.919082 / www.meinbiowinzer.de
Franz Braun + Edith Ehnes machen Biowein (Ecovin seit 1990); 1 Tochter.
Rebfläche (7,8 ha): Ranschbacher Seligmacher u.a.
Lieblingswein: Chardonnay, Kerner
Wein-Preise: 4,20 – 16,70 €
Hofladen (Di, Fr, Sa 9-18 Uhr); Weinprobe (6-100 Pers.);
Hoffest (Juli); Übernachtung im Zirkuswagen

Weingut Karlheinz Braun
Weinstr. 74; Tel. 06345.2782 / www.braun-ranschbach.de
Familienbetrieb von Karlheinz Braun.
Moderne Vinothek; Weinprobe (1-20 Pers.)

Schweigen-Rechtenbach
(Verbandsgemeinde Bad Bergzabern)

>Weinwege 17, 18, 20 – Etappe 1

Wein & Sehenswert

Deutsches Weintor in Schweigen (Weinstr.; erbaut 1936/37): mit Start des Wein-Lehrpfads (3 km lang)

Landschaftsweiher: Im Rechtenbacher Tal

Ehem. **Zehnthof** in Schweigen (Landrat-Hoffmann-Str. 1; erbaut 1593): heute Weingut Zehnthof

Ev. **Kirche** in Schweigen (St. Eustachius; Hauptstr. 24; erbaut nach 1750): ehemals Simultankirche

Skulpturengarten Schweigen (Hauptstr. 20): bei der alten Schule; von Studierenden der Villa Wieser, Herxheim

Weinfeste: *Erlebnistag Deutsche Weinstraße* (Aug.); *Burgunderfrühling* (Rechtenbach, Schulstr. 3; April); *Johannisfeuer* (letzter Sa im Juni); *Rebblütenfest* (Juli); *Traminer-Wettbewerb* (Sept.); *Herbstabschlussfest* (Okt.; am Sonnenberg)

Weingüter

Weingut Bernd Grimm
Bergstr. 2-4 (Schweigen); Tel. 06342.919045
www.weingut-grimm.de
Edmund Grimm beginnt mit Selbstvermarktung, 1991 übernimmt Sohn Bernd G. das Weingut am Ortsrand.
Flaschenwein: seit 1961
Rebfläche (8,5 ha): Schweigener Sonnenberg (mehr als 50 % in Frankreich)
Lieblingswein: Sauvignon blanc, Chardonnay
Wein-Preise 2012: 5 – 16,50 €
Verkauf (Fr 13-18, Sa 9-17 Uhr)

Weingut Jülg (Werner Jülg)
Hauptstr. 1 (Schweigen); Tel. 06342.919090
www.weingut-juelg.de
Den Familienbetrieb übernehmen von Erika + Oskar Jülg um 1985 die Söhne. Heute hat einer ein Weingut im Elsass, Werner Jülg + Ehefrau Karin (Mitglied Vinissima) leiten alles und deren Sohn Johannes Jülg steigt ein.
Rebfläche (18 ha): Schweigener Sonnenberg
Spezialität: Riesling, Weiß- u. Spätburgunder (trocken)
Verkauf (Sa+So 11-18 Uhr); Weinprobe (1-40 Pers.);
Weinstube Jülg (Hausgemachtes; Sa-Mi 11.30-21 Uhr)

Weingut Leiling (David Lorenz Leiling)
Hauptstr. 3 (Schweigen); Tel. 06342.7039
www.weingut-leiling.de
Weingut mit Kunst in einer alten Villa.
Weinladen; **Gutsausschank Leiling** (Mi-So ab 12, im Winter Do ab 17, Fr ab 15, Sa+So/Fei ab 12 Uhr)

Weingut Bernhart (Gerd Bernhart)
Hauptstr. 8 (Schweigen); Tel. 06342.7202
www.weingut-bernhart.de

Auch Weine können Geschichten erzählen ... Man kauft 1896 Weinberge bei Wissembourg für den Mischbetrieb. Willi + Ehefrau Wilma Bernhart beginnen mit Flaschenwein. Heute leiten alles Sohn Gerd Bernhart + Ehefrau Sabine (VDP-Mitglied seit 2004). Neues Degustationshaus 2009. Umstellung auf Biowein 2012 (Ecovin).

Flaschenwein: seit 1971

Rebfläche (16 ha): beste Lagen liegen im Elsass

Lieblingswein: Weißburgunder Kalkmergel, Spätburgunder „R"

Wein-Preise 2012: 5,50 – 37 €

Verkauf (Mo-Fr 9-13 +14-17, Sa 9-16 Uhr); *Hoffest* (Pfingsten)

Weingut Friedrich Becker (Friedrich + Friedrich W. Becker)
Hauptstr. 29 (Schweigen); Tel. 06342.290
www.friedrichbecker.de

Fritz Becker beendet 1975 die Belieferung von Genossenschaften. Seine Weine munden Künstler Hans Martin Erhard (Emmendingen), dessen *Füchs'chen-Etikett* ziert heute die Flaschen. 1989 erringt das unbekannte Weingut mit Spätburgunder-Barrique den Deutschen Rotweinpreis, Barriqueausbau aber gilt damals in Deutschland als gebietsuntypisch, der Siegerwein muss als einfacher Tafelwein vermarktet werden. 6 Jahre später ist Barriqueausbau akzeptiert, doch heißt hier der Wein bis heute Tafelwein. Das Weingut (Mitglied VDP seit 2000, 5 Winzer – 5 Freunde ...) leiten heute Fritz Becker + Sohn Friedrich W. Becker mit Stefan Dorst.

Flaschenwein: seit 1973

Rebfläche (20 ha): Elsass – Kammerberg (Fritz Becker reißt 1966 Brombeeren aus für Spätburgunder), St. Paul; Schweigener Sonnenberg, Enggasse, Wormberg

Spezialität: Spätburgunder (Grand Cru vom Kammerberg), *flüssige Visitenkarten* (Einstiegsweine), Chardonnay

Wein-Preise 2012: 6 – 105,00 €

Verkauf (Fr 14-16, Sa 10-16 Uhr); Weinprobe (8-25 Pers.); *Hoffest* (2. Sept.-WoEnde)

Weinhof Scheu (Klaus Scheu)
Hauptstr. 33 (Schweigen); Tel. 06342.7229
www.weinhof-scheu.de

Weingut mit Gedenkstein *Geburtsstätte Deutsche Weinstraße.* Bäcker Günter Scheu + Ehefrau (Tochter von Philipp Cuntz) gründen das Weingut 1964 (2 ha Reben). 1971 kaufen sie ein neues Anwesen. Sohn Klaus S. übernimmt den Hof 1996 (Südpfalz-Connexion, war VDP-Talent).

Rebfläche (12 ha): Schweigener Sonnenberg (2/3 im Elsass

Spezialität: Weißwein, *Philipp Cuntz* (fand die Rebe 1929

Der Fuchs und die Trauben

Eine Fabel frei nach Aesop

An einem sonnigen Tag im Herbst saßen Maus und Spatz unter einem Weinstock und plauderten miteinander. Auf einmal zwitscherte der Spatz: „Maus, versteck dich, der Fuchs kommt!", und flog selbst rasch hinauf ins Laub der Reben.

Der Fuchs schlich sich heran. Er sah die blauen Trauben, prall und saftig, Sehnsucht überkam ihn. Vorsichtig nach allen Seiten spähend stützte er sich mit seinen Vorderpfoten gegen den Rebstock und reckte seinen Körper in die Höhe. Mit dem Maul wollte er die Trauben erhaschen. Aber der Versuch misslang, sie hingen zu hoch. Er versuchte sein Glück gleich noch einmal, tat diesmal einen gewaltigen Satz. Doch er schnappte nur ins Leere. Wer nicht wagt, der nicht gewinnt – ein drittes Mal bemühte er sich. Diesmal sprang er aus Leibeskräften und streckte sich so lang er konnte. Allein, das führte einzig dazu, dass er auf den Rücken kullerte. Nicht ein Blatt hatte sich bewegt.

Der Spatz, von seinem luftigen Platz aus, hatte alles gesehen. Jetzt konnte er sich nicht länger beherrschen und zwitscherte belustigt: „Herr Fuchs, Ihr wollt zu hoch hinaus!" Und die Maus äugte, mutig geworden, aus ihrem Versteck und piepste vorwitzig: „Gib dir keine Mühe, die Trauben bekommst du nie." Kaum gesagt, schoss sie in weiser Voraussicht wie ein Pfeil in ihr Loch zurück.

Der Fuchs aber biss heroisch die Zähne zusammen, rümpfte die Nase und meinte hochmütig: „Sie sind mir noch nicht reif genug, ich mag keine sauren Trauben." Und mit erhobenem Haupt stolzierte er in den Wald zurück.

in seinem Weinberg, vermehrte ihn, Verkauf seit 2001, würziger Weißwein)
Verkauf (Fr 13-17, Sa 8-18 Uhr); **Straußwirtschaft**

Weingut Oerther

Hauptstr. 37 (Schweigen);
Tel. 06342.7218
www.weingut-oerther.de
1959 gibt der Großvater seinen Mischbetrieb auf, macht nur noch Wein. Heute bewirtschaften alles Alfred Oerther + Sohn Jürgen O.
Flaschenwein: seit 1959
Rebfläche (11 ha): Schweigener Sonnenberg (1/3 in Frankreich)
Lieblingswein/Spezialität: *„Das sind 2 Paar Schuhe"*, persönlicher Lieblingswein eher Rosée; Spezialität Sauvignon Blanc, Burgunder, Gewürztraminer
Wein-Preise 2013: 3 – 9,50 €
Verkauf (Do-Sa 8-18, So 10-14 Uhr); Weinprobe (1-20 Pers.); *Weinpräsentation* (Ende Mai)

Weingut Alter Zollberg

Hauptstr. 49 (Schweigen); Tel. 06342.7046
www.alterzollberg.de
Das Anwesen brennt im 2. Weltkrieg ab, mit Ochsen & 2 Pferden kommt es wieder in Gang. Sohn Alfred Walter übernimmt, spezialisiert sich auf Weinbau (Genossenschaft + Fasswein). Sohn Heiko W. (+ frz. Ehefrau Nadia) beginnt mit Flaschenwein. 2008 Umstellung auf Bio.
Flaschenwein: seit 1992
Rebfläche (6 ha)
Verkauf (Do-Sa bis 17, So/Fei ab 12 Uhr); **Weinstube Zum Alten Zollberg** (Do-Sa ab 17, So/Fei ab 12 Uhr)

Weingut Geisser

Längelsstr. 1 (Schweigen); Tel. 06342.7502
www.weingut-geisser.de
1983 übernimmt Uwe Geisser (+ Ehefrau Karin) den Betrieb vom Vater, verdoppelt die Rebfläche. Sohn Florian Geisser steigt 2005 ein (ist 2013 bei *Die junge Südpfalz ...*), Tochter Caroline G. (2009/10 pfälz. Weinprinzessin).
Rebfläche (14 ha)
Spezialität: kräftige Burgunder, fruchtig-frische Rieslinge
Weinprobe (2-60 P.); **Straußwirtschaft** (Herbst); FeWo

Weingut Cuntz & Scheu (Axel Scheu)

Längelsstr. 36 (Schweigen); Tel. 06342.7501
www.weingut-cuntz-scheu.de
Wein entrückt den Alltag ..., befindet Philipp Cuntz, der *Alte vom Sonnenberg.* Er baut nach 1945 den Betrieb wieder auf, gründet die Winzergenossenschaft Deutsches Weintor. Schwiegersohn Walter Scheu macht die 1. Schweigener Weingutsabfüllung. Sohn Axel Scheu (+ Ehefrau Gudrun) leitet heute den Betrieb.
Rebfläche: 48 % im Elsass
Spezialität: Grauburgunder-Sekt
Weingalerie (seit 1999; frische Speisen & Weine); **Straußwirtschaft** (Scheune; Sept.-Nov. Sa+So/Fei 10-21 Uhr)

Weingut Nauerth-Gnägy (Michael Gnägy + Mareen Nauerth)

Müllerstr. 5 (Rechtenbach); Tel. 06342.919042
www.nauerth-gnaegy.de
Michael Gnägy steigt 1989 in den Betrieb der Eltern ein, er probiert gern Neues. Nach Heirat mit Mareen Nauerth erfolgt 2011 die Zusammenlegung mit deren Weingut Nauerth (Heuchelheim-Klingen, Lindenstr. 42), es entsteht ein gemeinsamer Weinkeller inmitten von Reben.
Rebfläche (26 ha): Schweigener Sonnenberg (nur Deutschland); Schweigen-Rechtenbach – Herrenwingert & Pfarrwingert; Klingener Herrenpfad
Lieblingswein: Spätburgunder, Riesling, Weißburgunder
Wein-Preise 2012: 3,80 – 18,50 €
Verkauf (Sa 9-17 Uhr); Weinprobe (10-30 Pers.); *Hoffest* mit Jahrgangspräsentation alle 2 Jahre (Anf. Juli)

Weingut Grimm (Andreas Grimm)

Paulinerstr. 3 (Schweigen); Tel. 06342.7106
www.weingutgrimm.de
Von Bruno Grimm übernimmt Sohn Andreas Grimm (platziert sich 2013 bei *Die junge Südpfalz ...*) den Betrieb.
Flaschenwein: seit 1974
Rebfläche (9 ha): Schweigener Sonnenberg
Lieblingswein/Spezialität: Burgunder, Spätburgunder
Wein-Preise 2012: 3,70 – 16,90 €
Moderner Verkostungsraum (Sa 9-18, So 10-12 Uhr); Weinprobe (10-15 Pers.)

Weingut Andreas und Otto Beck (Andreas Beck)

Talstr. 2 (Rechtenbach); Tel. 06342.529
www.weingut-andreas-beck.de
Weingut im Neubau von 2008.
Weinprobe (6-15 Pers.)

Weingut Cuntz Sonnenhof (Achim + Werner Cuntz)
Wasgaustr. 7 (Rechtenbach); Tel. 06342.919141
www.weingut-cuntz.de
Kleiner Familienbetrieb von Achim + Werner Cuntz
am Ortsrand mit schöner Aussicht; sie bevorzugen die
klassischen Rebsorten, Handlese.
Rebfläche: Schweigen-Rechtenbach
Lieblingswein: Riesling trocken
Spezialität: Riesling Eiswein
Wein-Preise 2013: 4,50 - 80 €
Verkauf (Mo-Fr 8.30-12 + 13.30-18, Sa nur bis 17 Uhr);
Weinprobe (1-45 Pers.); *Hoffest* (jedes 2. Jahr); 2 FeWo

Deutsches Weintor (Jürgen C. Grallath)
Weinstr. 5 (Schweigen); Tel. 06342.224 / www.weintor.de
Da steckt Leben drin ... Die Winzergenossenschaft, 1956
gegründet aus Not (Wein aus Italien wird in Deutschland
als deutscher Wein billig verkauft), erwirbt 1978 das
Weintor (den westlichen Flügel) für ihre Vinothek. Bereits 1979 bietet sie Dornfelder in Flaschen. 2007 erwirbt
sie den Rest des Tores für Gastronomie. *Deutsches Weintor*
heute: größter Weinbau betreibender Betrieb in der Pfalz!
Rebfläche: über 600 ha (rd. 450 Mitgliedswinzer)
Spezialität: Dornfelder, Blanc de noir vom Spätburgunder, Cuvee aus Grau- u. Weißburgunder
Vinothek (Mo-So 10-18 Uhr); **Restaurant-Café Deutsches Weintor** (Weinstr. 4; Tel. 06342.92278-88; fast 60
offene Weine der Winzergenossenschaft, tgl. 11-23 Uhr)
Vinothek in Ilbesheim (Ahlmühle 1; Tel. 06341.38150;
Mo-Fr 9-12 + 13-17, Sa 9-12 Uhr); Weinprobe (10-
120 Pers.)

Einkehren

Winzerkeller Becker: Hauptstr. 21 (Schweigen);
Tel. 06342.7318 (Weinstube; Mo Ruhetag)

Wirtshaus Elwetritsch: Hauptstr. 32 (Schweigen);
Tel. 06342.7823 / www.wirtshaus-elwetritsch.de (Wirts-
haus von Hannelore + Günther Müller, mit Innenhof,
Gästezimmern. Pfälzer Küche, gute Weine!)

Gaststube Stichelfritz: Längelsstr. 34 (Schweigen);
Tel. 06342.919998 / http://stichelfritz.de (Pfälzer Gast-
haus mit Wintergarten beim Deutschen Weintor; Dez.-
März Do-So ab 11.30, April-Nov. Mi-So am 11.30 Uhr)

Siebeldingen
(Verbandsgemeinde Landau-Land)

>*s.a. M. Goetze: Weinwege genießen in der Südpfalz. Bd. 1*

>*Weinweg 19*

Weinfeste

Fassschlubberfeschd (Aug.); *Weinbergswanderung* (Sept.)

Weingüter

Weingut SieneR-Dr. Wettstein (Dr. Martin Wettstein)
Bengertstr. 1; Tel. 06345.954540
www.weingut-siener-wettstein.de
*Wein ist wie ein exotisches Land, welches man erkunden
möchte ...* Martin Wettstein (Manager) + Ehefrau Martina
(Ärztin) wollen 1994 nach Südeuropa, von Oliven + Wein
leben. Fritz + Hermann Siener wollen damals ihr Birkweiler Weingut abgeben, Fritz S. erörtert dem Neffen Martin
W. seine *Philosophie*. Aus gemeinsamer Arbeit entwickelt
sich *SieneR*. 2001 bauen Martin + Martina Wettstein
(3 Kinder) am Rand von Siebeldingen *ihr Chateau*.
Reblagen (11,5 ha): Birkweiler Kastanienbusch, Rosenberg & Mandelberg; Siebeldinger Im Sonnenschein
Lieblingswein/Spezialität: Riesling, Chardonnay – trocken + edelsüß ausgebaut, Spätburgunder im Barrique,
gehaltvolle Roséeweine
Wein-Preise 2013: 4,90 – 17,50 €
Verkauf (tgl. 9-18 Uhr Anm.); *Hoffest* (am Sa nach 15.8.)

Wein- & Sektgut Marienfelder Hof (Thorsten Weiter)
Marienfelder Hof; Tel. 06345.919112
www.marienfelderhof.de
Weine und mehr ... Ökolog. Familienbetrieb (Bioland),
den übernimmt von Reinhard Weiter Sohn Thorsten W.
Reblagen (12 ha): Siebeldinger Rosenberg; Godramstein
Weinprobe (2-40 Pers.); Kunstausstellungen

Wein- u. Sektgut Wilhelmshof (Fam. Roth-Ochocki)
Queichstr. 1; Tel. 06345.919147 / www.wilhelmshof.de
1975 übernimmt Christa Roth-Jung (Mitglied Vinissima;
+ Ehemann Herbert Roth) das Weingut. Sie wollen sonn-
tags Sekt trinken, kaufen Sektherstellungsgeräte auf dem
Flohmarkt in Epernay, füllen 52 Flaschen. Bald trinken
die Weinkunden mit. 2005 steigen Tochter Barbara Roth

+ Ehemann Thorsten Ochocki ein. Sie versekten 50 %.
Flaschenwein: schon seit 1949!
Rebfläche (18 ha): Siebeldingen; Frankweiler Kalkgrube
Lieblingswein: Burgundersorten, Sekt
Spezialität: Blanc de Noirs brut Sekt, PATINA-Sekte
(lagern 5-25 Jahre auf der Hefe)
Wein-Preise 2013: 6 – 30 €
Verkauf (Mo-Fr 8-12 +13-18, Sa 9-17 Uhr); Weinprobe
(1-60 Pers.); *Siebeldinger Kulturwoche* (um Fronleichnam
Ende Mai/Anf. Juni); *Hoffest* (1. Sept.-WoEnde)

Einkehren

Villa Königsgarten: Bismarckstr. 1; Tel. 06345.5129 /
www.Villa-Koenigsgarten.com (Hotel im ehem. Weingut,
Weinstube Faßschlubber im Gewölbekeller mit Weinen
der Region, kulinarischen Köstlichkeiten; *Faßschlubber –
für das ungeliebte Reinigen der Weinfässer muss man ins Fass
schlubben* ...; Do-Di 11.30-14 + 17.30-23 Uhr)

Wissembourg (Frankreich)

>*Weinwege 17 und 18*

Wein & Sehenswert

Musée Westercamp (3 Rue du Musée; erbaut 1599):
mittelalterliche Kunst + Stadtgeschichte im ehemaligen
Zunfthaus der Pfeiffer + Winzer (tgl. außer Di 14-18,
Fr+Sa auch 9-12, So auch 10-12 Uhr)

La Maison du Sel (*Salzhaus*; Avenue de la Sous-Préfec-
ture; erbaut 1448): Krankenhaus, dann Salzlager ...

Saints-Pierre-et-Paul (Rue du Chapitre; erbaut 13. Jh.):
Kirche des Klosters

Grange dîmière (Rue Stanislas): Reste der alten Abtei

Rathaus (Place de la République; erbaut 1741-52): ein
Hauptwerk des Straßburger Stadtarchitekten J. Massol

Quartier du Bruch (Faubourg de Bitche): Renaissance-
häuser; hier dient 1933 ein Patrizierhaus von 1550 mit
Fachwerk + Erker als Kulisse für den Film *l'ami Fritz*

Ev. Kirche (Saint Jean; Rue du Presbytère; 15. Jh.):
Betteloordenarchitektur

Weinhandlungen

*In Wissembourg mundet der Wein ganz französisch –
er kommt aus der Coopérative de Cléebourg ...*

Caves de Wissembourg (Groupe CFGV)
Allée des Peupliers; Tél. +33 (0)388.549380
www.caves-wissembourg.com
Sektkellerei neben dem Bahnhof (gegr. 1970), weltweit
tätig (produziert jährlich 35 Mio. Flaschen).
Spezialität: Rebsorten-Sekte (Chardonnay, Verdejo)
Verkauf (Mo-Fr 8-12 + 13-17 Uhr); Betriebsbesichtigung

Au Cellier des Remparts (Fernand Guthmuller)
5 Rue de la Paix; Tel. +33 (0)388.941070
Weinhandlung mit *Vin fins*.

Escapade Gourmande (Caroline Kleinsorge)
4 rue du Marché aux Poissons; Tél. +33 (0)388. 633980
www.escapade-gourmande.eu
Wein, Käse, Feinkost, Präsentkörbe; auch Käseplatten
außer Haus (Do-Fr 9-12 + 14-18.30, Sa 8-17.30 Uhr)

Einkehren

La Couronne: 12 place de la République;
Tél. 0388.941400 / www.couronne-wissembourg.com
(Hotel-Restaurant in der Poststation des 18. Jh.; regionale
Gastronomie, elsässische Weine; tgl. geöffnet)

Au Moulin de la Walk: 2 rue de la Walk; Tél. 0388.
940644 / www.moulin-walk.com (Hotel-Restaurant bei
einer alten Mühle; Mo+Fr mittag, So abend geschl.)

Hostellerie au Cygne: 3 rue du Sel; Tél. 0388.940016 /
www.hostellerie-cygne.com (Haus aus dem 16. Jh., Spezi-
alitäten wie Crêpes mit Schnecken; tgl. 12-14 + 18.30-21
Uhr; Mi, Do mittag, So abend geschl.)

Wollmesheim (Ortsteil von Landau)

>*Weinweg 19*

Wein & Sehenswert

Ev. Kirche (St. Mauritius; Landauer Str. 2; ab 1040 erbaut auf dem Kapellenberg): ältester Kirchturm der Pfalz

Weinfeste: *Weinfest der Weinjugend* (Mai); *Kerb* (August)

Wollmesheim

Weingüter

Weingut Wolfgang Marzolph – Unterm Grasdach
Dörstelstr. 20;
Tel. 06341.939140
www.marzolph.de
F. C. Marzolph erbt Grundstücke in Wollmesheim, baut 1833 dort ein Wohnhaus, wohnt aber in Landau. Sein Bruder, Arzt, schreibt eine Abhandlung *Medizinische Tugenden des Weins*. Sohn Carl Marzolph ist 1849 der 1. Winzer der Familie in Wollmesheim. Sein Sohn

Schön lässt es sich hier und da verweilen, hier in Birkweiler

Carl F. Marzolph wird Landarzt, vergrößert parallel dazu den Hof. Doch nach dem 2. Weltkrieg werden die Weinberge verpachtet, die Familie zieht fort. Sohn Wolfgang Marzolph aber greift den Weinbau auf (weil ihm *die damalige Modedroge Morio-Muskat mundet*), erntet 1979 seinen 1. Silvaner, tritt Bioland bei, errichtet einen neuen Hof baubiologisch mit Grasdach.
Rebfläche (5 ha)
Spezialität: resistente Reben (Phönix, Cabernet Blanc, Regent, Pinotin, Cabertin, VB Cal 1-22 – noch namenlos)

Weingut Altschuh & Sohn (Hermann Altschuh)
Wollmesheimer Hauptstr. 39; Tel. 06341.32111
www.altschuh-sohn.de
Der Name Altschuh zeigt den Schuhmacher. Doch Georg Altschuh ist Küfermeister + Bürgermeister im Ort, mit 3 ha Rebfläche + Weinkommission. Seit 1992 leiten Enkel Hermann Altschuh + Ehefrau Brigitte das Weingut. Deren jüngster Sohn Fabian Altschuh steigt ein, daher heißt das Weingut seit 2010 Altschuh & Sohn.
Rebfläche (12 ha)
Weinprobe (1-30 Pers.); Gästehaus

Weingut Bernd Dicker
Wollmesheimer Hauptstr. 58; Tel. 06341.34483
www.weingut-dicker.de
Weingut im alten Zehntkeller von 1553, den Betrieb übernehmen 1996 Bernd + Ulrike Dicker (2 Kinder).
Flaschenwein: seit 1996
Rebfläche: Wollmesheimer Mütterle

Weingut Willi Altschuh
Wollmesheimer Hauptstr. 60;
Tel. 06341.34583
www.weingut-willi-altschuh.de
Weingut von Holger Altschuh.
Weinprobe (4-36 Pers.); **Weinstube** mit Holzarbeiten aus alten Weinfässern

Weingut Pfirmann
Wollmesheimer Hauptstr. 84;
Tel. 06341.32584
www.weingut-pfirmann.de
Familienbetrieb von Jürgen Pfirmann; moderner Weinraum, schöner Hof; Anbau umweltschonend (KUW).
Rebfläche (12 ha): Wollmesheimer Mütterle; Leinsweiler
Weinprobe (8-28 Pers.)

Weingut Vögeli (Dirk Vögeli)
Wollmesheimer Hauptstr. 90; Tel. 06341.32792
www.weingut-voegeli.de
Walter Vögeli startet mit der Selbstvermarktung. Sohn Dirk Vögeli hat schon 4jährig seinen 1. Rebstock, er übernimmt mit Ehefrau Christel anno 2000 alles. Beide *„fliegen auf Wein"* mit Leidenschaft – und weiten aus.
Flaschenwein: seit 1976
Rebfläche (14 ha): Wollmesheim
Weinprobe (1-100 Pers.); Planwagenfahrt

Weingut Bruno Leiner
Zum Mütterle 20;
Tel. 06341.30953
www.weingut-bruno-leiner.de
Im Probierraum ein gut 200 Jahre alter Rebstock. Bruno Leiner steigt 1971 in den elterlichen Betrieb ein.
Flaschenwein: seit 1947!
Reblagen (20 ha): Wollmesheim; Ilbesheim; Billigheimer Rosenberg; Leinsweiler; Mörzheim
Verkauf (Mo-Sa 8.30-11.30 + 13-17, auch So, 1. WE im Monat geschl.); Weinprobe (4-40 Pers.)

Literaturverzeichnis

Bassermann-Jordan, Friedrich: **Geschichte des Weinbaus.** Bd.1.2. – 3. Aufl. – Landau, 1975

Becker, August: **Die Nonnensusel.** – Landau, 1996 (erstmals 1886)

Becker, August: **Die Pfalz und die Pfälzer.** – Neustadt/W., 1961

Bei Gott ist kein Ding unmöglich. – in: Der Spiegel 13/1983

Birnbaum, Johann von: **Geschichte der Stadt und Bundesfestung Landau ...** – 2. Aufl. – Kaiserslautern, 1830

Bischof, Heinz: **Im Schnookeloch.** Sagen u. Anekdoten aus Baden u. d. Elsass. – Kehl, 1980

Brauner, Hermann A.: **Die ehemalige Dorflinde erzählt Oberhausener Geschichte(n)**

Büchner, Georg: **Werke und Briefe.** – München, 1988

Carl, Victor: **Pfälzer Sagen.** Bd. 1-3. – Landau, 1967

Das Deutsche Weintor. – in: Wein-Ziele (www.wein-ziele.com)

Eichelmann, Gerhard: **Eichelmann 2013 Deutschlands Weine.** – Heidelberg, 2012

Eschbach. Beiträge zur Geschichte ... /Hrsg.: Günter Steinel. – 2003

Eusemann, Bernd: **Geschichten und Anekdoten um den Pfälzer Wein.** – Gudensberg-Gleichen, 2009

Fendler, Rudolf: **Johann Casimir von Häffelin ...** – Mainz, 1980

Festschrift zur 1000-Jahr-Feier der Gemeinde Minfeld, 1982

Frech, Hermann: **1200 Jahre Weinbau in Göcklingen.** – in: www.goecklingen.de, 2010

Fritz, Albert: **Insheim – Ortsgeschichte.** – Insheim, 1982

Fußer, Andreas: **Der Wirbel um den Westwall.** – in: Die Rheinpfalz, 1987

Goetze-Hillebrand, Mechthild: **Wanderungen zu Sagenstätten rund um Frankfurt ...** – Kehl, 2008

Gottlieb, Norbert: **Ilbesheim, kleine Ortschronik.** – 1998

Grimm, Jacob u. W.: **Deutsche Sagen.** – Kassel, 1816/18

Grimm, Jacob u. Wilhelm: **Kinder- und Hausmärchen.** – 6. Aufl. – Stuttgart, 2007

Grimm, Ludwig Emil: **Erinnerungen aus meinem Leben.** – Leipzig, 1913

Heupel, Carl: **Das Kirchlein am Kaiserbach.** – in: Heimat-Jahrbuch, 1996

Historischer Verein Landau – www.historischer-verein-landau.de

Hucke, Johannes: **Südpfalz Weinlesebuch.** – Karlsruhe, 2009

Klimm, Peter: **50 Französische Erinnerungsorte in der Pfalz.** – Mannheim, 2008

Koch, F. / E. Kamm: **Oberhausen, Geschichte aus älterer und jüngerer Vergangenheit.** – 1995

Gault Millau WeinGuide Deutschland 2013. – München, 2012

Die Pfalz am Rhein und ihre Weine. – Neustadt, 1927

Sagen aus Rheinland-Pfalz / hrsg. von Rainer Schlundt. – 2. Aufl. – München, 1991

Schirmer, Alois: **Göcklingen.** Geschichtliche Studien. – 1981

Seebach, Helmut; Rolf Übel: **Zur Geschichte der Südpfalz.** Bd. 1-3. – Mainz-Gonsenheim, 2004

1000 Jahre Dörrenbach. Chronik e. südpfälz. Dorfes. – 1992

1000 Jahre Mühlhofen. Festschrift. – Mühlhofen, 1991

Weinatlas Deutschland / D. Braatz u.a. – München, 2007

Wendler, Ulrich: **Rund um Annweiler.** Ein kleiner Urlaubsführer. – 4. Aufl. – 2007 (e-book)

Wikipedia: http://de.wikipedia.org

Zur Lage des Deutschen Weins / Hrsg.: Daniel Deckers. – Stuttgart, 2003 u.a.

Außerdem: Homepages der Gemeinden

In Wissembourg am Wasser

Alle Weinorte sind abgeklappert, die letzten machen das Licht aus.

Barrique: Holzfass, 225 Liter; war es 2-3 Mal belegt, nimmt man es für *normale Weine*. – Weintrinker denken bei *Barrique* auch an einen rauchigen Geschmack (Vanille oder Holz), ebenso steht *Barrique* für einen gehaltvollen, gerbstoffbetonten Weintyp. – Pfälzer Barrique-Forum seit 1993 (www.barrique-forum.de)

Deutsche Wein-Akademie: Wein, Genuss, Gesundheit, Wissenschaft (www.deutscheweinakademie.de)

Deutscher Weinbauverband (www.dwv-online.de): Berufsorganisation der deutschen Winzer

Deutsches Weininstitut (www.deutscheweine.de): Zentrale Marketingorganisation – Tourismus, Rezepte, Seminare

Die junge Südpfalz – da wächst was nach: Wettbewerb für Jungwinzer/innen (www.suedlicheweinstrasse.de)

Ecovin, Regionalverband Pfalz (www.ecovin-pfalz.de): Bio-Verband für Produkte aus Trauben, mit strengeren Maßstäben als bei den EU-Richtlinien für biologischen Landbau

Fünf Winzer – fünf Freunde (www.fuenf-winzer.de)

Herrschaft Guttenberg (Guttenburg, Ruine im Mundatwald auf dem Schlossberg; s.a. S. 122): *Obere Herrschaft Guttenberg* (Dörrenbach, Oberotterbach, Rechtenbach, Münchweiler) + *Untere Herrschaft Guttenberg* (Minfeld, Freckenfeld, Höfen, Minderslachen, Kandel); in Vollmersweiler (*Untere*) & Niederotterbach (*Obere Herrschaft*) bestimmte der Wohnsitz des gemeinsamen Schultheiß, zu welcher Herrschaft beide Orte gehörten. Die halbe Herrschaft gelangte 1317 an die Grafen von Leiningen, die andere Hälfte fiel bald an die Kurpfalz. Bei der Pfälzer Erbteilung 1410 bekam Pfalz-Zweibrücken den Kurpfalz-Teil. 1463 erlangte die Kurpfalz den Leiningener Teil, nun herrschten beide Kurpfalz-Linien. Im Bauernkrieg 1525 ward die Burg zerstört. 1680 wurde die Herrschaft Teil der *Souveränitätslande* (zu Frankreich). 1733 wurde Pfalz-Zweibrücken Allein-Besitzer, weiterhin aber galt die frz. Oberherrschaft. Nach 1815 fiel die Burgruine an Bayern, nach dem 2. Weltkrieg an Rheinland-Pfalz. Sie stand aber noch bis 1986 unter frz. Verwaltung

Herrschaft Landeck (s.a. S. 138): Um 1200 zählen dazu Appenhofen, Bornheim, Gleishorbach, Gleiszellen, Göcklingen, Heuchelheim, Insheim, Klingenmünster, Mörzheim, Oberhochstadt, Wollmesheim u.a.

Herrschaft Madenburg: mit Arzheim, Eschbach, Ranschbach, auch Nußdorf u.a. Ab 1516 herrscht das Hochstift Speyer zusammen mit der Kurpfalz u.a.

Herrschaft Pfalz-Zweibrücken (Fürstentum): 1444 konzipiert, bestand bis 1801. Es gab ab dem 16. Jh. verwandt-schaftliche Beziehungen zu Schweden, daher gab es 1681-1718 eine Personalunion mit dem schwedischen Thron

Kehrwisch: Handfeger

KUW (www.kuw-online.de): Beratungsring Kontrolliert Umweltschonender Weinbau Pfalz (gegr. 1991); rd. 130 Winzer/innen sind 2012 angeschlossen

Maire: Bürgermeister (in Frankreich)

Mundat: Immunitätsbezirk, in mittelalterlichen Städten ein von der Stadt getrennter Bezirk (z.B. rund um einen Dom). An der deutsch-französischen Grenze bei Wissembourg, man sagt kurz *Mundat*, liegen der Obere (Teil des Pfälzerwalds) und Untere Mundatwald (Teil des Bienwalds); beide zählten im Mittelalter zur *Weißenburger Mundat* (also zu den Ländereien des Klosters Weißenburg)

Novemberaufstand 1830/1831 (Polnisch-Russischer Krieg): 1. größerer Aufstand der Polen nach dem Wiener Kongress, Ziel war die Unabhängigkeit Polens. Polen aber unterlag der Übermacht der russischen Armee

Pariser Frieden: Im 1. Pariser Frieden (1814; nach Napoleons Verbannung) regelte man, dass alles Land südlich der Queich bei Frankreich bleibt; unklar war der Grenzverlauf am Haardtrand, noch Mitte März 1815 waren Arzheim, Ranschbach, Eschbach französisch besetzt, in Ilbesheim waren bayrische Truppen. – Napoleon kehrte aus der Verbannung aus Elba zurück, war nochmals für 100 Tage französischer Kaiser. Danach, im 2. Pariser Frieden (1815), wurde die Lauter Grenzfluss. Da sie mitten durch Weißenburg fließt, legte man einen Kreis von 800 Toises (1 Toise=1,949 m) um die Stadt

Pfälzer Aufstand (Mai/Juni 1849, in der Rheinpfalz): Ziel war die Verteidigung der Reichsverfassung, auch die Loslösung vom Königreich Bayern

Radwege, markiert:

Bauerntheke (30 km; Kandel): Steinweiler, Winden, Freckenfeld, Minfeld, Kandel

Fassboden 1 (Rundweg, 37,4 km): ab Bad Bergzabern, Haus des Gastes

Fassboden 2 (Rundweg, 33,8 km): ab Bergzabern, Schloss

Fassboden 3 (Rundweg, 23,4 km): ab Klingenmünster, August-Becker-Museum

Fassboden 4 (Rundweg, 22.3 km): ab Siebeldingen, Geilweilerhof

Fassboden 5 (Rundweg, 29,6 km): ab Edenkoben, Kloster Heilsbruck

Fassboden 6 (Rundweg, 17,9 km): ab Maikammer, Marktpl.

Klingbach-Radweg (54,3 km): Busenberg, Silz, Klingenmünster, Billigheim-Ingenheim, Rohrbach, Hördt/Rhein

Kraut- und Rüben-Radweg (www.kraut-und-rueben-radweg.de; 139 km): Bockenheim, Altdorf, Böbingen, Gommersheim, Herxheim, Kandel, Minfeld, Freckenfeld, Schweigen; Radstationen-Pass mit Jahresverlosung

Petronella-Rhein-Radweg (28,3 km): Bad Bergzabern, Dierbach, Minfeld, Kandel, Wörth, Maximiliansau

Queichtal-Radweg (58 km): Hauenstein, Annweiler, Alberswiler, Siebeldingen, Landau, Offenbach, Germersheim

Südpfalz-Radweg (50 km): Kirrweiler – Scheibenhard

Tabaktour (Rundweg; 35 km): Rülzheim, Herxheim, Mörlheim, Offenbach, Bellheim, Rülzheim

Vom Riesling zum Zander (35 km): Oberhofen – Neupotz

Salischer Kirchenraub: 985 eignet sich Herzog Otto I. 68 Orte aus dem Weißenburger Besitz an

Schlotterkrüge: Zylindrische Krüge aus grauem Steingut; man nahm sie für Wein, auch für Kirschwasser

Sesel: Rebmesser mit sichelförmig gebogener Schneide; ab 1900 abgelöst von Rebschere & Wingertshacke

Souveränitätslande: Im Land südlich der Queich strebte Frankreich ab 1689 die Oberhoheit an. Diese erkannte der Bischof von Speyer 1756 formal an; er blieb Grundherr, bezog Einkünfte, doch hatte er keine Rechte als Landesherr

Trikolore: Flagge mit 3 Farben; am berühmtesten ist die Französische (Blau-Weiß-Rot)

VDP (www.vdp.de): Verein für Deutschlands Spitzenweingüter (gegr. 1910). Mitglieder sind seit 1990 auch der naturnahen Bewirtschaftung verpflichtet. Talente-Förderprogramm für Jungwinzer/innen

Vinissima – Frauen & Wein (www.vinissima-ev.de): 1991 von 7 Frauen gegründet; für Winzerinnen u.a. *Weinfrauen*

Wanderwege, markiert:

Bad-Bergzaberner-Land-Weg (Rundweg, rd. 88 km): Bad Bergzabern (Schloss), Klingenmünster, Kapellen-Drusweiler, Schweigen-Rechtenbach, Oberschlettenbach, Bergzabern

Petronella-Quellen-Weg (Rundweg, 11,5 km): ab Bad Bergzabern, Haus des Gastes

Pfälzer Mandelpfad (76,2 km): Bad Dürkheim, Maikammer, Schweigen-Rechtenbach, Deutsches Weintor

Pfälzer Weinsteig (153 km): Neuleiningen – Schweigen

Tabernae-Montanus-Weg (Rundweg, 10,9 km): ab Bad Bergzabern, Böhämmerbrunnen

Westwall-Wanderweg (Rundweg, 10 km): Oberotterbach

Wasgau: Deutsch-französische Mittelgebirgslandschaft (Südteil des Pfälzerwalds + Nordteil der Vogesen, zwischen Queich und Zaberner Steige); zählt zum Biosphärenreservat Pfälzerwald-Vosges du Nord

Weinlage: Rebfläche, soll seit dem Weingesetz 1971 mindestens 5 ha groß sein; steht auf dem Etikett in Verbindung mit dem Ort (z.B. *Ranschbacher Seligmacher*)

Weinsticher (Weinrufer oder Weinknecht): Gehilfe des Eichmeisters (ab etwa 15. Jh.), nahm für Interessierte Proben mit einem Stechheber aus dem Fass

Weißenburger Krieg (1469-71): Zwischen Kurpfalz und der Stadt Weißenburg, die Kurpfalz siegte

Winzergenossenschaft: Im 19. Jh. schlossen sich Winzer aus wirtschaftlicher Not zusammen. Größte Winzergenossenschaft in ganz Rheinland-Pfalz ist heute: Moselland eG.

All diese Flaschen sind leer getrunken, da gilt es, neue Weingüter zu erkunden ...

Bedanken will ich mich bei all denen, die uns halfen, dies Buch so wunderschön entstehen zu lassen. Zuvorderst danke ich den vielen Winzern & Winzerinnen, die ausführlich meine Fragen beantworteten. Danken will ich auch den Gemeinden, welche die Texte prüften. Großer Dank geht an die Pfälzische Landesbibliothek in Speyer, sie war sehr wertvoll für mich!

Mechthild Goetze

Annette Feuchter   Hartmut Hillebrand   Manfred Urban   Mechthild Goetze

*Wir lieben Bücher
zum Genießen ...*

Das Buch-Team

Annette Feuchter (*1969), Marketing
+ Vertrieb: „*Wein und Natur genießen
zu dürfen ist etwas Wunderbares.
Die anregende Lektüre von ,Weinwege
genießen ...' erhöht diesen Genuss und
lässt Sie noch mehr Schönes und Genussvolles entdecken!* "

Hartmut Hillebrand (*1956), Verle-
ger + Lektor (der Vielleser liest oft drei
Bücher parallel) meint: „*Immer wieder
genieße ich die netten Anlässe für eine
gepflegte Weinprobe!*"

Manfred Urban (*1954), Layout +
Fotos: Der Schreinermeister & Wohn-
raumberater mit viel Sinn für Schönes:
„*Ich erfreue mich an der Schönheit der
Weinwege-genießen-Bücher!*"

Mechthild Goetze (*1956), Autorin,
befindet mit einem Schmunzeln:
„*Ich schreibe die Weinwege-genießen-
Bücher eigentlich nur, weil ich es liebe,
Geschichten zu erzählen, besonders im
Wald, in den Weinbergen und in Weinstuben. Ich sehe es auch gern, wenn meine Zuhörer und Zuhörerinnen sich dabei
entspannen, vielleicht ein Glas Wein
genießen, während sie mir lauschen.*"

www.weinwege-geniessen.de

*Weinwege genießen im
Kraichgau* stellt eine recht
unbekannte Weinregion vor.
Es wird auf 180 Seiten die
Hügellandschaft zwischen
Odenwald und Schwarzwald
liebevoll portraitiert.

*Weinwege genießen in der Süd-
pfalz. Bd. 1* stellt die Weinregion Südliche Weinstraße von
Neustadt/Weinstr. bis Landau
vor; darüber hinaus wird der
weinfröhlichen Stadt Speyer
ein Kapitel gewidmet.

Goetze, Mechthild

**Weinwege genießen im
Kraichgau**

(Hillebrand, Hartmut)
ISBN: 978-3-942512-00-8, geb.
180 S., zahlr. Fotos, Ktn – 19,5 x
16,2 cm   19,80 Eur (D)

Goetze, Mechthild

**Weinwege genießen in der
Südpfalz. Band 1**

(Hillebrand, Hartmut)
ISBN: 978-3-942512-01-5, geb.
180 S., zahlr. Fotos, Ktn – 19,5 x
16,2 cm   19,80 Eur (D)

*Die attraktiven Bücher eignen sich als Anregung für erlebnisreiche
Ausflüge mit allen Sinnen. Sie können ebenso ein Geschenk sein
zu einer Flasche Wein aus dem Kraichgau oder der Südpfalz.*